गांधी
एक सत्य

गांधी एक सत्य

राजेंद्र मोहन भटनागर

सत्साहित्य प्रकाशन, दिल्ली

प्रकाशक : सत्साहित्य प्रकाशन

694 (पहली मंजिल), चावड़ी बाजार, दिल्ली–110006

 / संस्करण : 2024 / मूल्य : चार सौ रुपए

मुद्रक : नरुला प्रिंटर्स, दिल्ली ISBN 978-81-7721-390-4

GANDHI : EK SATYA

by Shri Rajendra Mohan Bhatnagar ₹ 400.00

Published by **SATSAHITYA PRAKASHAN**

694 (First Floor), Chawri Bazar, Delhi-110006

विख्यात कवि, कथाकार,
लोक मर्मज्ञ साहित्यकार
बाबा नागार्जुन
की
जन्मशती
की
पुष्य स्मृति के अवसर पर
सादर

कथ्य

मोहनदास करमचंद गांधी ने स्वप्न में भी कभी नहीं सोचा होगा कि वह विश्व मंच पर शिखर पुरुष से पहचाना जा सकेगा, क्योंकि वह एक सामान्य व्यक्ति था। सामान्य व्यक्ति की कमजोरियों से गुजरा था। पर अब तो सब जान चुके हैं और सबके मन में उसके प्रति अपार प्यार, श्रद्धा और भक्ति है।

उसने अपनी आत्मकथा लिखी, जो सन् 1965 में प्रकाशित हुई थी—गुजराती भाषा में। उसकी आत्मकथा का नाम था—'सत्य ना प्रयोगो' (सत्य के प्रयोग)। फिर भी ऐसा क्या है, जो उसके अनेक भाषाओं में अनुवाद के बाद भी विचारकों, लेखकों आदि को अपनी ओर खींचता चला जा रहा है।

मैं भी उस पर 'अंतिम सत्याग्रही' और 'कुली बैरिस्टर' उपन्यास लिख चुका हूँ और दोनों ही बहुत चर्चित हुए हैं। उसकी ऑटोबायोग्राफी के बाद भी ऐसा क्या बचता है, जो लगातार उसमें डुबकी लगाने पर कुछ-न-कुछ नया सामने आ रहा है।

मेरा भी यह अनुभव रहा है कि वह सागर है। उसमें गहरे में उतरो और उतरते जाओ। हर बार नए-से-नया अनमोल मोती लाते जाओ, फिर भी, उससे पाने की संभावनाएँ बनी रहेंगी और हर बार कुशाग्र गोताखोर अवश्य कुछ नया लेकर सामने आता रहेगा।

दरअसल वह अनंत है, अछोर है और हर वर्तमान का उज्ज्वल भविष्य है। समूची मानव जाति को संकटों से उबारकर जीवन सत्य से साक्षात्कार करानेवाला वह सहज मंत्र है।

दु:ख तो इस बात का है कि अपने देश ने उस कर्मयोगी का आज मात्र नाम याद रखा और शेष सबकुछ भुला दिया। हमारे यहाँ संसार में सबसे अधिक भगवान् या अवतार जन्म ले चुके हैं। हमारे यहाँ साधु-संतों की भी कमी नहीं है। वे भी सर्वाधिक हुए हैं और आज भी हैं। फिर भी हमारे यहाँ जीवनबल, आत्मबल और चरित्रबल निरंतर गिरता जा रहा है। पर क्यों और कैसे? उससे भी अधिक यह महत्त्वपूर्ण है कि इस पतन की गति को कैसे रोका जाए? यह प्रश्न विचारणीय है।

इसके लिए फिर से गांधी के पास आना पड़ रहा है। आज की तेजी से बदलती

और अपने को भूलती नई पीढ़ी के सामने गांधी में से एक नए गांधी को लाने का प्रयत्न करना पड़ रहा है। आज की पीढ़ी को भी वही गांधी अपने साथ और अपने रास्ते पर लेकर चल सकेगा, जिसने अपने समय की नई पीढ़ी को अपने साथ लेकर चरित्र बल का महायज्ञ शुरू किया था।

मुझे इस कार्य में गांधी को पढ़ते हुए उनकी अंतरात्मा ने बहुत संबल दिया है। मैं गांधी की पारदर्शिता, सहजता, निष्कपटता, करुणा, संवेदना, सत्य-अहिंसा आदि की गहराई में उतरता गया और अनुभव करता गया कि वह विलक्षण प्रतिभा का धनी था और समग्र मानव समाज की सुख-शांति का रचयिता था। उसने जो कर दिखाया, वह मनुष्य की सोच और कल्पना से भी परे है। वह कर्मशील था। खरा था। पारसमणि था। वह जिंदगी में झाँकने, समझाने और सत्-चित्त से साक्षात्कार कराने के लिए आज भी प्रेरणा का सेतु है। वह यह बताना-समझाना चाहता है कि सर्वहित के लिए हमने मानव जीवन पाया है और वही मार्ग हमें सत्य-पथ, जीवन-पथ और परमात्मा की ओर ले जा सकता है।

केवल मानव को ही स्रष्टा ने यह वरदान दिया है कि वह चाहे तो उसके कद के बराबर हो सकता है। कर्म ही ईश्वर है। सत्य अहिंसा है। व्रत करुणा है। सहास्तित्व ही सहिष्णुता है। धर्म सांता क्लॉज है। सहजता सद्‌गुण है। सांत्वावाद ही प्रवचन है। पीड़ा और पर-पीड़ा का अनुभव ही अंतर्दृष्टि है। परपीड़ा करणीय सुझाती है। उसी से साकल्य (समग्रता) की गहन अनुभूति है। उसी से सारे भेदाभेद की माया कटती है।

जब सच से संवाद और साक्षात्कार होने लगेगा, तब मुझे लगता है कि आप उस अंतर्प्रकाश से गदगद हो उठेंगे, जिसके लिए पथ भूलने के कारण आप अपने से अलग होते जा रहे हैं। करंट से अलग होकर जैसे बल्ब नहीं जल पाता है और अँधेरों से घिरा रह जाता है। मुझे लगता है कि आज बहुत कुछ हम उसी स्थिति में से गुजर रहे हैं। यद्यपि हम भौतिक सुख-सुभीताओं से जुड़ते चले जा रहे हैं और एक नई रोशन और खुशहाल दुनिया में प्रवेश करने का स्वप्न देखने लगे हैं, तथापि जब कभी हमें अपने अंदर झाँकने का जरा सा भी अवसर मिलता है, तब हम क्यों मुरझाने लगते हैं? क्यों हमें लगता है कि हम दिशा-भ्रमित हो रहे हैं?

वह आज भी पुकार रहा है, "उठो मानव! तुम्हें जन्म देनेवाला एक ही है। यह जानो-समझो, उसने तुम्हें इस संसार में क्यों भेजा है? तुम सब उसी के अंश हो। वही करो, जो वह करता है। इस सरल सी बात के लिए तुम अपने को तैयार करो और उस पर संकल्प लेकर चल पड़ो। तुम्हें बहुत जल्दी परम सुख, अवर्णनीय आनंद और आत्मरस की अनुभूति होने लगेगी।"

गांधी के लिखे के पीछे चल पड़ने का यही गोपनीय रहस्य है। जैसे समुद्र एक है, परंतु उसमें गोताखोर अनेक हैं। पता नहीं कब से यह सिलसिला चला आ रहा है और

हर बार नया गोताखोर उसमें डुबकी लगाता आ रहा है। उसकी गहराई में उतरा जा रहा है और हर बार कुछ-न-कुछ नया लेकर आ रहा है। मैंने भी इसी भाव से गांधी के जीवन रूपी समुद्र में डुबकी लगाने का प्रयास किया है और मुझे जो मिला है, वह आपके सामने है। वही आपको आमंत्रित कर रहा है और आपसे अपेक्षा कर रहा है कि आप अपने आप से जुड़ने के उस महायज्ञ में सम्मिलित होने की दिशा में चेष्टारत हों, जिसमें कभी वह हुआ था। लगता है, तब शायद आप में भी वह साहस, ऊर्जा और आत्मबल क्रियाशील हो सकेगा, जिसने दक्षिण अफ्रीका से मिले बहुमूल्य उपहारों को जन-संपत्ति मानकर उस संपत्ति को वहाँ ट्रस्टियों को सौंपने में आनंद का अनुभव किया था।

वह भी विषम-से-विषम परिस्थितियों से गुजरा था। तब वह भी आपकी तरह युवक था। पर वह हारा नहीं, कभी थका नहीं, कभी निराश नहीं हुआ और कभी प्रतिकूल परिस्थितियों का रोना नहीं रोया। वह उनसे लड़ा-भिड़ा भी। ऐसे लड़ा-भिड़ा कि लड़ने वाला उसका मुरीद हो बैठा।

वही आपसे प्यार से कह रहा है, "पथिक कहाँ जा खोए? क्यों चिंताओं से घिरने लगे? अभी तो सुबह हुई है, अभी से कैसे शाम ढलने और रात होने की बात करने लगे? क्योंकर घबराने लगे?"

यकीन मानिए, मेरा जीवन बेहद विषम परिस्थितियों से ग़ुजरा है। सारा विष अकेले पीना पड़ा है और आज भी गुजर रहा है। कोई नाते-रिश्तेदार और संगी-साथी मुझे थामने के लिए कभी आगे नहीं आया और न मैंने किसी से यह अपेक्षा ही रखी। उन घटाटोप अँधेरों में मैंने उसको ही उठाया और धीरे-धीरे पाया कि मुझमें विश्वास लौट रहा है, निराशा के बादल छँट रहे हैं और संगीतमय वातावरण मेरा स्वागत कर रहा है। मैं रवींद्रनाथ ठाकुर का 'अकेला चलो' का अवलंब लिये इतना आगे निकल आया हूँ कि मुझे सुनाई पड़ने लगा है—

प्रेमे प्राणे गाने गंधे आलोके पुलके
पल्लवित करिया निखिल द्युलोक-भूलोके
तोमार अमल अमृत पड़िछे झरिया।
दिके-दिके आजि टुटिया सकल बंध
मुरति धरिया जागिया उठे आनंद।
जीवन उठिलो निवड़ सुधाय भरिया।*

मित्रो, मुझे इस कार्य को पूरा करके प्रसन्नता हो रही है। हालाँकि मैं उस महाचरित्र

---

* प्रेम, प्राण, गान और गंध में आलोक तथा पुलक-पल्लवित हो रहा है। निखिल द्युलोक तथा भूलोक में तुम्हारा ही अमृत झरझर बरस रहा है। आज दिक्-दिगंत के सारे बंध टूट गए हैं, जाग्रत् आनंद साकार हो उठा है और अमृत से तृप्त होकर जीवन जीवंत हो उठा है।

की एक झलक भर दे पाया हूँ, ऐसा मुझे लगता है। आगे आपकी सामर्थ्य पर निर्भर है, जितना चाहो, लेकर सँजो सकते हो और अपने चरित्रबल के संयम से उस प्रकाश की अनुभूति करने-कराने में भी सक्षम हो सकते हो। पथ-दिशा सामने है, चलना-बढ़ना आपको है। आशा करता हूँ कि आप भी उस राह के राहगीर बनकर दूसरों को उससे जोड़ने के लिए वातावरण तैयार करने में प्रेरणा के स्रोत बन सकेंगे।

मुझे लगता है कि मानवीय वातावरण का रचनात्मक रचाव और चित्त का अंतरंगता से तार जोड़ने में गांधी के ये प्रसंग-संदर्भ आज भी उतने ही ताजगी से भरे, स्फूर्त चेतना की संवेदना से परिपूर्ण और सांस्कृतिक दिशा-दृष्टि समृद्ध हैं, जितने अपने समय में थे—शायद आज उनसे भी ज्यादा। यथार्थतः गांधी के ये प्रसंग सत्य-अहिंसा के ही मूर्त रूप हैं।

'गांधी : एक सत्य' पढ़कर कोई भी गांधी को कभी नहीं भूल सकता, क्योंकि यहा गांधी निराकार है—

मात्र हे राम!

गांधी के जीवन की संपूर्ण यात्रा सत्य को जीने का, सत्य बन सामने आने का अविराम व्रत है।

ये जीवंत गांधी हैं। सबको पढ़ने-समझने के लिए 'रामायण' का स्मरण कराती है। श्रीराम के पुनर्जन्म के अनुभव में बहा ले जाती है।

यही सच है इस 'रामायण' का।

श्री गांधी के मनीषियों से मिला। गांधी के व्याख्याताओं को सुना। उनमें से अनेक विद्वानों के साक्षात्कार, जैसे 'धर्मयुग' आदि देश की पत्र-पत्रिकाओं में भी मेरे छपे। मैं उनका नाम नहीं लूँगा, पर मैंने पाया कि गांधी वहाँ नहीं हैं।

अंतःकरण की आवाज सुनी, गांधी के जन्म से लेकर उनकी कार्यशाला की साबरमती से लेकर भारत भूमि के उन पावन स्थानों पर दस से पंद्रह दिन रहकर उनको पुकारा तो लिखना बनता गया। ऐसा लिखना, जिसे गांधी अपनी आत्मकथा में नहीं लिख पाए।

काठियाबाड के कॉलेज (छात्राओं के) में लंबे समय तक रहा। मुझे बताया गया कि वहाँ कभी कांग्रेस नहीं जीती। शाम ढलने के बाद समुद्र के किनारे नहीं जाना, वहाँ तस्करों का राज्य है। मैं तो गया और देर रात तक बैठा।

कॉलेज से जो मिलने आए, उनसे बात की। मौन का वहीं लंबा अभ्यास किया तो एक दिन सुना कि कोई कह रहा था—"नकल कर रहा है।"

पूछा, "कैसे?"

कुछ देर बाद उत्तर मिला, "मौन का धैर्य।" मैं चौंका नहीं। मैंने तत्काल कहा, "तू?…"

आश्चर्य चौंका।

"हाँ तू।''' मैं तेरी समाधि के पास कई बार गया। काफी देर खड़ा रहा। पाया कुछ नहीं। पर क्यों? तब एक मुसकराहट आसमान में तैर गई—वे कपोतों की टोलियाँ थीं, जो ऊपर से गुजर रही थीं। उनकी हलकी सी फड़फड़ाहट सुनाई पड़ी, "वह यहाँ कहाँ है! यहाँ सिर्फ समाधि है और केवल धड़कन रहित 'हे राम!'"

तभी मुझे लगा कि मैं खूब पढ़-सुनकर उसे अनुभव नहीं कर सका, जिसे अंतरराष्ट्रीय श्रीराम बनाने का प्रयास हुआ। तब से मैं उन ज्ञात-अज्ञात स्थानों की ओर मुड़ गया, जहाँ वे गए थे। उन्होंने 'नमक आंदोलन' अभियान से दुनिया को स्तब्ध कर दिया था। क्या था दांडी-यात्रा में? वह भी पदयात्रा! उससे जो सामने आया, वही था अमृत। मुझे उस अमृत-पान से बहुत कुछ मिला। वह यहाँ है।

इस पोथी में ऐसे अनेक स्थल मिलेंगे, जहाँ वे स्वयं बोलते हुए अनुभव होंगे—न मैं वहाँ होऊँगा और न गांधी, पर वहाँ अमृत स्वयं बोलता अनुभव होगा।

अंत में मैं इस कृति के साथ डॉ. सुमंगला मुम्मिगट्टी, अध्यक्ष, हिंदी विभाग, डॉ. एस.के. सैदापुर, कुलपति, कर्नाटक विश्वविद्यालय, प्रो. शिवकुमार मिश्र, सरदार पटेल विश्वविद्यालय, गुजरात, डॉ. रविरंजन, डॉ. रजनी हेरलेकर, डॉ. बी. सुधा आदि का स्मरण इसलिए करना चाह रहा हूँ कि वे सब वहाँ साहित्यिक संगम की अनुभूति तीर्थ सम करा सके। उसका सारा श्रेय डॉ. सुमंगला मुम्मिगट्टी, अध्यक्ष हिंदी विभाग और कुलपति डॉ. सैदापुर को जाता है, जिन्होंने बाबा नागार्जुन की जन्म शताब्दी के मंगलाचरण के मंत्रों की अनुगूँज सर्वप्रथम दक्षिण से उठाई। निस्संदेह वे क्षण गांधी की स्मृति को और प्रगाढ़ कर गए, क्योंकि वह भी गांधी महायज्ञ की मलयजी स्पर्श से वातावरण को खुशनुमा बना रहे थे। यथार्थतः अनेक दृष्टि से गांधी और हिंदी पर्याय हैं और उनकी परिपक्व अंतर्दृष्टि के परिणाम और मूल आश्वस्त स्वर भी वे ही हैं। आशा है, मेरे विज्ञ पाठक पूर्व की तरह इस कृति को अपना स्नेह देंगे और पत्र लिखने का भी श्रम करेंगे। एवमस्तु।

आपका

—राजेंद्र मोहन भटनागर
105 सेक्टर, 9 ए, हिरनमगरी,
उदयपुर-313002 (राज.)

गांधी : क्या पाया, क्या खोया

यह हम सबका सौभाग्य है कि आज हम कुछ समय के लिए उस पुण्यात्मा के साथ जी लेने का अवसर पा रहे हैं, जो अपनी सदी और आनेवाली सदियों का मुक्तिदाता समझा गया है। उसे देखकर पियर्सन को असीसी के संत फ्रांसिस का स्मरण हो आया था। उसने अपनी सदी की मानव जाति को ऐसा रास्ता दिखलाया था, जिससे उसे चिर आनंद की अनुभूति होती रहे और वह निर्भय होकर स्वाभिमान से जीने में समर्थ हो। अभी कुछ समय पहले की बात है, वह हमारे बीच में था और हमारे लिए जी जान से काम कर रहा था। चाहे वह काम किसी को पसंद आए अथवा नहीं परंतु वह बेहिचक, बेखौफ और दृढ़चित्त होकर पूरी निष्ठा और लगन से अपने शोध किए रास्ते पर चल रहा था और दूससें को चलने के लिए प्रेरित कर रहा था। उसे कतई चिंता नहीं थी कि कौन उसके साथ है और कौन नहीं। वह अकेला सत्यापित था। उसकी आँखें मेधादीप्त थीं। उनको एकटक देखने की ऐसी आदत थी कि वे दूसरे व्यक्ति के अंदर तक उतर जाती थी। वह बिना दाँतों के फेनोज्ज्वल हँसी से सबको सम्मोहित कर लेता था। दमकता चौड़ा ललाट, लंबोतरा चेहरा, सूप से कान, ऊपर का होंठ धूप-छाँह सी मूँछों से ढका हुआ और नासिका जरा सी चिपटी पर लंबी। तांबेई रंग की झलक देती उसकी दुबली-पतली देह। बाहरी तौर पर वह गरीब किसान या मजदूर—डेढ़ पसली का और चर्चिल के शब्दों में अर्द्ध नग्न फकीर। कुल मिलाकर उसके साठ-सत्तर के आसपास का रेखाचित्र आँखों के सामने झूल जाता है, पेंडुलम की तरह।

परंतु उसका प्रभामंडल (ओरा) सहज तेजोदीप्त, अनाविल तथा स्पष्ट था। उसकी उच्च आवृत्ति (हाई फ्रीक्वेंसी), अभिप्राय (इंटेंशंस) और विनोदप्रियता की ज्ञानेंद्रियजनित अनुभूति (सेंस ऑफ ह्यूमर) उसके चिंतन को गहन बनाता था और सदाशयता को व्यक्त करता था। उससे अमिय उर्मियाँ और गुलाबी शतदल की गंधमयी भावनाएँ मिलकर ऐसी छवि निर्मित करते थे कि उसे देखनेवाला व्यक्ति उसके कम आकर्षक व्यक्तित्व को भूलकर उसे देखता ही रह जाए। उसके आध्यात्मिक हस्ताक्षर (स्प्रिचुअल सिग्नेचर) आस्था व्यक्त करते थे।

हाँ-हाँ, मैं अभी उसी का जिक्र कर रहा था—वही गांधी है—महात्मा गांधी, हमारी अपेक्षाओं का गांधी। उसी ने हमारे बीच में रहकर वह सब कर दिखलाया, जिसके लिए हम ईश्वर का स्मरण करते हैं और उसकी शरण में जाने के लिए आतुर बने रहते हैं।

आज हमें वह क्यों याद आ रहा है? वह तो अब हमारे बीच में नहीं है। दूसरे, हम उसके साथ चलने में कतराने लगे हैं। फिर भी, शरमाशरमी ही सही पर उसे याद करना पड़ रहा है, क्योंकि सारी दुनिया उसे अपना सच्चा पथ प्रदर्शक, परम हितैषी और एकमात्र मसीहा मान रही है और यह सोचकर वह आश्वस्त हो रही है कि चौथे विश्वयुद्ध की भयावह छायाओं से यदि इस धरती तत्त्व के मूल को नष्ट होने से कोई बचा सकता है तो एकमात्र वही है, वही है—वही महात्मा गांधी। पर कैसे?

उसने अंतरात्मा का मंथन कर कहा था, "उठो भारत! अब फिर से तुम्हें उस गुरुतर भार को निभाना है, फिर से इस धरती और उसकी अस्मिता को बचाना है।" वह चौंक पड़ा, "हैं! ये क्या, तुम तो भीड़ का विज्ञापन बनते जा रहे हो। तुम्हारी रीढ़ की हड्डी झुकती जा रही है। क्या तुम मुझे इतनी जल्दी भूल बैठे? मैंने तुमसे वादा किया था, तुम्हें याद है। सिर क्यों खुजाने लगे। कल तो तुम स्वाधीन हुए थे सदियों की गुलामी से और आज··· ? नहीं··· नहीं जरूर कहीं भूल हुई है। या तो तुम वो नहीं हो अथवा मैं वो नहीं हूँ। कौन करेगा इसका निर्णय?"

चकराओ नहीं। वह समय सामने है, जिसने तुम्हें और मुझे केवल देखा ही नहीं, बल्कि गहराई से जाना, पहचाना और समझा भी है। और वही साक्षी भी है उस सत्य का जिसकी ध्वजा पर लहराते सत्यमेव जयते के नीचे उस अदृश्य परछाईं से लिखा पढ़ा गया था कि—सत्ता हस्तांतरण आजादी नहीं होती, वह आजादी पाने का संशय उपजाती है।

यह कैसी खुशी, कैसा उत्सव। एक देश के दो टुकड़े और वह भी अमन चैन के लिए। पलक झपकते ही दोनों देशों में आग की लपटें उठ खड़ी हुईं। चहुँओर विध्वंस, सर्वस्व स्वाहा। अहिंसा का ऐसा चीत्कारमय पटापेक्ष। उसे इस दिन के लिए जिंदा रहना पड़ा था। ओह मेरे दुर्भाग्य! उससे भारत सरकार चाह रही थी कि स्वतंत्रता दिवस पर प्रसारण के लिए वह कोई संदेश दे। इसके पीछे यह बल भी आजमा लिया था कि "यदि उसका कोई संदेश नहीं होगा तो दुनिया क्या सोचेगी?"

आखिर उसे कहना ही पड़ा, "मेरे पास कोई संदेश नहीं है। यदि यह बुरा है तो हो। उसे इसकी चिंता फिकर कतई नहीं।"

1 जून, 1948 वह अपने जीवनी लेखक को लिखा रहा था, "आज मैं एकदम अकेला रह गया हूँ। पटेल और नेहरू भी सोचने लगे कि मैं बुढ़ा गया हूँ। मेरी सोच गलत है। वे सोच रहे थे कि यदि विभाजन पर रजामंदी हो गई तो सवा सोलह आने शांति बहाल होगी। परंतु मुझे साफ नजर आ रहा था कि यह काम गलत हो रहा है। संभवत: आज हम

उस पूरे प्रभाव को अनुभव नहीं करें, परंतु मैं साफ देख रहा हूँ कि इस कीमत पर मिली आजादी का भविष्य अंधकारमय होगा।"

उसे वह आजादी स्वीकार नहीं थी, उसकी दृष्टि में आजाद उन्हें होना था, जो सदियों से अंधी दलदल में तमाम ताकत लगाकर भी उससे बाहर निकल या उभर नहीं पा रहे थे, उलटे और धँसते जा रहे थे और आज भी वे लगभग यथावत् बने हुए हैं। वे सामाजिक, आर्थिक और राजनीतिक दृष्टि से प्रभावहीन और कुचले हुए हैं। गांधी ने उनको लेकर जिस समाज की निर्मिति का स्वप्न रचा था, वह बिखर रहा था। उसने चाहा था जड़वादी सभ्यता तथा तज्जनित शोषण के मद में आकंठ डूबी व्यवस्था से असहयोग। उसको जगाने के लिए सत्याग्रह। सत्याग्रह के लिए था उसके पास सुदर्शन चक्र—अहिंसा। उसके मन में थी अहिंसक समाज की ऐसी संकल्पनामूलक संरचना, जिससे मानव अमानव होने की दिशा में नहीं बढ़ सके।

वह दक्षिण अफ्रीका में यह प्रयोग करके देख चुका था। वह यह भी जान चुका था कि वहाँ के धनाढ्य व्यापारी वर्ग एक सीमा के बाद हाथ खड़े कर सकता है और उसने किए भी। ट्रांसवाल में भारतीयों के प्रवेश प्रतिबंधित होने पर उसने ऐसा कर दिखलाया था। व्यापारी कन्नी काट गए थे। मात्र गिरमिटिया उनके साथ थे और अंत तक रहे। उन्हीं के बल पर वहाँ उसने भारतीयों को सम्मान से जीने का हक दिलवाया था।

वह यहाँ देख रहा था कि जिनके लिए आजादी चाहिए थी, करोड़ों-करोड़ वह जनता उस आजादी के लिए अपना सर्वस्व लगाकर भी यथास्थिति में बनी हुई है। उन्हें नहीं मालूम कि क्या होगा मिलनेवाली उस आधी-अधूरी आजादी से।

वही तो गांधी की निःशस्त्र फौज थी—सत्य के लिए आग्रही। वे ही तो सत्याग्रही बनकर अस्त्र-शस्त्रधारी फौज के सामने सीना ठोककर खड़े हो गए थे। उसने ही तो उन्हें ललकारा था। कहा था, "मारो डंडे और चलाओ गोली। देखना है कि मारनेवाला थकता है या मरनेवाला।"

आज वे ही बेदखल होते नजर आ रहे हैं। गांधी पगला गया। वह कभी इतना कमजोर नहीं पड़ा था। उसकी अहिंसा सहनशक्ति का अद्वितीय उदाहरण बनकर विश्व इतिहास के पटल पर पहली बार उभरकर आई थी, यह कथन उसका नहीं बल्कि जग विख्यात इतिहासविज्ञों और प्रखर मनीषियों का है।

सत्य-असत्य में कभी समझौता नहीं होता, अहिंसा हिंसा से हाथ नहीं मिलाती। फिर वह सब क्या हो रहा है ? वह कैसे रोके ? कौन सुन रहा था उसको ? काश ऐसी आजादी पाने से पहले वह मर गया होता। आज हमारे सामने उसकी पीढ़ी के वे सिपाही मौजूद हैं, जिन्होंने उसके साथ कदम-से-कदम मिलाए थे और अपना सर्वस्व दाँव पर लगा दिया था। वे बता सकते थे कि क्या पाया, क्या खोया और क्यों मार डाला उसे अपने ही लोगों

ने? वह भी आजाद देश में और अपने देश में। विदेशी सरकार सदा चौकन्नी रही थी। इस बात के लिए कि कहीं वह उसकी अव्यवस्था का शिकार न हो जाए और···।

वह जानता था, जिस आजादी के लिए अहिंसा के रास्ते पर चले थे और जिस माध्यम से जीने का मंत्र सीखा था और उसके प्रभाव को अनुभव किया था, उसे तब खारिज किया जा रहा है और हिंसा को खुला आमंत्रण दिया जा रहा है। वही हुआ जो न होना था। आज भी हमारी चिंता का यही विषय है और सारी दुनिया फिर से नत हुई उसके सामने खड़ी होकर मन-ही-मन प्रार्थना कर रही है, "हे शक्ति प्रभा के अनासक्त योगी! एक बार फिर से जीने से बेदखल की जा रही दुनिया का अवलंब बनो, सत्ता का समाजीकरण कराओ, मेहनतकश इनसानों के मंत्रदृष्टा बनकर एक बार फिर···। सिर्फ एक बार इस धरा को विनिष्ट होने से बचा लो।" आइंसटीन ने भी चर्च में बिलख-बिलखकर यही प्रार्थना ला थी कि उसे मालूम नहीं था कि दो नगरों का अस्तित्व पलक झपकते ही राख हो जाएगा। तब उसने भी केवल गांधी को ही याद किया और माना था कि एकमात्र वही हमारे बीच में है, जो हमारे आज को कल के लिए सुरक्षित रख सकता है और इस निरीह धरती को स्वाहा होने से बचा सकता है।

हे प्रेरणा प्रसंग के प्रबुद्ध श्रोताओ! जानो, सामने जो उसके साथी बैठे हैं उनसे पूछो कि ऐसा क्या था उसके पास कि जिससे बौखलाई हुई घृणा उस तक आते-आते प्यार में बदल जाती थी, हिंसा अहिंसा में और व्यक्तिगत संपत्ति सार्वजनिक संपदा में बदलने का मन बनाने लगती थी। कोई द्वैत नहीं रहता था। सब अद्वैत हो जाता था। वहाँ सब बराबर थे, कोई छोटा-बड़ा नहीं था—न कोई शोषित था, न शोषक। फिर कैसे बदलता गया वह ढाँचा?

यह भी सच है कि वह हमारी प्रार्थना से लौटेगा नहीं। इस सच का एक दूसरा पक्ष भी है कि वह सारी दुनिया के हित लिये था और बराबर निरीक्षण-परीक्षण करता रहता था। सत्य के अथाह समुद्र में तब तक डुबकी लगाता रहता था, जब तक वह शोध मंतव्य में सफल नहीं हो जाता था। उसने रास्ता दिखलाया जरूर था, परंतु उनको जो आँख खोलकर चलने के लिए अभ्यस्त हैं और आवश्यकता पड़ने पर स्वतंत्र निर्णय लेने में समर्थ हैं। उसे ऐसे सहयोगी चाहिए थे, जो अंधविश्वासी नहीं, आत्मविश्वासी हों और जो मौत को शहादत में बदलने का पक्का इरादा रखते हों।

गांधी तक पहुँचने के लिए उनके दुर्द्धर्ष संघर्ष की अहिंसक आत्मकथा तथा चरित शैली के निर्माण की दिशा को जानकर, बड़ी सूझ-बूझ के बाद हृदयंगम करना होगा और उनके उस अनुशासित और विनयी प्रहरी से साक्षात्कार करना होगा, जो कभी मरकर भी नहीं मरता।

वस्तुतया गांधी अकिंचन थे तो इतने जितने सुदामा और शक्तिसंपन्न थे तो इतने

जितने श्रीकृष्ण। श्रीकृष्ण की 'गीता' अर्जुन के लिए थी। अर्जुन माने तो वे सब जो तब थे, अब हैं और आगे भी होंगे। 'गीता' का मूलमंत्र है—अनासक्त योग। गांधी इसी अर्थ में 'गीता' थे कि उनकी आसक्ति किसी में नहीं थी। यदि थी तो केवल उनमें जिनमें 'गीता' थी। वे 'गीता' की तरह खुली किताब थे, जिसे निरक्षर बिना बाँचे हदयंगम कर सकता है और मनीषा भाष्य पर भाष्य का अध्ययन-मनन करके और उसे खूब खखोरकर भी शून्य में ताकता रह जाता है। कारण वह संकट हठयोग के अभ्यास से दूर होनेवाला नहीं है। वह तो उस सहजता से संभव है कि जिसके बाद जानने-समझने के लिए कुछ नहीं बचता और सर्वस्व ही उसका समर्पित हो जाता है।

वे कैसे बेकाबू होते समुद्री तूफान में से अमृत खोज पाते थे और विषम से विषम प्रतिकूल परिस्थितियों के झंझावात में स्थितप्रज्ञ बने रहकर शीत ऋतु में बहनेवाली निर्मल तथा शांत नदी के प्रवाह की संगीतमयी अनुभूति करा देते थे। ऐसा अनासक्त व्यक्ति ही कृष्ण और सुदामा तथा महल और कुटिया के समन्वय को आत्मसात कर ट्रस्टीशिप के मनोयोग की स्थापना करने में सफल हो सकता है। यही कारण है कि दक्षिण अफ्रीका से मिले कीमती उपहारों के लिए उसने एक ट्रस्ट स्थापित किया और वहाँ से सहज विदा लेकर यह सिद्ध किया कि सेवा का मोल नहीं होता और न उपहारों की वह मुहताज होती है।

दक्षिण अफ्रीका में भारतीयों के प्रति हो रहे अत्याचारों से महासत्ता को अवगत कराने के उत्तरदायित्व को लेकर वह इंग्लैंड गया था, लेकिन वहाँ वैसा कुछ नहीं कर पाने के कारण लौट आया और इस यात्रा मद में मिली संपूर्ण राशि को उनके न चाहने पर भी उन्हें लौटा दिया।

यथार्थत: वह उस सत्य का सारथी था, जिसका विलोम असत्य नहीं होता। उसकी अहिंसा वह थी, जिसका कोई प्रतिलोम नहीं था। उनके प्यार के पास घृणा की आहट तक नहीं पहुँच सकती थी। वह धर्म से नहीं उसके मर्म से वास्ता रखता था। उसकी रुचि अपने देशवासियों के दु:खों को दूर करने से ज्यादा मानव के स्वभाव को पाशविक बनने से रोकने में थी। उसे मानव के अंतरतम से जोड़ने में थी। वह मानता था कि सब ईश्वर की संतान हैं और सभी में वही ईश्वरीय तत्त्व विद्यमान है, तो फिर हमें हर व्यक्ति के पाप का भागी बनना होगा। फिर चाहे वह अपनों में से हो या अन्य नस्ल से। नीति का संबल और प्रीति की राह पर वही चलने में समर्थ हो सकता है, जो जीवट, दृढ़ चित्त और संपूर्ण परित्याग के भाव से गद्गद हो। वही गांधी के साथ चल सकता है, वही गांधी को पा सकता है और इस दुनिया को बचाने के लिए आगे आ सकता है, जो संपूर्ण त्याग की ताकत रखता है। इसी मान्यता के साथ वह अपने में उन संभावनाओं की तलाश शुरू कर सकता है, जिनसे गांधी बना था और जिनसे आज तेजी से बदलती इस दुनिया की उथल-

पुथल को संयमित किए जाने की दिशा में प्रयास संभव हैं। फिर से खुशी बाँटनेवाली दुनिया के निष्ठावान् सहचर एक होकर बिखरे स्वप्नों को संजो सकते हैं और जीने की तेजस्वी राह पर चल सकते हैं। इस विश्वास के साथ कि उनके साथ आज भी वही गांधी है, जो तब उनके साथ था।

—राजेंद्र मोहन भटनागर

अनुक्रम

जन्म

पोरबंदर गुजरात-काठियावाड़ के तीन सौ रजवाड़ों में से एक छोटा सा रजवाड़ा था। यह पिछड़े क्षेत्रों में से एक था। वहाँ पर ब्रिटिश साम्राज्य के पोलिटिकल एजेंटों का गहरा दबाव था। उनकी तूती बोलती थी।

इन रजवाड़ों का क्षेत्रफल लगभग एक जिले के बराबर था। सन् 1717 में गांधी परिवार के सदस्य हरजीवन गांधी ने पोरबंदर में एक मकान खरीदा था। हरजीवन गांधी के पुत्र उत्तमचंद गांधी को तत्कालीन राणा खीमाजी ने पोरबंदर रियासत का दीवान बनाया था। जब वह दीवान बने थे, तब पोरबंदर रियासत की माली हालत बहुत खराब थी। उत्तमचंद गांधी ने दिन-रात कड़ी मेहनत और कुशल प्रशासन से पोरबंदर रियासत को न केवल कर्ज से मुक्ति दिलवाई थी, अपितु उसकी माली हालत में भी काफी सुधार किया था।

दुर्भाग्यवश राणा खीमाजी की भरी जवानी में मृत्यु हो गई और सत्ता महारानी ने सँभाली। उनको उत्तमचंद गांधी की नेकनीयती, कड़ी मेहनत और स्वतंत्र निर्णय लेकर काम करने की प्रवृत्ति पसंद नहीं आई। उसका परिणाम यह हुआ कि दोनों के बीच अंदर-ही-अंदर तनातनी चल पड़ी और उत्तमचंद गांधी को महारानी से परेशान होकर पोरबंदर छोड़ना पड़ा। वह जूनागढ़ रियासत में अपने पैतृक गाँव कुतियाणा चले आए। वहाँ के नवाब ने उनका स्वागत किया।

जब रानी के स्थान पर राणा विक्रमजीत सिंह ने गद्दी सँभाली तो उन्होंने उत्तमचंद गांधी को बुलवा लिया और उनके सामने वहाँ का दीवान बनने की पेशकश की, परंतु वे फिर से वहाँ की दीवानगिरी करने के लिए राजी नहीं हुए। विक्रमजीत सिंह उनकी ईमानदारी, कुशल प्रशासन की खूबी और कड़ी मेहनत से बहुत प्रभावित थे।

विक्रमजीत सिंह के मन पर जूनागढ़ के नवाब को दिए उत्तमचंद गांधी के उस उत्तर का गहरा प्रभाव था, जो उन्होंने भरी सभा में दिया था, "नवाब साहब, मेरा दाहिना हाथ तो हमेशा पोरबंदर के राणा को ही सलाम करेगा।"

उत्तमचंद गांधी ने जूनागढ़ के नवाब को बाएँ हाथ से तसलीम किया था। उन्हें नवाब के नाराज हो जाने का जरा सा भी कोई खौफ नहीं था। यह बात नवाब ने राणा विक्रमजीत सिंह को बतलाते हुए कहलवाया था, "ऐसा स्वामिभक्त, सच्चा और बहादुर इनसान कहाँ मिलेगा कि जिसे जान-माल की तनिक भी परवाह नहीं हो। उसने दरबार की तौहीन और बेअदगी करने की सजा सिर झुकाए, नंगे पाँव धूप में खड़े रहकर पा ली, परंतु तनिक सा भी आक्रोश व्यक्त नहीं किया।"

जब विक्रमजीत सिंह उत्तमचंद गांधी को अपना दीवान बनाने में कामयाब नहीं हो सके, तब उन्होंने उनके पुत्र करमचंद गांधी को दीवान बनाने की पेशकश की। उनका यह प्रस्ताव उन्हें स्वीकार करना पड़ा। हालाँकि उस समय करमचंद गांधी की उम्र पच्चीस वर्ष थी और राजकाज का कोई अनुभव नहीं था। दीवानगिरी करना बड़ा टेढ़ा काम था—एकदम दाँतों के बीच जीभ की तरह रहना था। एक तरफ राजा-रानी और दूसरी तरफ ब्रिटिश साम्राज्य के एजेंट। दोनों ही स्वेच्छाचारी। दरबार के षड्यंत्र और जनता के प्रति जवाबदेही अलग। पर इस जवाबदेही से बचा भी नहीं जा सकता। यों वह सन् 1847 में वहाँ के दीवान बने।

उत्तमचंद गांधी ने यह बात अच्छी तरह समझा दी थी, "करमचंद, तुम अपनी इस हवेली पर गोलीबारी से बने निशान सदा याद रखना। यह सब महारानी की नाराजगी का परिणाम है। भला हो उस अंग्रेज पोलिटिकल एजेंट का, जिसकी मध्यस्थता से तुरंत गोलाबारी रुक सकी।"

"बापू आपने पोलिटिकल एजेंट से ऐसा क्या कुछ कहा था?"

"क्या कहता, जब मैंने ऐसा कुछ किया ही नहीं था। करना तो दूर, करम, मैंने कभी सोचा तक भी नहीं था। ईश्वर का नाम अवश्य लिया था और यह विश्वास रखा था कि मैंने वही किया था, जो सच था। सच से बड़ा और कोई दूसरा सहारा नहीं है। न्याय से बड़ी कोई पूजा नहीं है। तू भी यह बात गाँठ बाँध लेना।"

करमचंद गांधी ने अपने पिता का नाम रोशन किया। कड़ी मेहनत और कुशल प्रशासनिक योग्यता से वे एक सफल दीवान सिद्ध हुए, परंतु वे कभी अन्याय, असत्य और फरेब से हाथ नहीं मिला सके। आखिरकार वे भी अपने पिता की तरह वहाँ की दीवानगिरी छोड़कर राजकोट चले आए और कुछ समय बाद वे वहाँ के दीवान बन गए।

करमचंद गांधी ने चार विवाह किए थे। उनकी तीन पत्नियाँ गुजर चुकी थीं। जब वे चालीस वर्ष के थे, तब उनका चौथा विवाह पुतलीबाई से हुआ था। उससे एक लड़की तथा तीन पुत्र हुए। मोहनदास गांधी उनमें सबसे छोटे पुत्र थे। पुतलीबाई और परिवार के अन्य सदस्य मोहन को मोहनिया नाम से पुकारते थे।

भादों बदी बारस का दिन था। संवत् 1925। सन् 1869, 2 अक्तूबर। उस दिन

पोरबंदर में मोहन का जन्म हुआ। उसी पुश्तैनी तिमंजले पैतृक मकान में जहाँ कभी महारानी ने गोलाबारी करवाई थी।

इसमें नीचे की मंजिल उन्हें मिली। उसमें एक रसोईघर था और दो कमरे। एक बड़ा और दूसरा छोटा कमरा। 13' बाई 12' फीट का था और बड़ा कमरा 20' बाई 13' फीट का था। उनके साथ किचिन और बरामदा अलग था। मोहनदास गांधी वहीं जन्मा था। पला था, बड़ा हुआ था और वहीं पहाड़े भी सीखा था। साथ ही अध्यापक को¨ कहता था—एकड़े एक, पापड़ सेक। पापड़ कच्चा¨ मारो¨। पहले खाली स्थान पर जिसे गाली देनी थी, उसका नाम आ जाता था और दूसरे खाली स्थान पर गाली।

मोहन की माताजी अत्यंत व्यवहार कुशल थीं। उनका राजघराने की स्त्रियों से अच्छा मेलजोल था। उन पर अच्छा प्रभाव था। वे धार्मिक प्रवृत्ति की थीं। मंदिर में आती जाती रहती थीं। उनका मकान भी दो मंदिरों से लगा हुआ था।

इन छोटी-मोटी यादों के साथ मोहनदास गांधी पोरबंदर के पुश्तैनी मकान में रहे थे।

घर-परिवार

मोहनदास गांधी ने जब सातवें वर्ष में प्रवेश किया था, तब ही वह अपने माता-पिता के साथ राजकोट आ गया था। वह वहीं ग्राम की पाठशाला में पढ़ने जाने लगा था। पढ़ाई में वह साधारण था। शक्ल सूरत में भी वह सामान्य था। वह शर्मीले स्वभाव का था। उसका कोई मित्र नहीं था।

वहाँ की पढ़ाई पूरी कर उसे वहीं के एक हाई स्कूल में दाखिला दिला दिया था। वहाँ भी वह अपने में ही कैद रहता था। इस कारण उसका कोई मित्र नहीं था। स्वभाव से वह दब्बू ही था। खेलकूद में भी वह हिस्सा नहीं लेता था। प्रायः चुप बना रहता था।

वहाँ की भी एक अविस्मरणीय घटना है। एक बार उसके स्कूल में शिक्षा विभाग के इंस्पेक्टर जाइल्स आए। उन्होंने उसकी कक्षा में आकर पाँच अंग्रेजी शब्दों को लिखने के लिए कहा। वह शब्द बोलते थे और विद्यार्थी वह शब्द अपनी स्लेटों पर लिखते जाते थे। मोहन ने 'केटल' (Kettle) के हिज्जे गलत लिखे थे। अध्यापक ने बूट की नोक मारकर, उसे सावधान भी किया था कि वह पास वाले विद्यार्थी की स्लेट देखकर केटल के हिज्जे ठीक कर ले, परंतु वह अध्यापक का इशारा नहीं समझ सका। फलतः उसको छोड़कर उस कक्षा के सभी विद्यार्थियों के पाँचों शब्दों के हिज्जे ठीक निकले। बाद में उसके लिए मोहनदास को अध्यापक ने बहुत बुरा भला कहा। वह चुपचाप सुनता रहा, परंतु वह नकल करने के लिए कभी भी अपने को तैयार नहीं कर सका।

न उसके मन में उस अध्यापक के प्रति सम्मान ही घटा और न उसने उस घटना को कभी किसी को बतलाया। दरअसल वह बड़ों में दोष ढूँढ़ने के पक्ष में नहीं था। बड़ों का आदर करना चाहिए, यह बात उसके मन में घर कर चुकी थी।

मोहन के पिताजी ने किसी पाठशाला (स्कूल) में शिक्षा नहीं पाई थी। न उनकी माता पढ़ी-लिखी थीं। वह कुछ अटक-अटककर गुजराती पढ़ लेती थीं, परंतु उसके माता-पिता का दुनियादारी का ज्ञान बहुत गहरा और व्यापक था।

घर का वातावरण धार्मिक था। घर में जैन मुनि आते रहते थे। धर्म के बारे में वे प्रवचन करते थे। कभी-कभी उनके घर में पारसी तथा मुसलमान साधु भी आते थे। वे भी धर्म के बारे में बताते थे। रामायण और महाभारत का पारायण होता था। व्रत-उपवास भी रखे जाते थे। पूजा-पाठ भी होता था। मोहनदास पर इस वातावरण का प्रभाव पड़ा।

मोहनदास अपनी माँ से बहुत प्रभावित थे। उन्होंने बासठ वर्ष की आयु में इस संबंध में अपने सचिव महोदय से कहा था, "मुझमें जो भी धार्मिकता नजर आती है, उसे मैंने अपनी माँ से पाया है, पिता से नहीं।" प्रौढ़ होने पर यानी जब वे उनतालीस वर्ष के थे, तब वे अपनी माँ का जिक्र आने पर गहरे डूबकर बातें करने लगते थे और उनकी आवाज अति मधुर, प्रिय और कोमल हो जाती थी। उनकी आँखें चमक उठती थीं। उनमें प्रेम छलछला आता था।

मोहनदास की अपने पिता के प्रति श्रद्धा अवश्य थी, परंतु उनसे उनका माँ जैसा लगाव नहीं था। उसका कारण था कि पिता-पुत्र की उम्र में जमीन-आसमान का अंतर था। उनकी माँ पुतलीबाई उनके पिता करमचंद से आधी उम्र की थीं—यानी वह उनसे बीस वर्ष छोटी थीं। मोहनदास उनकी आखिरी संतान थे। उनसे पहले लक्ष्मीदास, कृष्णदास और रलियत बहन आ चुके थे। यों पिता-पुत्र की उम्र में पचास वर्ष का अंतर था। इस कारण बड़े होने पर मोहनदास यह सोच पाया था कि उनके पिता ने चार विवाह रचाए थे। चालीस वर्ष की उम्र में चौथी शादी की थी। उससे उन्हें यह लगता था कि उनके पिता विषय वासना के प्रेमी रहे होंगे।

उन दोनों में उम्र का अधिक अंतराल होने से मोहनदास और उनके पिता के बीच पिता-पुत्र का रागात्मक संबंध वैसा नहीं बन सका, जैसा माँ से बना था।

दूसरे, उनकी माँ अति धार्मिक थीं। मोहनदास ने पाया था कि "वह कठिन-से-कठिन व्रत शुरू करतीं और बिना बाधा के उन्हें पूरा भी करतीं। उठाए गए व्रत को वह बीमार होने पर भी नहीं छोड़तीं।" प्राय: चातुर्मास में वह एक वक्त भोजन करतीं, परंतु एक बार उन्होंने तीन दिन बाद भोजन करने का व्रत लिया और पूरे चौमासे उन्होंने उसका पालन भी किया। व्रत लेने में उनकी माँ ने अनेक प्रयोग किए। एक बार चौमासे में उन्होंने यह व्रत लिया कि सूर्यनारायण के दर्शन करके ही भोजन करेंगी।

चौमासे में सूर्यनारायण का निकलना उनकी मरजी पर होता है। निकले या नहीं भी निकले। यदि आसमान बादलों से ढका रहे तो फिर भोजन कैसा?

तब मोहनदास और उनके भाई-बहन बराबर बादलों की ओर ताकते रहते थे। जैसे ही सूरज बादलों में से झाँकता वैसे ही वे भागकर अंदर आते और कहते, "माँ-माँ, सूरज निकल आया।" माँ तत्काल बाहर आकर आसमान की ओर देखतीं पर आसमान से सूरज नदारद होता। वे यह कहकर लौट जातीं कि आज उसके भाग्य में भोजन नहीं लिखा है। मोहनदास के मन पर माँ के निराहार रह जाने का गहरा असर होता।

प्राय: मोहनदास उन्हीं किताबों को पढ़ता था, जो उसकी कक्षा की होती थीं। कोर्स की किताबें पढ़ना जरूरी था, वरना कक्षा में उस पर लताड़ पड़ती। यह शिकायत उसके घर तक भी पहुँच सकती थी। यों कुछ डर और कुछ शरमा-शरमी से वह किताबों का घोंटा लगाता रहता था, परंतु उनमें उसका मन नहीं रमता था। इससे उसको पाठ कच्चा ही याद रह पाता था। इस कारण वह कभी किसी दूसरी पुस्तक को हाथ नहीं लगाता था।

एक बार क्या हुआ कि उसका ध्यान पिताजी की खरीदी हुई पुस्तक पर चला गया। पता नहीं उसके मन को क्या हुआ कि उसका हाथ आगे बढ़ गया और उसने एक किताब उठा ली। वह उसे उलटता पलटता रहा। मन ने उसका साथ दिया और वह उस पुस्तक को चाव से पढ़ गया। कहीं रुका-अटका नहीं। मन भी उस पुस्तक को पढ़कर खुश हुआ। दरअसल वह पुस्तक एक नाटक था। उसका नाम था—'श्रवण-पितृभक्ति नाटक'।

तब शीशे से चित्रात्मक कहानी दिखानेवाले भी घर-मोहल्ले में अकसर आया करते थे। उसमें चार-पाँच बड़े गोले होते थे। हर गोले में काँच लगा होता था। बच्चे उस काँच से अंदर झाँकते थे। उनमें से बड़े-बड़े चित्र नजर आते थे। उन चित्रों को दिखानेवाला उनसे संबंधित कहानी कहता जाता था और चित्र भी पलटता जाता था। उन चित्रों की कहानी सुनकर सबका मन उनमें रम जाता था।

जैसे ही बच्चे यह सुनते कि बाईस्कोप वाला आया/नए-नए खेल तमाशे लाया/कथा-कहानी सुनाने आया/सबका मन बहलाने आया/वैसे ही बच्चे घरों से बाहर की ओर दौड़ पड़ते थे। उनमें मोहन भी होता था।

मोहन चौंक पड़ा। बाईस्कोप वाला श्रवण को दिखा रहा था। श्रवण अपने माता-पिता को काँवर में बैठाए चल रहा था। काँवर उसके कंधे पर थी। बाईस्कोप वाला बता रहा था कि श्रवणकुमार अपने माता-पिता को तीर्थ यात्रा करवाने ले जा रहा है। मातृ-पितृ भक्त श्रवण की मृत्यु हो जाती है। इस पर उसके माता-पिता का किया विलाप मोहन को जीवन भर याद रहा। तभी से उसने श्रवण बनने का व्रत ले लिया। वह विलाप गीत में था। अत्यंत दर्द भरा था। हृदय दहलाने वाला था।

इन्हीं दिनों वहाँ एक नाटक कंपनी आई। उसने 'सत्य हरिश्चंद्र' पेश करने की घोषणा की। मोहन भी वह नाटक देखने गया। उसका मन नाटक में ऐसा रमा कि उसे और कुछ याद ही नहीं रहा। वह हक्का-बक्का रह गया। वह सोचने लगा कि क्या कोई ऐसा भी सत्यवादी हो सकता है? हरिश्चंद्र पर कितनी विपत्तियाँ आईं। वह राजा से सेवक हो गए, परंतु उन्होंने सत्य को नहीं छोड़ा। अंत तक वे सत्य पर डटे रहे।

मोहनदास पर श्रवणकुमार और हरिश्चंद्र का गहरा प्रभाव पड़ा। वह श्रवण के माता-पिता के विलाप के साथ अपने को नहीं सँभाल पाया, वह भी रो पड़ा। माना कि श्रवणकुमार और हरिश्चंद्र ऐतिहासिक पात्र नहीं थे। लेकिन सारी जिंदगी वह उन्हें जीवित ही मानता रहा। यदि आज भी वह उन पाठों को पढ़े तो उसकी आँखों से आँसू टप-टप पड़ने लगें।

घूम फिरकर मोहनदास का चित्त आजीवन माँ पर टिकता रहा। उनमें अजीब विरोधाभास था। बाद में वह यह सोचकर चकित रह गया कि उसकी माँ छुआछूत में गहरा विश्वास करती थीं। वह अंत्यजों से अपने बच्चों को दूर रहने की सख्ती से आदेश देती थीं। मोहनदास उनसे पूछता था, "माँ···माँ···अंत्यजों को छूने से क्यों रोकती हो? उनसे दूर क्यों रहें? उनको अछूत क्यों मानें?···अपने यहाँ भंगी उका आता है?"

"तो?"···पुतलीबाई मोहनदास की ओर घूरती रह जातीं।

"माँ, वह हम सब जैसा है।"

"नहीं।" पुतलीबाई का स्वर तनिक कठोर हो जाता और वह कहतीं, "उनके छूने से पाप लगता है।"

"पाप क्या होता है, माँ?"

माँ मोहन को आँख दिखाती हुई आगे बढ़ जातीं। मोहन उलझा हुआ चक्कर में पड़ जाता। वह क्या करे? किससे पूछे? उसके चारों ओर अँधेरा छा जाता। उसकी आस्तिकता छिनने लगती। उसका किशोर मन टूटकर बिखरने लगता। फिर भी उसको माँ बाँधे रहती। वह उनके लाड़-प्यार, अटूट स्नेह, ममता और उनके परोपकारी तथा परसेवी मन से भीतर तक प्रभावित बना रहता। उसकी माँ प्रेम और त्याग की सजीव मूर्ति थीं। उनकी कठोरता, कवच और दृढ़ इच्छाशक्ति के वह अंत तक कायल रहा। उनके व्यक्तित्व के विकास में दृढ़ इच्छा शक्ति और परसेवा भावना उनकी माँ के ही कारण विकसित हुई थी।

किशोरावस्था किन-किन चुंबकीय आकर्षण से प्रभावित होती है? चित्त पर किस-किस का रंग बिना आगा-पीछा सोचे चढ़ने लगता है? यह तब मालूम नहीं होता। मोहन के साथ भी ऐसा ही हुआ। मन-ही-मन उनका ध्यान शेख महताब की ओर गया। शेख निडर था। वह ताकतवर था। उसकी देह गठी हुई थी। वह सरे- आम सामाजिक-नैतिक

नियमों की अवहेलना करता था। उनकी खिल्ली उड़ाता था।

मोहन की उससे दोस्ती हो गई। मोहन डरपोक था। वह साँप-भूत-प्रेतों से डरता था। वह किसी को जवाब नहीं दे पाता था। शेख महताब ने मोहन को यह विश्वास दिलाया कि मुट्ठी भर अंग्रेज कैसे असंख्य भारतीयों पर राज कर रहे हैं?

"कैसे, महताब?" मोहन जिज्ञासा से पूछता।

शेख महताब बतलाता, "अंग्रेजों का डीलडौल, उनका लाल-लाल रंग और मजबूत इरादे पशुओं के मांस खाने से बने हैं। शाकाहारी हमेशा दब्बू, सींकिया पहलवान और थके हारे मन का होता है।"

मोहन अपने को डेढ़ पसली का मानता था। वह अंदर-ही-अंदर शेख जैसा बलवान होना चाहता था। उसने अपने मन को पक्का किया और शेख के साथ उसने बकरे का मांस खाया। यदि शेख जैसा बनना है और अंग्रेजों के सामने खड़ा होना है तो मांस खाना लाजिमी है, यह बात उसके मन में घर कर गई।

मोहन का संस्कारी और परंपराओं से घिरा मन मांस खाने के बाद उसका विद्रोही हो गया। उसे हर समय, उठते-बैठते, सोते-जागते, भोजन की थाली सामने आ जाने पर लगने लगता कि उसमें एक जीवित बकरा मिमियाँ उठा है।

यह उसने क्या किया? अब उसे झूठ की शरण लेनी पड़ेगी। घर में यह सत्य छिपाना पड़ेगा। वैश्य परिवार। उसमें भी जैनी परिवार। उस परिवार का यदि कोई लड़का मांस खाए तो उस परिवार की समाज में कैसी दुर्गति होगी। जैन समाज उस परिवार का हुक्का पानी बंद कर देगा। मांस तो मांस अब वह चोरी-छिपे सिगरेट-बीड़ी के कश भी लगाने लगा।

बीड़ी-सिगरेट के लिए पैसा चाहिए। पैसा वह कहाँ से लाए? बिना बीड़ी-सिगरेट का कश लगाए उसको चैन नहीं पड़ता। परिणामस्वरूप वह नौकरों की जेब से पैसे चुराने लगा। शेख महताब के चक्कर में वह वेश्या के कोठे पर भी चला गया। वेश्या के पलंग पर जा बैठा। पर उससे कोई बोल नहीं फूटा और न वहाँ वह कुछ कर पाया। इस पर उस वेश्या ने उसे बुरा भला कहा। उसे फटकार लगाई और बाहर का रास्ता दिखला दिया। उसका अंतर्मन उसे कोसने लगा। काश जमीन फट जाती और वह उसमें समा जाता।

वह चोरी पर उतरा तो इतने नीचे उतर गया कि अपने भाई के बाजूबंद से एक टुकड़ा चुरा लिया। उसे बेचकर कर्ज चुका दिया। इस पाप से उसका मन उसे धिक्कार उठा और तब उसने कागज पर लिखकर अपना वह अपराध स्वीकार किया। साथ ही उसने उसमें सजा का प्रस्ताव भी कर दिया। उसके पिता ने वह पत्र पढ़ा। उनका दिमाग चक्कर खा गया। उनकी आँखें बरसने लगीं। मोहन की भी घिग्घी बँध गई। जब पिताजी ने उसे मुआफ किया, तब उसका मन हलका हो पाया। इसके लिए मोहन ने ईश्वर का

आभार माना और शेख महताब की सोहबत को याद करते हुए यह निष्कर्ष निकाला कि उन्हें और जो ईश्वर के भक्त हैं, किसी के साथ न रहकर अकेले रहना चाहिए। यदि यह संभव न हो तो उन्हें दुनिया को अपना मित्र बना लेना चाहिए।

अभी वह पढ़ ही रहा था कि उसका विवाह उसकी ही उम्र की लड़की कस्तूरबा से हो गया। दोनों तेरह वर्ष के थे। बाद में उन्होंने इस प्रसंग पर लिखा था कि "आज मेरी आँखों के सामने बारह-तेरह वर्ष के बालक मौजूद हैं। उन्हें देखता हूँ और अपनी शादी को याद करता हूँ तो मुझे अपने ऊपर दया आती है और इन बालकों को मेरी स्थिति से बचने के लिए बधाई देने की इच्छा होती है। तेरहवें वर्ष में हुए विवाह के पक्ष में मुझे एक भी नैतिक दलील नहीं सूझती।"

यह वह समय था, जब मोहन शेख महताब की सोहबत में पड़ चुका था। छोटी सी कस्तूरबा (बाई)। एक साथ एक ही मंडप में तीन शादियाँ। मँझले भाई की। उनके काका के छोटे लड़के की और उसकी। पिताजी और काकाजी दोनों वृद्ध हो चले थे। उनकी इच्छा थी कि वे सभी शादियाँ उनके सामने हों।

उस जमाने में छोटी-छोटी पुस्तिकाएँ निकलती थीं। मोहन ने उनमें से कई पुस्तिकाएँ पढ़ीं। एक पुस्तिका में पढ़ा कि पति का धर्म है एक पत्नी व्रत का पालन करना। उनके मन में आया कि फिर पत्नी को भी एक पति धर्म का पालन करना चाहिए। पर उनकी पत्नी कस्तूरबा पढ़ी-लिखी नहीं थी। फिर वह कैसे पढ़े और जाने कि उसका पत्नी धर्म क्या है ? कौन बताए उसे ? मोहन ने सोचा कि उसे अपनी पत्नी पर निगाह रखनी चाहिए। पर कैसे ?

तब तक मोहन शेख महताब की सोहबत की गिरफ्त में पूरी तरह आ चुका था। इस कारण दिमाग में तूफान उठ रहा था। वह कस्तूरबा को बाहर जाने से रोकने लगा। जब नन्ही सी कस्तूरबा मंदिर या अपनी सहेलियों के घर जाने के लिए उससे आज्ञा चाहती थी, तब मोहन तपाक से मना कर देता था और कस्तूरबा मुँह लटकाकर रह जाती थी, परंतु धीरे-धीरे मोहन की इन ज्यादतियों से परेशान होकर वह नाराज हो उठती थी। विरोध भी करती थी। साथ ही वह उस घुटन को चुपचाप सह भी लेती थी।

इस प्रसंग पर बहुत आगे चलकर मोहन को लगा कि उसे ऐसा नहीं करना था। पति को पत्नी पर शासन नहीं करना चाहिए। उसे इस प्रसंग से यह सीखने को मिला कि त्रुटिपूर्ण आदेश का डटकर विरोध करो और उससे जो कष्ट मिलें, उन्हें शांत भाव से सहो। पर कस्तूरबा ऐसा नहीं कर सकीं। इसी कारण वह स्त्री को सहनशीलता की मूर्ति मानने लगे। मोहनदास ने अहिंसा का पहला पाठ अपनी पत्नी से सीखा और वह पत्नी को दासी नहीं, बराबर का मानने लगा।

मोहनदास ने एक साल तक मांस खाया। एक साल में पाँच-छह बार, परंतु

घरवालों से छिपकर। छिपकर मांस खाना उसे रास नहीं आया और उसने यह निर्णय भी लिया कि मांस खाना जरूरी है। उसका वह प्रचार करके हिंदुस्तान को सुधारेगा। लेकिन माता-पिता को धोखा देकर नहीं। फलतः माता-पिता के जीते जी वह मांस नहीं खाएगा। यों मांस खाना छोड़ा। माता-पिता यह कभी नहीं जान पाए कि उनके दो पुत्र मांसाहारी हैं। यों तब का छूटा मांस सदा-सदा के लिए छूट गया। फिर कभी उन्होंने मांस को हाथ नहीं लगाया।

जल्दी शादी हो जाने और कुसंगत के चक्कर में पड़ जाने से वह परीक्षा में फेल हुआ और उसका एक साल भी खराब हुआ। यही नहीं कुलत में फँस जाने के कारण उसने एक बार आत्महत्या करने की भी कोशिश की, परंतु उसकी हिम्मत ऐन वक्त पर जवाब दे गई। यों वह मरने से बच गया।

पाप की दलदल से निकलना सरल नहीं है। पिताजी को भगंदर रोग ने ऐसा धर दबोचा कि उन्होंने एक बार खटिया क्या पकड़ी, फिर उससे उन्हें अंत तक छुटकारा नहीं मिल सका। पिताजी शल्य क्रिया के लिए राजी न हुए। उस उम्र में शल्य-क्रिया की शरण लेना किसी ने ठीक नहीं समझा। वैद्यराज ख्याति प्राप्त थे। हकीम साहब भी उनका इलाज कर रहे थे। अंग्रेज डॉक्टर शल्य क्रिया को ही एक मात्र उस रोग से मुक्ति का उपाय बता रहा था।

मोहनदास के चाचाजी भी राजकोट से आ गए थे। चाचाजी दिन-रात उनकी सेवा में लगे रहते थे। मोहन भी रात को पिताजी के हाथ-पाँव दबाता था, परंतु उसका मन पत्नी में लगा रहता था। विषय वासना का माया मोह और आकर्षण ही कुछ और है। रात के साढ़े दस ग्यारह का टाइम होगा कि चाचाजी ने उससे कहा, "तू जा मोहन, अब मैं यहाँ बैठूँगा।"

उनका इतना कहना था कि मोहन उठा और तेजी से अपने कमरे में चला गया। सोती हुई पत्नी को जगाया और··· । अभी मोहन को आए सात-आठ मिनट ही हुए होंगे कि उनके दरवाजे पर थाप पड़ी। बाहर नौकर खड़ा था और बता रहा था कि "बापू की तबीयत बहुत खराब है। चलो।"

मोहन का माथा ठनका। वह कुछ सोचकर पूछने लगा, "तू सच-सच बता कि बात क्या है ?"

उसने कहा, "बापू नहीं रहे।"

अब क्या था कि मोहन के काटो तो खून नहीं। उसके नीचे से धरती खिसक गई। वह पछतावे से भरकर अपनी विषयांधता को कोसने लगा। काश, वह थोड़ी देर और पिताजी के पास रहा होता तो पिताजी के साथ वह अंत तक बना रहता। चाचाजी से उनकी मृत्यु का समाचार नहीं पाता। पिताजी अब कभी लौटेंगे तो नहीं। हाय रे उसका दुर्भाग्य!

चाचाजी ने बताया, "मोहन, उनको अपने जाने का एहसास हो गया था। उन्होंने कागज मँगवाकर उस पर लिखा था—तैयारी करो। इसके बाद उन्होंने अपने हाथ पर बँधा तावीज तोड़कर फेंक दिया। सोने की कंठी को उतारा और उसे भी एक तरफ फेंक दिया।"

"फिर ?" मोहन ने पूछा।

"फिर क्या, मोहन, बिना कुछ कहे और बिना इधर-उधर देखे चल बसे।"

मोहन की बुद्धि पर बीजुरी आ गिरी। वह पश्चाताप से भरकर यह सोचते रह गया कि "सेवा के समय भी विषय की इच्छा।" इस काले दाग को वह ताजिंदगी नहीं भूल सका। इसी समय उसकी पत्नी भी गर्भवती हुई। विद्या अध्ययन के समय पत्नी का गर्भवती होना और माता-पिता की सेवा में कच्चा पड़ जाना, उसे लज्जित किए जा रहा था। उसका नतीजा यह रहा कि दो-चार दिन जिंदा रहकर वह शिशु चल बसा। यह सूचना बाल दंपती के लिए चेतावनी की रही। वह इसे उदाहरण मानकर गुमसुम रह गया।

कस्तूरबा पोरबंदर के एक व्यापारी गोकलदास मकनजी की पुत्री थी। वह निडर थी और आज्ञा पालन करने में वह सबसे आगे रहती थी। प्रथम संतान की मृत्यु का उसे बहुत दुःख हुआ। उसके उरोजों में दूध उतर आया था। वह बहुत गमगीन रहने लगी थी। सोचता मोहन भी था। पर उस विलाप, घुटन और पश्चाताप से होता क्या।

इधर मोहन ने मैट्रिक की परीक्षा पास कर ली। पिता रहे नहीं, माँ थीं। आगे क्या हो, इस पर चर्चा बराबर बनी रहती। पिता के न रहने से घर की आर्थिक स्थिति बिगड़ चली थी। परिवार का सारा ध्यान मोहन पर था, क्योंकि वही पढ़ाई करनेवाला अकेला लड़का था। वह पढ़े। अब पढ़ाई-लिखाई वाला जमाना आ गया था। बिना पढ़े काम नहीं चल सकता था।

तय हुआ कि उसे कॉलेज में पढ़ने भेजा जाए। कॉलेज तब मुंबई में था और भावनगर में। उन्हें भावनगर के श्यामलदास कॉलेज में प्रवेश दिलाया गया। वहाँ सारी पढ़ाई अंग्रेजी में होती थी। अंग्रेजी ठीक से उसके पल्ले नहीं पड़ती थी। इसके लिए सिवा अपने, वह किसी अन्य को दोष नहीं देता था। वह मानता था कि उसकी नींव ही कच्ची है। उसके अध्यापक योग्यतम हैं। विद्वान् हैं।

जैसे-तैसे पहला सत्र पूरा करके वह घर लौट आया अनमना होकर। न पढ़ाई में मन रहा और न आगे पढ़ने में। वह मन-ही-मन पढ़ाई को अलविदा कर चुका था। वह ठीक-ठीक समझ-सोच नहीं पा रहा था कि क्या करे ? वह कैसे मन की बात प्रकट करे ? अब दीवानगिरी तभी संभव है, जब उनके पास कोई खास डिग्री (उपाधि) हो।

तभी उनके परिवार के शुभचिंतक, मित्र और व्यवहारकुशल ब्राह्मण मावजी दवे उनके घर आए। उनसे सलाह-मशविरा हुआ। उनका मत था कि मोहन को कॉलेज की पढ़ाई से क्या मिलेगा ? चार-पाँच साल में वह बी.ए. कर पाएगा। उससे वह पचास-साठ

रुपये की नौकरी पा सकेगा। बेहतर तो यह रहेगा कि मोहन को विलायत भेजें। वहाँ से वह तीन साल में बैरिस्टर बनकर लौट आएगा। विलायत से प्राप्त डिग्री का क्रेज भी है। फटाफट कहीं अच्छी जगह लग जाएगा। अपने पिता की गद्‍दी भी पा सकेगा। अब उनका प्रश्न मोहन से था, "क्यों, तुम्हारा मन क्या कहता है?"

अंधे को क्या चाहिए, दो आँखें। वह तो कॉलेज की घुटन से पहले ही परेशान था। उसने झट से कह दिया, "मुझे कोई आपत्ति नहीं है।"

"खर्च भी चार-पाँच हजार आएगा।"

खर्च सुनकर गाड़ी रुक गई। इतना पैसा कहाँ से आएगा?

"मैं अपने पुत्र केवलराम से कहूँगा। वहाँ उसके कई मित्र हैं। वह उनके नाम सिफारिशी पत्र दे देगा।...अब यह मोहन पर है कि वहाँ जाने के लिए उसका मन है या यहाँ कॉलेज में पढ़ते रहने का?"

"जा सकता हूँ।" मोहन ने तपाक से पुनः कह दिया।

माँ का मन घबराया। उसके परिवार से कोई विदेश नहीं गया था। अकेला मोहन वहाँ कैसे रहेगा? तय हुआ कि मोहन को पोरबंदर चाचाजी के पास भेजा जाए। पोरबंदर राज्य पर उनके परिवार का हक भी है। कदाचित् वहाँ से कुछ सहायता मिल जाए।

तब वहाँ ट्रेन की सुविधा तो थी नहीं। बैलगाड़ी से पाँच दिन में वह पोरबंदर पहुँचा था। चाचाजी से बात की। चाचाजी ने कई संदेह प्रकट किए। माँ से आज्ञा लेने की बात कही, परंतु उन्होंने लेली साहब को सिफारिशी पत्र देने से इनकार कर दिया। यह सुझाव दे डाला कि वह स्वयं ही पत्र लिखकर ले जाए। लेली भले इनसान हैं।

मोहन ने लेली साहब को पत्र लिखा। लेली ने उसे अपने बंगले पर बुला लिया। लेली ने उससे कहा कि पहले वह बी.ए. करे, फिर आए।

बड़े भाई ने सारा हालचाल जानकर मावजी दवे से सलाह की और यह निश्चय हुआ कि उसे कर्ज करके भी भेजा जाए। वही हुआ। पर माँ अड़ गई कि विलायत जाकर वह धर्म-कर्म का नहीं रहेगा। उसके संस्कार बिगड़ जाएँगे। तब देवरजी स्वामी के पास गया। वह जैन साधक थे। उनसे इस संबंध में पूछा गया। वह राजी हो गए बशर्ते मोहन तीन प्रतिज्ञा करे।

मोहन ने ये तीन प्रतिज्ञाएँ लीं। पहली प्रतिज्ञा मांस भक्षण नहीं करेगा। दूसरी प्रतिज्ञा मदिरा के हाथ नहीं लगाएगा। तीसरी प्रतिज्ञा पर स्त्री से दूर रहेगा।

फिर भी अड़चन सामने आई। जाति की सभा हुई। उसमें जाति का निर्णय यह रहा कि आज तक कोई बनिया विलायत नहीं गया है, फिर वह विलायत कैसे जा सकता है?

पंचायत जुड़ी। प्रश्न उठे। मोहन ने उसका जवाब भी दिया। उसने ली गई प्रतिज्ञा का हवाला भी दिया, परंतु सरपंच का फैसला हुआ कि आज से मोहन को जाति से बाहर

माना जाएगा। जो कोई मोहन की मदद करेगा या उसे विदा करने मुंबई जाएगा, उससे सवा रुपए का दंड लिया जाएगा।

कुछ और उलझनें भी आईं, परंतु बड़े भाई के हौसले ने मोहन की विलायत जाने की राह आसान कर दी।

मोहन को मित्रों से मदद मिली। किराया उन्होंने ही जुटाया। सामान तैयार करवाया, नेकटाई, बास्कट आदि के साथ रास्ते में खाने का सामान भी उसके लिए जुटाया।

तब मोहन अठारह साल का था। उसे दुनिया का कोई अनुभव नहीं था। पत्नी की गोद में दूध पीता बालक था। ऊपर से वह अपने को जितना मजबूत सिद्ध कर रहा था, अंदर से वह उतना ही घबरा रहा था। उसकी कुछ समझ में नहीं आ रहा था कि आगे क्या होगा? वह जिस अंग्रेजी को भावनगर में नहीं समझ पा रहा था, उसे वह उनके देश में जाकर कैसे समझ पाएगा? जूनागढ़ के वकील त्र्यम्बकराय मजूमदार ने ढाँढ़स बँधाया और मोहन की विदेश यात्रा शुरू हो गई—1888 के सितंबर माह की 4 तारीख को। बंबई (मुंबई) का तट छूट गया।

विलायत की ओर

न अपना आकाश और न अपनी धरती। जिधर देखो, उधर समुद्र। नमकीन हवाएँ। जहाज से टकराती ऊँची-ऊँची लहरें। मोहन जो अब मोहनदास बन गया था, उस माहौल में एकदम अकेला था। क्या आता था उसे! न काँटे चम्मच से भोजन करना, न अंग्रेजी में बात करने का अभ्यास। चारों ओर अंग्रेज-ही-अंग्रेज। उनकी अंग्रेजी उसे समझ में नहीं आती थी। वह कैसे जाने कि बिना मांस का वहाँ क्या है? इस डर से वह डायनिंग टेबल पर नहीं जाता और अपनी केबिन में ही पड़ा रहता। साथ में वह देश से जो कुछ मिठाई आदि लेकर चला था, उससे ही पेट भर लेता था।

वह तो भला हो त्र्यम्बकराय मजूमदार का, जो उन्होंने उसको हिम्मत दी, दिलासा दी। उन्होंने समझाया, "तुम मुझे देखते हो, मैं सबसे हिलता-मिलता-बोलता हूँ। झेंपता नहीं। सबके साथ घुल-मिल गया हूँ। तुम भी संकोच को धता बताओ और सबसे मिलो। सबको जानो। उनसे बात करो। मन से यह संकोच निकालो कि तुम से अंग्रेजी बोलने में गलतियाँ होती हैं। अंग्रेजी अपनी भाषा नहीं है। अत: गलती होना जरूरी है। अंग्रेज जब हमारी भाषा बोलते हैं, तब क्या उनसे गलतियाँ नहीं होतीं। तुम वकील बनने जा रहे हो। वकील की जीभ धड़ाधड़ चलनी चाहिए। जरा सी भी रुकनी नहीं चाहिए।" परंतु वह अपने को कैसे समझाता, मनाता और हिचक छोड़कर सबके सामने आता। दब्बू स्वभाव

का था। घर छोड़कर अपने देश से बाहर जाने का यह पहला मौका था।

कभी-कभार जब डेक पर भीड़ कम होती, हिम्मत करके वह डेक पर जा पहुँचता और कभी-कभार चुपचाप सागर की ओर देखता और कभी आकाश की ओर। किसी से बात नहीं करता। वह प्राय: काले कपड़े पहने रहता था। और मन-ही-मन अपने निर्णय पर निराश होने लगता था।

"अरे भाई, डायनिंग टेबल किसलिए है? तुम वहाँ जाओ। बैठो। कुछ खाओ-पिओ।"

"मैं मांस नहीं खाऊँगा।"

इस पर मजूमदार जोर से हँस पड़े। और कहने लगे, "जरा पोर्ट सईद पहुँच जाएँ, फिर आगे की यात्रा···बिस्के की खाड़ी पहुँचते-पहुँचते तुम्हारे विचार बदल जाएँगे।··· और इंग्लैंड···कितनी भयानक ठंड पड़ती है कि ठंड के मारे दाँत बजने लगेंगे और शरीर काँपने लगेगा। वहाँ ठंड से बचने का एक मात्र उपाय है, मांस का सेवन करें। मांस वहाँ के क्लाइमेट की जरूरत है।"

"पर मैं अपनी माँ को वचन देकर आया हूँ।"

"और यदि···।" कहते-कहते त्र्यम्बकराय मजूमदार रुक गए।

"मुझसे वहाँ की ठंड बरदाश्त नहीं हुई तो भारत लौट जाऊँगा, पर मांस के हाथ नहीं लगाऊँगा।"

मजूमदार चुपचाप लौट गए।

मोहनदास के पास चार सिफारिशी पत्र थे। वह पत्र प्रिंस रणजीतसिंह, दादाभाई नौरोजी, दलपत राय और डॉ. प्राणजीवन के नाम थे। वे उन्हें पढ़ लेते और मन को धैर्य दिला लेते। मन शांत हो जाता।

वे एक बार डर गए थे कि बिस्के की खाड़ी आने पर क्या होगा! बिस्के की खाड़ी निकल भी गई और कुछ नहीं हुआ। न मांस की जरूरत हुई और न मदिरा की। एक-एक करके सब गए···क्या अदन, क्या लाल सागर! वह इंग्लैंड पहुँच गए। रास्ते के एकांत को जी लेने के लिए उन्होंने अंग्रेजी में डायरी लिखना शुरू कर दिया। डायरी उनके एकांत का मित्र हो गई। उसमें लिखना क्या था! इससे पहले कभी डायरी लिखी नहीं थी। उसमें उन्होंने रास्ते में उठाई कठिनाइयों और विषम परिस्थितियों के बारे में कुछ इस प्रकार लिखा—

"यदि मेरी जैसी हालत में कोई अन्य व्यक्ति होता तो मैं पूर्ण विश्वास के साथ यह कह सकता हूँ कि उसने इंग्लैंड का मुँह नहीं देखा होता।" उन कठिनाइयों के बीच से उन्होंने जो रास्ता निकाला, वह उनके चरित्र की दृढ़ता की ओर संकेत करता है कि "जो मुश्किलें मुझे झेलनी पड़ीं, उन्होंने मुझे इंग्लैंड का, जितना वह प्यारा हो सकता है, उससे कहीं अधिक प्यारा बना दिया।"

डॉ. प्राणजीवन मेहता को साउदेम्पटन बंदरगाह से तार दे दिया था। वे बंदरगाह पहुँचे। उनसे बहुत कुछ सीखने को मिला। उन्होंने समझाया, "यह इंग्लैंड है, अपना देश नहीं। यहाँ तोलकर बात करनी है और वह भी तब जब सामने वाला तत्पर हो कि बात की जाए। अपने देश में अनेक अनर्गल प्रश्न कर दिए जाते हैं। धीमी आवाज में बात की जाए। अपने देश में अंग्रेजों से सर लगाकर बात की जाती है, पर यहाँ ऐसा चलन नहीं है। सर तो यहाँ नौकर अपने स्वामी को कहता है।"

धीरे-धीरे वे वहाँ अपने आपको सहज बनाने का प्रयत्न करने लगे। एक सिंधी ने उनको किराए पर कमरा दिलवा दिया। वहाँ वे रहने लगे। उन्हें अपने घर-देश की याद सताती रहती थी। जैसे-तैसे वे अपने मन को सँभालते-समझाते रहे।

डॉ. मेहता का बराबर सहयोग मिलता रहा। उनकी राय रही कि उन्हें किसी परिवार के साथ रहना चाहिए, ताकि वह अंग्रेजी रीति-रिवाज, शिष्टाचार, अंग्रेजी में बात करना आदि जान सकें और वह झिझक-संकोच से बाहर आ सकें और सहज होकर वहाँ रह सकें।

भाई दलपतराय शुक्ल की मदद से वह एक परिवार में रहने लगे। पर मांस नहीं खाना उनके लिए विकट समस्या खड़ी करने लगा। हालाँकि मालकिन उनके लिए शाकाहारी भोजन तैयार करती थी। प्रात: जई का दलिया मिल जाता था। उससे उनका पेट भर जाता था, परंतु फिर भी उन्हें भोजन के नाम पर जो मिलता था, उससे न तो उनकी भूख मिटती थी और न वह उन्हें स्वादिष्ट लगता था, क्योंकि दोपहर और शाम को उन्हें पत्तेवाली सब्जी बिना मिर्च मसाले की मिलती। रोटी के दो-तीन टुकड़े और मुरब्बा मिलता। भूख तेज होती, पर वे और रोटी माँग नहीं पाते थे। वहाँ रोटी के दो-तीन टुकड़े खाने का रिवाज था।

घूम फिरकर मांस पर बात आ ठहरती। तर्क रखे जाते। बुरा-भला भी कहा जाता। कहा जाता कि वह मांस खा चुका है, फिर उससे परहेज क्यों? वह मांस ले सकता है, परंतु माँ को दिए वचन की याद आते ही, वह पीछे हट जाता।

वह बेस्ट केंसिगटन में एक एंग्लो इंडियन के साथ रहता था। उसकी मालकिन विधवा थी और वृद्धा भी। उसकी दो लड़कियाँ थीं। उनसे बात करने में भी वह उसी तरह सकुचाता जैसे उनके आग्रह से रोटी लेने में।

उसने अपने को स्वस्थ बनाए रखने के लिए दस बारह मील घूमना शुरू कर दिया। मालकिन ने सुझाव दिया था कि लंदन में ऐसे भोजनालय हैं, जहाँ उन्हें शाकाहारी भोजन मिल सकेगा। शाकाहारी भोजनालय तो मिल गया, परंतु उससे संतोष नहीं हुआ। एक दिन फैरिंग्डन स्ट्रीट पर ऐसा एक वेजिटेरियन रेस्तराँ मिल गया, जहाँ वह मनपसंद भोजन कर सका। वहीं से उसने सॉल्ट की अन्नाहार की हिमायत वाली पुस्तक खरीदी, एक शिलिंग

में। फिर तो वह खोज-खोज कर अन्नाहार विषयक पुस्तकें पढ़ गया। डॉ. एलिंसन के आरोग्य विषय-लेख भी पढ़े। वह इसी पद्धति से नीरोगी रहने का मंत्र दे रहे थे। उसको उन पुस्तकों से यह सोचकर बल मिला कि अंग्रेजों में भी मांस छोड़कर शाकाहारी होने का प्रयत्न चल रहा है।

उसके मन में यह बात घर कर गई थी कि शाकाहारी बने रहने से वह अलग-थलग पड़ा रहेगा। उसे उसके मित्रों ने भी इस ओर ध्यान देने पर जोर दिया। उसे भी अंदर से लगा कि वह यहाँ आया है तो उसे भी वहीं जैसा दिखलाई देने का प्रयास करना चाहिए। सबसे पहले उसने आर्मी और नेवी स्टोर में कपड़े सिलवाए। कीमती चिमटी टोपी सिर पर पहनी। इस पर मन नहीं माना तो ब्रांड स्ट्रीट से फैशनेबल कपड़े सिलवाए। सोने की चेन भाई से मँगवाई। बालों में पट्टी डालकर सीधी माँग निकालना शुरू किया। सभ्य और अच्छे दिखने के जोश में वह यह भूल गया कि किन कठिनाइयों से, रुपया उधार लेकर, समाज जाति से बाहर होकर उसे इंग्लैंड पढ़ने के लिए बड़े भाई ने भिजवाया है।

इसी धुन में वह नाच सीखने लगा। पियानो सीखने लगा। वायलिन खरीदा। भाषा कला सीखने के लिए एक शिक्षक के घर जाना शुरू किया। यों पैसे और समय की बरबादी पर वह उतारू हो गया। यह परिवार के साथ रहता था तो उस पर भी कुछ खर्च करना पड़ता था। उन लोगों को वह बाहर खाने पर ले जाता। लड़की साथ हो तो उसका खर्च भी उठाता। इस टीम टाम, शान-शौकत और शिष्ट बनने की धुन में खर्च जरूरत से ज्यादा होने लगा और उसकी जेब हलकी होने लगी।

खर्च का क्या जितना चाहो और जैसे चाहो खर्च कर डालो। पर वहाँ आया तो वह पढ़ने के लिए था, न कि नवाबी राह पकड़ने के लिए। वैश्य बुद्धि ने उसके कान कतरने शुरू किए। वह आसमान से धरती पर उतरने लगा।

'क्या करता है तू, गांधी। टीम-टाम छोड़। नाचना, वाद्य बजाना, गाड़ी भाड़ा, बाहर खाना-खिलाना, श्रृंगार करना आदि ये सब क्या है! क्या तेरा इंग्लैंड आकर पढ़ने का यही लक्ष्य है?...तू बनिया है। रेत से भी तेल निकाल सकता है। पाई-पाई का हिसाब रखने और मितव्ययी होने में तेरा कोई जवाब नहीं है। फिर यह सब किसलिए? क्यों?' इस सोच ने उसके दिमाग को सातवें आसमान से धरती पर लाने में कोई कसर नहीं छोड़ी।

देखते-ही-देखते उस परिवार को छोड़कर उसने दो कमरे किराए पर लिये। अलग से घूमने जाना छोड़कर वह पैदल जाने लगा। गाड़ी भाड़ा से मुक्ति पाई।

वह यह जान गया कि कानून की पढ़ाई के लिए अधिक पढ़ना अनिवार्य नहीं है। उसके पास समय था। कानून की पढ़ाई के अलावा उसने चाहा कि वह ऑक्सफोर्ड-कैंब्रिज की पढ़ाई करे, परंतु उसके लिए समय भी अधिक चाहिए था और रुपया पैसा

भी। सो उसने अपने मित्रों से सलाह लेकर लंदन से मैट्रिक्युलेशन का मन बनाया। फ्रेंच सीखने लगा। लैटिन सीखी थी, क्योंकि उससे रोमन लॉ के एक पेपर की तैयारी हो सकती थी, अंग्रेजी भाषा में भी इजाफा हो सकता था और कानून की पुस्तकें समझने में आसानी हो सकती थी।

उसके विचारों ने लय पकड़ी, मैट्रिक्युलेशन के लिए वहाँ एक प्राइवेट क्लास चलती थी। उसे ज्वाइन कर लिया। पढ़ाई पर जोर बढ़ना था, सो बढ़ा। अब क्या था कि एक साथ कानून, फ्रेंच और लैटिन की तैयारी शुरू कर दी। इम्तहान दिया, परंतु वह फेल हो गया। पर उसने हिम्मत नहीं हारी और दूसरी बार वह पास हो गया।

वाह री सादगी! वाह री मितव्ययता! तूने कमाल कर दिखाया। दो कमरे के स्थान पर वह एक कमरे में रहने लगा और कम-से-कम एक समय का खाना खुद बनाने लगा। इससे न उसका मन उचटा और न तन थका। उलटे उसका मन रमने लगा। आलस्य का नाम नहीं। प्रसन्नता से भी उसका अपने आप नाता जुड़ता गया।

जीवन पटरी पर दौड़ने लगा तो विचारों की हरियाली ने अंदर-ही-अंदर मन मोहना शुरू कर दिया। मनुष्य एक बार ठान ले तो वह क्या नहीं कर सकता! वह इस निष्कर्ष पर आ पहुँचा कि भोजन भोग के लिए नहीं, जीने के लिए है।

मनुष्य को क्या खाना चाहिए और क्या नहीं। इस पर उसके सोच ने उधेड़बुन शुरू की और वह अन्नाहार लेनेवालों के संपर्क में क्या आया कि वह उस मंडल का सदस्य और उनके साप्ताहिक पत्र का ग्राहक भी बन गया। वह बहुत जल्दी उस मंडल की कमेटी में भी ले लिया गया।

चाय कॉफी बंद। वे नुकसानदायक हैं। कोको ठीक। मिर्च मसाले और मिठाई को राम-राम। अलविदा। उबाली हुई सब्जी रस देने लगी। कभी वह स्टार्चवाला आहार छोड़कर डबल रोटी और फल पर रहने लगा और कभी-कभार पनीर, दूध और अंडों पर, परंतु जब उसने मांस की व्याख्या पढ़ी, सुनी तो हैरत में रह गया। तीन व्याख्याएँ सामने आईं—एक व्याख्या थी कि मांस के अंतर्गत पशु-पक्षी थे। अंडा-मछली नहीं। यानी उन्हें वह ले सकता है।

दूसरी व्याख्या थी कि जीव के रूप में जिन्हें लिया जाता है, उनका त्याग। यानी मछली नहीं, सिर्फ अंडे लिये जा सकते हैं।

तीसरी व्याख्या के अनुसार जितने भी जीव माने जाते हैं और उनसे जन्म पाते हैं उनका त्याग। यानी अंडे-दूध दोनों का त्याग।

जीभ को स्वाद लग चुका था। उसे राजी करना आसान नहीं था। माँ को मांस के सेवन न करने का वचन दिया था, अंडे खाने का नहीं। और फिर मांस की व्याख्या तब सामने नहीं थी। पहली व्याख्या माने तो मछली और अंडे चल सकते हैं। अंडों से अनेक

स्वादिष्ट व्यंजन तैयार होते हैं। जीभ और मन दोनों ही इस स्वाद के आदी हो चुके थे। तो ? अब यह बड़ा प्रश्न था। छोड़ा जाए, यह कहना आसान है, परंतु क्या छोड़ना कहने मात्र से छूट सकता है। उसके लिए बड़ी हिम्मत चाहिए। वह हिम्मत कहाँ से आए ? कैसे आए ?

इस उथल-पुथल के चलते उसकी माँ पुतलीबाई सामने आ खड़ी होतीं। उनकी बड़ी-बड़ी आँखें, सादगी, भोलापन और लंबे-लंबे व्रत-उपवास एक साथ आ ठहरते। उसकी माँ पढ़ी-लिखी नहीं हैं। जैसे-तैसे हरफ जोड़कर गुजराती की मोटे अक्षरों वाली पोथी बाँच पाती हैं। वह भी धार्मिक पोथी। वह क्या जाने कि लिये गए वचन में क्या-क्या छूट संभव है ?

और फिर वह ठहरा कानून का छात्र! करार कितना भी स्पष्ट क्यों न हो, लेकिन वकील राई का पर्वत और पर्वत का राई बना ही लेते हैं। उसके जीवन में उठी यह आँधी उससे न्याय चाहती थी। वचन की लाज चाहती थी। जो आँधी से विचलित नहीं होते और खड़े रह पाने की शक्ति रखते हैं, वही तो इनसान हैं। उसने मन को पक्का किया और अलिखे मजमून की आत्मा को आत्मसात् कर अपनी माँ के प्रति निष्ठा बनाए रखने का फैसला लिया। वह एकदम सादगी पर आ गया। तीसरी व्याख्या का उसने आदर किया।

दरअसल व्यक्ति के जीवन में ऐसे ही निर्णायक क्षण आते हैं, जिनमें उसे कठोर-से-कठोर और उचित निर्णय लेकर अपने मुकदमे को लेना होता है। सत्य वहाँ पकड़ में आता है और अहिंसा की दृष्टि वहीं से खुलती है। वही आत्मा से साक्षात्कार की विधि भी है।

द्वि-अर्थी शब्द या वाक्य ही न्यायशास्त्र का आधार बन जाता है, जब उसका अर्थ न्याय-अन्याय, सत्य-असत्य, खोट-अखोट से हटकर मात्र जीत पर केंद्रित हो जाता है। जीत में साधन पर नहीं, साध्य पर ध्यान रहता है। इस तरह प्रायः फैसले का तराजू अन्याय, असत्य और खोट की ओर झुका रहता है। सारे झगड़े-फसाद चलते रहने और पनपते जाने की यही खास वजह है। उसकी दृष्टि में मांस शब्द का वही अर्थ सच है, जिसे उसकी माँ ने माना और जिसे उसने भी उस वक्त माना था। वह अर्थ कभी नहीं, जिसे बाद में, यानी अब कानून की पढ़ाई करते हुए विभिन्न व्याख्याओं के आधार पर सीखा-समझा। प्रश्न जीतने या मन के अनुसार, सत्य-असत्य, न्याय-अन्याय आदि में से असत्य या अन्याय के पक्ष में निर्णय के लिए तर्क बुनने का नहीं, सत्य में निष्ठा बनाए रखने का है।

उसके अंदर अब संवाद उठने लगे थे। उसकी आत्मा के स्वर उनमें गुंजन कर उठे थे। नैतिकता और धर्म विषयक जिज्ञासाएँ जन्म ले उठी थीं। इन्हीं कारणों से उसका मन विभिन्न धर्मों को जानने-समझने का होने लगा था। उसकी मुलाकात थियासोफिस्ट के

एक सदस्य से हुई। उसने सबसे पहले एडनि में एर्नाल्ड कृत अंग्रेजी में गीता का अनुवाद पढ़ा। उसे इस बात का दु:ख हुआ कि वह गीता संस्कृत में नहीं पढ़ सका। उसने गीता का गुजराती अनुवाद पढ़ा था। उसके चित्त पर उसका गहरा प्रभाव पड़ा। फिर उसने बाइबिल पढ़ी। ईसा के पर्वत प्रवचन से वह बहुत प्रभावित हुआ।

इस पर भी वह धर्म, ईश्वर आदि के बारे में कुछ खास नहीं जान पाया था, परंतु उसका झुकाव अनदेखे-अनसमझे भी ईश्वर की ओर होने लगा। हुआ यों कि सन् 1990 में पोर्ट स्मथ में अन्नाहरियों का एक सम्मेलन हुआ। उसमें आने का उसे भी निमंत्रण मिला। वह गया। उसे जिस बहन के यहाँ ठहराया गया था, वह एक बदनाम घर था। सभा से रात को वहाँ लौटे तो खाना खाने के बाद वहाँ ताश खेली जाने लगी। ताश में युवतियाँ भी थीं, ताश खेलते हुए अश्लील फब्तियाँ कसी जाने लगीं। साथ-साथ अश्लीलता कार्य रूप में बदलने लगी। वह भी उस रस रंग में आनंद लेने लगा। तभी उनमें से उसके एक मित्र ने कहा, "तुम और यह पाप? यहाँ तुम्हारा काम नहीं। जाओ, भागो।"

इस तरह से वह वहाँ से बच निकला। ऊपरी तौर पर उसे लगा कि वह पाप से बच गया। उसको बचाने वाला निस्संदेह ईश्वर है। वह ईश्वर जिसे वह नहीं जानता, परंतु जिसका एहसास उसे कई बार बाद में भी होता रहा है।

वह इस बीच पेरिस भी हो आया। वहाँ के नोत्रे देम गिरजाघर का उस पर गहरा असर पड़ा। वह सोचने लगा कि जिन लोगों ने ऐसे भव्य गिरजाघर के निर्माण में करोड़ों रुपए व्यय किए हैं, वे निश्चित ही ईश्वर के भक्त रहे होंगे। एफिल टावर की इंजीनियरिंग से वह टाल्सटॉय की तरह अप्रभावित रहा और उसके कथन पर सही का निशान लगा दिया। टाल्सटॉय ने कहा था कि वह मीनार मूड़ता की प्रतीक है, बुद्धिमता की कतई नहीं।

यों पता ही नहीं चला कि तीन साल कैसे बीत गए? 11 जून, 1891 को उच्च न्यायालय जाकर उसने पंजीकरण कराया। अब क्या था। मन की इच्छा पूर्ण हो गई। फिर वहाँ रुकने का क्या मतलब? वह वहाँ से दूसरे दिन ही हिंदुस्तान के लिए रवाना हो गया। यद्यपि उसे अपने देश से बहुत प्यार था, तथापि वह इंग्लैंड को अपना दूसरा घर कहने लगा था। उधर उसकी मन-बुद्धि यह स्वीकार करने के लिए कतई तैयार नहीं थी कि वह कानून का अच्छा जानकार होकर लौट रहा है।

रास्ता कट गया। बंबई (मुंबई) आ भी गया। वहाँ बंदरगाह पर बड़े भाई तैयार मिले। घर आ गया राजकोट। दिल में गहरी चाह थी कि जाते ही वह सबसे पहले माँ से मिलेगा। बंबई से राजकोट तक माँ के बारे में भाई से कोई बात नहीं हुई। हाँ, मुंबई डॉ. मेहता से फिर मुलाकात हो सकी थी। उनसे कोई खास बात नहीं हुई। वह घर आ गया।

भारत की ओर

वह डॉ. मेहता के आग्रह पर बंबई में ठहरा था। वहाँ से सीधे राजकोट। राजकोट पहुँचकर पता चला कि माँ नहीं रहीं। उसको लंदन रहते यह सूचना नहीं दी थी। यह सोचकर नहीं दी थी कि उससे उसका मन विचलित हो जाएगा और उसकी पढ़ाई पर असर पड़ेगा। पर अब जब माँ नहीं रही थीं तो ? वह माँ जिसको उसने तीन वचन दिए थे। वे नहीं रहीं। उसका हृदय टूट गया। वह अवाक् रह गया, पर रोया नहीं।

वहाँ थी फिर वही जाति—वैश्य जाति। उसने ही उसके विलायत जाने पर बहिष्कार किया था। भाई उसे राजकोट लिवा लाने से पहले उसे नासिक स्नान करा लाए थे। वहाँ जाति दो भागों में बँटी हुई थी। एक धड़ा उसे स्वीकार करने को तैयार था, दूसरा धड़ा कतई नहीं। उसके मन पर जाति से अलग रहने और जाति में लौटने के प्रति एकदम उदासीनता थी।

बड़े भाई का मन ऐसा नहीं था। वह जाति को मानते थे। जाति को राजी करने के लिए उन्होंने उसे भोज दिया। वह इसके लिए राजी नहीं था, परंतु भाई के प्रति प्रेम और गहरी आस्था के कारण वह चुप रहा। आश्चर्य उसे तब हुआ, जब उसे मालूम पड़ा कि भोज के टोटके से दूसरे धड़े ने भी उन्हें मुआफ कर दिया।

बड़े भाई सूझबूझ वाले थे। वह ऊँच-नीचे समझते थे। उसको उनसे बहुत आशा थी। आखिर उनका छोटा भाई कानून की पढ़ाई पढ़कर विलायत से लौटा है। बैरिस्टर बना है। अब क्या है कि सारी मुसीबतें खतम। आमदनी की दौड़ में वह बहुत आगे।

उनका छोटा भाई वकालत करेगा तो मुकदमे भी चाहिए। उसके लिए जाति का सहयोग महत्त्व रखता है।

उसके मन में उन लोगों के प्रति जरा सी भी खटास नहीं थी, जिन्होंने उन्हें जाति से बाहर किया। उनके प्रति भी उसके मन में सम्मान था। हालाँकि एक धड़ा अभी भी उससे अंदर-ही-अंदर रूठा हुआ था, परंतु वह ऊपर से शांत था।

घर का वातावरण भी बदला था। वह भी उनके विलायत से लौटने के कारण। चाय कॉफी, चीनी मिट्टी के बरतन जो कभी दवा और सभ्य मेहमानों के लिए काम में लाए जाते थे, वे अब पूरे घर के लिए आम हो गए थे। कोको भी लपसी के साथ घर में उसी तरह प्रवेश पा गया था, जैसे बूट-मोजों ने घर में दाखिला पाया था। कोट पैंट ने भी जगह बना ली थी। इस तरह घर का खर्च भी बढ़ गया था।

घर वाले उससे अंधी कमाई की आस लगाए हुए थे। उनकी यह आशा कुछ गलत भी नहीं थी, क्योंकि और वकीलों की प्रैक्टिस खूब चल रही थी, जबकि वह तो विलायत से पढ़कर नहीं आए थे। उसके पास अनुभव का अभाव था। दूसरे, उसने भारतीय कानून

का अध्ययन भी नहीं किया था। बिना उसके वह वहाँ कैसे सफल हो सकता था ? मित्रों की सलाह भी थी और उसका मन भी यही हुआ कि उसे बंबई जाकर वहाँ से हाईकोर्ट का अनुभव लेना चाहिए, ताकि वह अपने पेशे में माहिर होने की दिशा में आगे बढ़ सके।

विलायत से पढ़कर आए कानून में भारतीय कानून का अध्ययन नहीं कराया गया था। उसके मन में यह बात घर कर चुकी थी कि वह कानून की पढ़ाई तो जरूर कर पाया है, परंतु उसको उसका व्यावहारिक ज्ञान नहीं है। सिद्धांतों की जानकारी से व्यावहारिक ज्ञान कम जरूरी नहीं होता है। वह मन मसोसकर इसी नतीजे पर पहुँचा कि उसे बंबई जाना चाहिए, तभी उसकी वकालत चल पाएगी।

पुनः बंबई (मुंबई)

वह बंबई आ गया। अकेले। घर लिया। रसोइया रखा। कोर्ट के चक्कर लगाने लगा। काम की तलाश जारी रखी। काम मिला भी, पर न के बराबर। अब वह बंबई हाईकोर्ट में प्रतिष्ठित वकीलों के बारे में जानकारी भी लेने लगा। उनके विश्वास, कार्य करने की शैली उनकी जिरह करने की अद्भुत शक्ति से परिचय पाकर तो वह आश्चर्यचकित रह गया। उनसे जिरह करना तो दूर उससे दो शब्द बोलते भी नहीं बनता था।

उसे याद आने लगी हॉबर्न भोजनालय में दी गई पार्टी। उसने अपने अन्नाहारी मित्रों को इंग्लैंड छोड़ने से पूर्व पार्टी दी थी। हालाँकि उस भोजनालय में मांसाहार ही बनता था, तथापि उसका व्यवस्थापक शाकाहारी भोजन बनाने के लिए तैयार हो गया था। उसको इस बात की विशेष खुशी थी कि मांसाहारी व्यवस्था में शाकाहारी व्यंजनों की शुरुआत एक अच्छा सिगनल है। इंग्लैंड से अलविदा लेने से पूर्व उसका यह प्रयास निस्संदेह उनके मित्रों को भी अच्छा लगेगा।

पश्चिम में भोज का अर्थ होता है—पूरी टीमटाम, साज-सजावट और बाजे बजने की व्यवस्था। भाषण भी। वहाँ लिखित भाषण की परंपरा भी थी। वह चाहता था कि लिखित भाषण करे। पर यह सोचकर उसकी कलम ने उसका साथ नहीं दिया कि…।

जब वह इंग्लैंड में वेंटनर गया था, जहाँ वह 'एथिक्स ऑफ डायेट' से मिला था। वहाँ अन्नाहार को प्रोत्साहन के लिए एक सभा में उसको और उसके मित्र मजूमदार को बोलने के लिए न्यौता मिला था। उसने बड़ी मेहनत से अपना भाषण लिखा था। जब वह अपना भाषण पढ़ने के लिए खड़ा हुआ, तब उससे अपना भाषण पढ़ा नहीं जा सका। उसका भाषण फुलस्केप साइज के एक पृष्ठ से भी कम जगह पर लिखा हुआ था। वह भाषण मजूमदार ने पढ़ा था।

इस बार भी भोज में उसे भाषण करना था। वह सोच गया कि इस दफे वह अपना भाषण लिखेगा नहीं, बिना लिखे ही बोलेगा। इसके लिए उसने अभ्यास किया। उसको हिम्मत मिली एडीसन से। वह हाउस ऑफ कॉमन्स में अपने पहले भाषण में सिर्फ तीन बार इतना ही कह पाया था कि "मेरी धारणा है, मेरी धारणा है, मेरी धारणा है।" वह इससे आगे कुछ नहीं बोल पाया था। तब एक सदस्य ने उठकर उस पर यह व्यंग्य कसा कि बेचारा तीन बार गर्भ धारण करने पर भी पैदा कुछ नहीं कर सका। अंग्रेजी में धारणा का एक अर्थ गर्भ धारण करना भी है। उसने अपनी झेंप मिटाने और अपने मित्रों पर थोड़ा बहुत असर बनाने के लिए अपना भाषण इसी उदाहरण से शुरू किया, लेकिन इससे आगे वह कुछ नहीं बोल सका। सेंस ऑफ ह्यूमर वह अपने भाषण में लाना चाहता था, परंतु वह स्वयं मजाक का पात्र बनकर रह गया। मात्र वह इतना ही कह पाया, "सज्जनो, आपने मेरा निमंत्रण स्वीकार किया, इसके लिए मैं आपका आभार मानता हूँ।"

उसको पहला मुकदमा मिला—ममीबाई का। वह भी स्मॉल कॉज कोर्ट (छोटी अदालत) के लिए। वहाँ बड़े वकील नहीं आते हैं। उस मुकदमे के लिए उसे मुकदमा लानेवाले दलाल को भी उसकी दलाली देने के लिए कहा गया। उस मुकदमे में उसका मेहताना मात्र तीस रुपए था। उसमें से भी दलाली देने की बात अलग।

"नहीं मिस्टर...नहीं, मैं दलाली नहीं दूँगा।" वह तपाक से कह गया।

"आप अभी-अभी नए बैरिस्टर हैं, महाशय। यहाँ तो बड़े-बड़े वकील दलाली की राशि खुशी-खुशी नजर करते हैं।"

वहाँ कई माह हो चले थे। बाहर बैरिस्टर की तख्ती लटकी रहती थी। वह मेहन की हिंदू लॉ की किताब भी रुचि से पढ़ चुका था, परंतु लाख प्रयत्न करने पर भी वह अपने को मुकदमा लड़ने को तैयार नहीं कर पाया। हार जाता। हारकर बैठ रह जाता। खर्च हो रहा था, आमदनी होने का नाम नहीं। वह कहाँ फँस गया?

खैर वह स्मॉल कॉज कोर्ट की दहलीज तक जा पहुँचा। उसने अपने को सँभाला। हिम्मत जुटाई और अंदर जा पहुँचा। वह प्रतिवादी की ओर से था। लिहाजा बहस उसे शुरू करनी थी। वह खड़ा था, परंतु उसके पाँव काँप रहे थे। सिर चकरा रहा था। कोर्ट का कमरा उसे घूमता नजर आ रहा था। होंठ सिल से गए थे। मुँह से कोई बोल नहीं फूट रहा था। कितनी तैयारी की थी। उस सब पर पानी फिर गया। कोई सवाल नहीं सूझा।

उसने चुपचाप दलाल को ली हुई राशि लौटा दी। अदालत से भागा तो वह सीधे घर पहुँचा और कान को हाथ लगाकर मन-ही-मन कहा कि अब वह तब मुकदमा हाथ में लेगा, जब उसे अपने पर पूरा विश्वास हो जाएगा।

उसके पास एक और मुकदमा आने वाला था। उस मुकदमे के लिए, अर्जी दावा

तैयार करना था। उसने वह किया। यदि वह यों ही मुफ्त में अर्जियाँ लिखता रहा तो दाल रोटी का क्या होगा।

उसके मन में आया कि उसको किसी स्कूल में अंग्रेजी पढ़ाने का काम मिल जाए तो ना कुछ से तो कुछ ठीक रहेगा। बिल्ली के भाग्य से छींका भी टूटा। एक नामी स्कूल में अंग्रेजी शिक्षक की जरूरत का विज्ञापन उसके हाथ लगा। प्रतिदिन एक घंटा पढ़ाना था। वेतन था 75 रुपए। अर्जी दे दी। बुलाया भी, परंतु प्रिंसीपल को जब यह मालूम पड़ा कि वह बी.ए. नहीं है तो उन्होंने सॉरी कहकर वह प्रकरण वहीं समाप्त कर दिया।

वह अजीब उलझन में पड़ गया, वह रोज हाईकोर्ट जाता, लेकिन उसकी समझ में नहीं आता कि क्या सीखा जाए और कैसे? सीखने लायक वहाँ है भी क्या? उसका उस तरफ दिमाग ही नहीं चलता था। उसने फिर यही मुनासिब समझा कि राजकोट की शरण ली जाए। उसका भाई वहाँ छोटा वकील है। वहाँ उसे कुछ-न-कुछ काम मिलता ही रहेगा।

इस प्रकार वह राजकोट आ गया छह माह बंबई में बिता कर। वहाँ वह अर्जी लिखने का काम करने लगा। वहाँ मुंशीगिरी से उसे तीन सौ रुपए की आमदनी होने लगी, परंतु एक बैरिस्टर का जो स्तबा होना चाहिए, उससे वह वंचित बना रहा। यह टीस उसे बराबर सालती रही। रियासत में नौकरी पाना भी संभव नहीं हुआ। फलत: वह अंदर और बाहर से खाली होता गया। वह निराशा के सागर में डूबने लगा था कि एक दिन पोरबंदर की एक मेमन फर्म से उनके भाई के पास यह संदेश आया कि अफ्रीका में उसका व्यापार है। वहाँ उनका मुकदमा चल रहा है। चालीस हजार पौंड का दावा है। वकील तो उनके पास अच्छे-से-अच्छे हैं। वकील अंग्रेज हैं। उसे उनकी बात अंग्रेजी में समझानी है और यदि इसके लिए उसका भाई तैयार हो तो उसे वह एक सौ पाँच पौंड देंगे। रहना खाना मुफ्त। प्रथम श्रेणी का मार्ग व्यय भी देंगे।

उसने अपने हारे-थके मन को मनाया और सेठ अब्दुल करीम के इस प्रस्ताव को मान लिया। सोचा कि शायद इसी तरह कोई नया रास्ता, नया सूरज उनके डूबते सितारों को सँभाल ले, रोशन कर दे।

दक्षिण अफ्रीका की ओर

विलायत से लौटने पर उसने बहुत प्रयत्न किया कि वह अपनी पत्नी को पढ़ा सके, परंतु उसमें उसको जरा सी भी सफलता नहीं मिली। वह परदे का जमाना था। दिन में पति-पत्नी बात नहीं कर पाते थे। रात मिलती थी। तब वह पढ़ने के लिए मन से तैयार नहीं होती थी। बोलती बहुत कम थी। जो बोलती, वह नपा तुला होता था। अब तक

उनके बीच एक पुत्र आ चुका था। ऐसे में पत्नी को एक साल के लिए छोड़कर दक्षिण अफ्रीका जाना उसको खल रहा था, परंतु वहाँ पत्नी द्वारा दी गई तसल्ली ने उसको बहुत ढाढ़स बँधाया।

अप्रैल 1893 को वह बंबई से दक्षिण अफ्रीका के नेटाल शहर के लिए रवाना हो गया। नेटाल से ही उसे डरबन जाना जाता है। वह मई 1893 में नेटाल पहुँच गया। सेठ अब्दुल्ला ने उनका स्वागत किया।

वहाँ उसे रंगभेद का अनुभव होने लगा। अब्दुल्ला सेठ उसे नेटाल की अदालत दिखाने ले गया। वहाँ यूरोपियन मजिस्ट्रेट ने उससे पगड़ी उतारने के लिए कहा। वह उसका आदेश मानने के लिए तैयार नहीं हुआ और चुपचाप कचहरी से बाहर चला आया। उसके तुरंत बाद उसने मजिस्ट्रेट के इस दुर्व्यवहार के प्रति जोरदार पत्र लिखे। वहाँ के अखबारों ने उसे बिन बुलाए मेहमान शीर्षक से नवाजा। इस तरह वह वहाँ आनन–फानन में चर्चा के केंद्र में आ गया।

अब उसे नेटाल से प्रिटोरिया जाना था प्रथम श्रेणी मैं। ट्रेन मेरित्सबर्ग पहुँची। वहाँ उसे प्रथम श्रेणी का टिकट होते हुए भी ट्रेन के पिछले से पिछले डिब्बे में जाने के लिए कहा गया। उसके नाह–नूह करने पर कोई ध्यान नहीं दिया गया।

उसने अब्दुल्ला सेठ को ट्रेन में सोने की सुविधा के लिए पाँच शिलिंग का टिकट नहीं कटवाने दिया। उसने उसे समझाया भी था कि यह पराया देश है। वह पैसे के खर्च पर ध्यान न दें। अनिवार्य सुविधाएँ लेने के महत्त्व को समझें।

इस वक्त नेटाल की राजधानी मेरित्सबर्ग के स्टेशन पर ट्रेन खड़ी थी। वहाँ बिस्तर मिलता था। रेलवे का कर्मचारी आकर बिस्तर की बाबत पूछ चुका था और उनसे इनकार पाकर जा चुका था। तभी एक गोरा व्यक्ति उस कम्पार्टमेंट में आया। तुरंत बाहर गया और एक रेलवे के अधिकारी के साथ पुनः अंदर आया। उस अफसर ने कहा, "आप आखिरी कम्पार्टमेंट में जाकर बैठो, मिस्टर।"

"क्यों मिस्टर, मेरे पास प्रथम श्रेणी का टिकट है?"

"तो क्या हुआ?" उस अधिकारी ने आँखें तरेरकर कहा, "जो कहा गया है, वही करो।"

"मैं नेटाल से प्रथम श्रेणी के इस कम्पार्टमेंट में बैठकर आ रहा हूँ।"

"आ रहे हो तो मैं क्या करूँ। अब आप अपना सामान लेकर लास्ट वाले कम्पार्टमेंट में चले जाएँ।"

"पर क्यों, मिस्टर ऑफिसर?"

"नो आरग्यू, मिस्टर। जो कहा गया वही करो।" इस बार उस अधिकारी का स्वर तेज था और भौंहें त्रियक।

"नो मिस्टर, मैं नहीं उतरूँगा। मेरे पास प्रथम श्रेणी का टिकट है।"

"सो व्हॉट, मिस्टर?"

"मैं स्वेच्छा से नहीं जाऊँगा।" उसने भी दृढ़ता से कहा।

"तो तुम्हें पुलिस आकर उतारेगी, तब?"

"आने दो। तब की तब देखी जाएगी।···मैं स्वेच्छा से नहीं उतरूँगा।"

साथ में बैठा वह गोरा व्यक्ति सुन रहा था। उसे नतीजे का इंतजार था।

वही हुआ, जो नहीं होना चाहिए था। पुलिस वाला आया। उसने हाथ पकड़ा और उसे धक्के मारकर ट्रेन से नीचे उतार दिया और उसका सामान प्लेटफार्म पर फेंक दिया।

गांधी के हाथ में हैंडबैग था। उसने और सामान के हाथ नहीं लगाया।

ट्रेन चल पड़ी। वह खड़ा-खड़ा देखता रह गया। रात के साढ़े नौ से ऊपर थे। ठंड तेज हो चली थी। ठंडी हवाएँ चल पड़ी थीं। उसका फेंका हुआ सामान उठाकर रेलवे का कर्मचारी जा चुका था।

अब वह वेटिंग रूम में बैठे सोच रहा था। उसने कोर्ट में पगड़ी नहीं उतारी थी, यह खबर सभी अखबारों में सुर्खी से छप चुकी थी। लेकिन अब! मेरित्सबर्ग ऊँचाई वाले प्रदेश का ही हिस्सा था। इस कारण वहाँ ठंड ज्यादा थी। उसके पास केवल हैंडबैग था। गरम कपड़े ओवर कोट आदि सामान के साथ थे।

अपमान और ऊपर से तेज ठंड। वेटिंग रूम में भुतही अँधेरा छिपकली सा चिपका हुआ था। वहाँ सन्नाटा पसरा पड़ा था। अपना सामान कैसे माँगे? यह तो थूककर चाटना होगा। चाहे वह काँपते शरीर से ठंड खाकर मर जाए, पर वह उस वक्त सामान माँगने की मन:स्थिति में नहीं था।

आधी रात को वेटिंग रूम में एक मुसाफिर और आया। ओवरकोट पहने और ऊनी टोपी लगाए। शायद वह कुछ पूछना चाहता था। शायद यही कि इतनी ठंड में इतने कम कपड़ों में क्यों है? क्या उसे ठंड नहीं लग रही है? लेकिन वह अपमान के घूँट को हजम नहीं कर पाने के कारण अंदर-ही-अंदर तिलमिला रहा था। उसके साथ इंग्लैंड में ऐसा दुर्व्यवहार किसी ने नहीं किया था। उसके वहाँ अनेक अंग्रेज मित्र भी थे। उन्होंने कभी भी उसका अपमान नहीं किया। वे उसके दोस्त बने रहे। फिर यहाँ यह सब क्यों? अब वह क्या करे! क्या लौट जाए? उसकी अंतरात्मा से आवाज उठी, 'तू गांधी, एक बार कोर्ट से भागकर राजकोट लौटा था। राजकोट में गुजारा करने तक रोजगार पाया था—अर्जी लिखने भर का। तू क्यों अपनी बैरिस्टरी की छीछालेदर कराता इधर से उधर भागता फिर रहा है? तू भारत से यहाँ भी भागकर ही तो आया है? अब तू यहाँ से भागने की सोचने लगा है। वहाँ के लोग क्या कहेंगे?'

तो?···गांधी के मन में आँधी उठ रही थी। अब्दुल्ला सेठ ने उसे समझाया था कि

मुसलमानी पोशाक पहनने वाला व्यक्ति कोर्ट में पगड़ी पहनकर जा सकता है, कोई दूसरा हिंदुस्तानी नहीं। वह नेटाल में घूमते हुए तीन-चार दिन में यह तो जान गया था कि वहाँ भेदभाव की बीमारी जड़ पकड़े हुए है। वहाँ हिंदुस्तानी भी कई गुटों में बँटे हुए हैं। जैसे—

एक गुट था मुसलमान सौदागरों का जो वहाँ अपने को अरब कहते थे।

दूसरा गुट था पारसियों का जो अपने को परसियन मानते थे। हाजी वर्ग में वे हिंदुस्तानी भी आते थे, जो मुनीमगिरी करते थे।

तीसरा गुट था, जिसमें तमिल, तेलुगु और शेष भारत के हिंदुस्तानी आते थे, जिन्हें गिरमिटिया कहा जाता था। गिरमिटिया का अर्थ था—इकरार यानी एग्रीमेंट। जरूरतमंद और गरीब हिंदुस्तानी वहाँ पाँच साल के इकरार पर मजदूरी करने आते थे। उन्हें कुली कहते थे। वहाँ व्यापारी को कुली व्यापारी से भी पुकारा जाता था।

ओह! इतना अपमान! इतनी उपेक्षा! इतना अनादर! उसको भी यही सजा भोगनी पड़ रही है। वह क्या कर सकता है? क्या उसका लक्ष्य इस कोढ़ जैसी बीमारी से समाज को मुक्त कराने का हो सकता है? रंग द्वेष को क्या वह मिटा सकता है?

सुबह हो गई इन विचारों के साथ लड़ते-लड़ते। कुछ-न-कुछ करना ही होगा, यह सोचते हुए उसने जनरल मैनेजर को शिकायत भरा लंबा तार भेजा। अब्दुल्ला सेठ को भी उसके साथ हुए इस अभद्र व्यवहार की खबर भेजी। अब्दुल्ला सेठ ने मेरित्सबर्ग के व्यापारियों को खबर भिजवाई कि वे उसकी सुविधाओं का ध्यान रखें और जहाँ तक बन पड़े, उसकी मदद करें। उन लोगों (व्यापारियों) ने भरपूर मदद करने के साथ अपनी-अपनी आपबीती सुनाई कि उनके साथ प्रथम श्रेणी का टिकिट होने पर भी अपमान, बदसलूकी और अन्याय होता है।

उधर अब्दुल्ला सेठ जनरल मैनेजर से मिले। जनरल मैनेजर के पास गांधी का तार भी पहुँच चुका था। उसकी वहाँ से चार्ल्स टाउन तक प्रथम श्रेणी में मय बिस्तर के जाने की व्यवस्था दूसरे दिन कर दी गई। गांधी को पाँव रखने की जगह मिली, ऐसा उसे लगा।

दूसरे दिन गांधी सुबह ही चार्ल्स टाउन पहुँच गया। वहाँ से जोहान्सबर्ग के लिए ट्रेन नहीं होने के कारण उसे घोड़ों की शिकरम से जाना पड़ा। यद्यपि उसने शिकरमवाले को तार से आगे जाने के लिए सूचना दे दी थी, तथापि वह उस सूचना से मुकर गया था और उसे शिकरम में अंदर न बैठाकर कोचवान ने बाहर अपने पास वाली सीट पर बैठाया था। आगे चल एक गोरी चमड़ी वाले को सिगरेट पीने की तलब जगी। वह शिकरम रुकवाकर गांधी से बोला, "तुम नीचे बैठो।" वहाँ जहाँ पाँव रखे जाते हैं। उसने आपत्ति की तो उसने गांधी को पीटना शुरू कर दिया और गालियाँ देता रहा।

अंदर बैठे व्यक्तियों में से एक व्यक्ति ने कहा, "उसे मारते क्यों हो? वहाँ बैठा रहने दो। यदि वहाँ तुम बैठना चाहते हो तो उसे अंदर बैठ जाने दो।" उसका असर हुआ।

उसे कुछ राहत मिली। पर उस गोरी चमड़ी वाले के दुर्व्यवहार से उसका हृदय छलनी हो गया। वहाँ से आगे रेल से प्रिटोरिया तक की यात्रा की।

प्रिटोरिया में

गांधी प्रिटोरिया पहुँचकर ए.डब्ल्यू. बेकर के निवास पर पहुँचे। उनसे उसकी बात हुई। बेकर ने उनसे स्पष्ट कह दिया कि उनके लिए बैरिस्टरी जैसा वहाँ कोई काम नहीं है। हाँ, वह सेठ और उनके बीच समझने-समझाने का माध्यम जरूर बन सकते हैं और तथ्य जुटाने में भी वह उनकी मदद कर सकते हैं।

बेकर ने वहाँ एक भटियारे की स्त्री के यहाँ उन्हें जगह दिलवा दी थी, प्रति सप्ताह पैंतीस सिलिंग पर।

बेकर कट्टर पादरी था, पर रंगभेद से दूर रहता है। उसने अपने खर्चे पर एक चर्च बनवाया था, जहाँ वह व्याख्यान देने जाता था। प्रतिदिन एक बजे वह वहाँ अपने साथ काम करनेवालों को लेकर आत्मा की शांति और ज्ञान के प्रकाश के लिए प्रार्थना करता था—चंद मिनट के लिए। उसने गांधी को भी वहाँ आने के लिए आमंत्रित किया।

भटियारे की स्त्री भली थी। उसने उन्हें अन्नाहार दिया। वह अति शिष्ट महिला थी। वह भोजन करने के बाद वैचारिक मंथन में जुट जाते थे। उनके सामने जानने के लिए विविध धर्म थे। हिंदू धर्म के बारे में उनकी जिज्ञासाएँ थीं। वह हिंदू होकर हिंदू धर्म के बारे में कुछ नहीं जानते थे, यह स्थिति उनके लिए तकलीफदेह होने लगी थी। रंगभेद क्यों है? मनुष्य मनुष्य से इतनी घृणा क्यों करता है? उसमें हिंसा क्यों आपे से बाहर होने लगती है?

बेकर की प्रार्थना सभा से उनको यह लाभ हुआ कि उनकी पहचान मि. कोट्स, गेब, हेरिस आदि से हो गई। मिस गेब और मिस हेरिस साथ-साथ रहती थीं। वे दोनों अनब्याही थीं। वे गांधी को प्रत्येक रविवार को चार बजे चाय पर आमंत्रित करती थीं। मि. कोट्स नेक इनसान थे। पढ़ाकू अलग थे। बराबर पूछते रहते थे कि उन्होंने सप्ताह भर में क्या-क्या पढ़ा? मिस गेब और मिस हेरिस अपने मधुर अनुभव सुनाती थीं।

पियर्सन कृत 'मेनी इनफॉलिबल प्रफ्स' (कई अचूक प्रमाण), बटलर की 'एनॉलोजी' आदि पुस्तकें उन्होंने पढ़ीं, परंतु उनका उन पर कोई असर नहीं हुआ। ईसा के अवतार के संबंध में जो तर्क पेश किए गए थे, उनसे वह प्रभावित नहीं हो सके। यह बात उन्होंने मि. कोट्स पर भी प्रकट कर दी।

कोट्स कहाँ चूकनेवाले थे। वह पूछ बैठे, "तुमने अपने गले में कंठी क्यों डाली हुई है?"

"माँ ने मुझे यह माला पहनाई थी।" गांधी ने धीरे से कहा।

"ताकि तुम भूत-प्रेत से बच सको और सांसारिक बाधाएँ तुम्हारा मार्ग नहीं रोक सकें।···यही न।" कोट्स के स्वर में छिपा हुआ व्यंग्य था।

"यह मैं नहीं जानता, मि. कोट्स। मैं इसे माँ के प्रेम का उपहार मानकर चलता हूँ।" गांधी ने सहज भाव से कहा।

"यह प्रेमोपहार नहीं, मि. गांधी। यह तुम्हास भ्रम है।" कोट्स ने कहा, "इसे इधर लाओ, मैं इसे तोड़कर तुम्हारे मन से वहम हटा दूँ।"

"नहीं, यह नहीं हो सकता, कोट्स।"

"क्यों नहीं हो सकता? मैं इसे तोड़ दूँगा।"

"क्योंकि यह माँ की दी गई प्रसादी है।"

"क्या तुम इसमें विश्वास रखते हो?"

"रखना तो पड़ता है, क्योंकि इससे मुझे अपनी माँ की बराबर अनुभूति होती रहती है।"

"यह तुम्हारा अंधविश्वास है, गांधी।"

"फिर भी, मुझे यही स्वीकार है, मि. कोट्स।"

"दुनिया में ऐसी कोई चीज नहीं बनी है, जो टूट नहीं सकती या क्षय को प्राप्त नहीं होती। यह कंठी भी एक-न-एक दिन स्वत: टूट जाएगी। तब गांधी?"

"तब मुझे दूसरी कंठी प्राप्त करने का लोभ नहीं सताएगा।"

"पर तुम कंठी के होते वहम को पाले रहोगे, यही ना, गांधी। तुम एक वकील हो। समझदार हो। सच और झूठ को समझते हो। फिर भी···तुम वहम का त्याग नहीं करना चाहते।" कोट्स के स्वर में हलका सा कंपन था, तनाव था और अप्रत्यक्ष उत्तेजना थी।

कोट्स की दूसरे धर्मों में कोई आस्था नहीं थी। वह मानते थे कि दूसरे धर्मों चाहे कुछ सत्य हो, परंतु संपूर्ण सत्य तो ईसाई धर्म में है। बिना ईसा की शरण में आए पाप से मुक्ति का कोई अन्य उपाय नहीं है।

कोट्स के द्वारा सुझाई पुस्तकें गांधी ने पढ़ीं और समझने की कोशिश की, लेकिन उनकी समझ से वे दलीलें परे थीं, जिनके द्वारा इस समझ की तुष्टि की गई थी कि ईसा एक मात्र अद्वितीय अवतार है और ईश्वर तथा मनुष्य के मध्य एक मात्र वही मध्यस्थ है।

कोट्स ने ही गांधी को प्लीमथ ब्रदर नामक एक ईसाई संप्रदाय से परिचय कराने के लिए उससे जुड़े एक परिवार से मिलाया। उनमें एक प्लीमथ ब्रदर ने गांधी को यह समझाने का भरसक प्रयास किया कि पाप का बोझ उठाने के लिए उनका ईसा है। वही एकमात्र पापरहित ईश्वर है। वह ईश्वर के माननेवालों के पाप धो देता है। वे लोग ईसा के इस मुक्ति मार्ग के अनुयायी हैं। मानव से पाप होते रहना स्वाभाविक है, परंतु उसको

मानने से मनुष्य पापरहित बना रहता है, क्योंकि वह पाप उस पर डाल देते हैं। ईसा संसार को पापरहित कर देता है। जो मानव ईसा के महाबलिदान के प्रति श्रद्धा-भक्ति रखता है, उसे शांति प्राप्त होती है।

"हो सकता है, प्लीमथ भाई, परंतु···।" कहते-कहते गांधी रुक गए। उनको अर्ध विश्राम में पाकर प्लीमथ ब्रदर ने कहा, "परंतु गांधी, आप यह नहीं मानेंगे, क्योंकि आपको हर क्षण अपनी भूलें याद आती हैं। उनको सुधारने का प्रयत्न करना होता है। उसके लिए पछतावा करना होता है। फिर आपके चित्त को शांति कैसे मिल सकेगी?"

"ना मिले, प्लीमथ भाई, परंतु मेरा मार्ग यही है, क्योंकि मुझे पाप से मुक्ति नहीं चाहिए। मुझे पाप की वृत्ति और पाप कर्म से मुक्ति चाहिए।"

"फिर आपको शांति नहीं मिल सकती।" उसने तत्काल अपना फैसला सुना दिया।

इस तरह गांधी में ईश्वर, सत्य, अहिंसा आदि के प्रति खोज करने की वृत्ति तीव्र होती गई। उनमें स्पष्टवादिता घर करने लगी। जो है और जैसा है के प्रति वह निष्ठावान होते गए। छिपाव नहीं। दुराव नहीं। सबके प्रति रंग-भेद, वर्णभेद, बड़े-छोटे आदि का भेद न रखकर सबको समान सम्मान देने के प्रति वह कृत संकल्प होते चले गए।

सभा-संगठन

गांधी के मन में आया कि प्रिटोरिया में रहते हुए प्रत्येक हिंदुस्तानी से संपर्क बनाया जाए, ताकि उनकी सामाजिक, आर्थिक आदि स्थिति की जानकारी मिल सके। पर कैसे? इसके लिए उन्होंने प्रिटोरिया के बहु विख्यात सेठ तैयब हाजी खान मुहम्मद का सहारा लिया। उन्होंने गांधी के प्रस्ताव का समर्थन किया। बात बन निकली और सेठ हाजी मुहम्मद हाजी जूसब के यहाँ सभा बुला ली गई।

गांधी के लिए इस तरह के प्रयास का यह पहला और एकदम नया अनुभव था। अचरज तो यह था कि वह गांधी जो अपना लिखा एक पृष्ठ नहीं पढ़ सका था, वह अब सभा के सामने बोलने जा रहा था। क्या वह बोल पाएगा?

पहले भी बोलने के लिए उन्होंने बहुत तैयारी की थी। गिनती के भद्र पुरुषों के सामने वह नहीं बोल सका था। अब? कई दिनों से वह तैयारी कर रहा था। यदि वह सभा में आमंत्रित जनों के सामने सभा को बुलाने का प्रयोजन नहीं रख पाया तो भविष्य में उसे किसी प्रकार का सहयोग नहीं मिल सकेगा। वह अज्ञात भगवान् का स्मरण करता और उससे प्रार्थना करता कि वह उसे शक्ति प्रदान करे, ताकि वह अपने उस ध्येय में सफल हो सके, जिसके लिए उसने वह सभा बुलवाई है।

आखिर जब तक वहाँ रहना है, तब तक सम्मान से रहना है। दबके क्यों रहा जाए? वास्तव में यह लड़ाई जमीनी है और बहुत मुश्किल है। इससे पहले वहाँ रह रहे हिंदुस्तानियों ने ऐसा कोई प्रयत्न नहीं किया था, यह वह जान सका था।

सभा जुड़ी। इसमें मेमन व्यापारी अधिक संख्या में थे। हिंदुओं की संख्या कम थी। हिंदू वहाँ थे भी कम। गांधी पर सबकी निगाहें टँगी हुई थीं। पचीस वर्षीय साँवला युवक। सामान्य सा। कोई आकर्षण नहीं। पर चेहरे पर शांति। उसे सत्य पर बोलना था। व्यापार सत्य से नहीं चलता। उसकी बात को कौन सुनकर मानेगा। व्यापार और सत्य में तीन छह का संबंध है। सत्य मानो धार्मिक किताबों में शोभा पाता है, व्यापार में कदापि नहीं।

गांधी बोलने के लिए खड़े हुए, "मेरे हिंदुस्तानी भाइयो, आप सबको साथ पाकर मुझे अनुभव हो रहा है कि मैं परदेश में नहीं, अपने देश में हूँ, अपने भाइयों के बीच। तब हमारी जिम्मेदारी दोहरी हो जाती है, जब हम दूसरे देश में होते हैं। कारण हम मुट्ठी भर लोग यहाँ हिंदुस्तान की सभ्यता, संस्कृति, रहन-सहन और शिष्टाचार के प्रतीक हैं। हिंदुस्तान की नाप तोल उसी से है।

यहाँ हमारे बीच छोटा हिंदुस्तान खड़ा है। उसमें सिख, पारसी, ईसाई, सिंधी मुसलमान, पंजाबी, सुरती, कच्छी, मद्रासी, बंगाली आदि सभी हैं। अलग-अलग नहीं हम सब एक हैं। विविधता में एकता यही है। यही हमारी अंदरूनी और बाहरी ताकत है।

मैं यह पूर्ण विश्वास के साथ कहना चाहूँगा कि सत्य हमारी अक्षय शक्ति है। व्यवहार सत्य पर ही निर्भर है। सत्य धर्म तक सीमित नहीं है। वह जीवन व्यवहार, आदान-प्रदान, लेन-देन आदि सब में है। यह कहूँ तो ज्यादा ठीक होगा कि सत्य हमारे कर्म को निर्देशित करता है।

यह बात आपके गले उतरने वाली नहीं है। यदि सत्य से व्यापार करने लगे तो चला लिया व्यापार और हो लिये सफल। मुनाफा कमाना बुरा नहीं है, परंतु मुनाफे के लिए गलत रास्ते या साधन अपनाना गलत है। ऐसा करके देखो। अनुभव पाओगे। विश्वास सधेगा। मन को लगेगा कि व्यापार में परसेवा का भाव अंतर्निहित है।

ध्यान रहे सत्य अधूरा नहीं होता। ना शुद्ध सत्य कुछ होता। सत्य के लिए किसी विशेषण की जरूरत नहीं है। सत्य कम-ज्यादा भी नहीं होता। वह सिर्फ सत्य होता है।

परसेवा भाव ही सत्य है। व्यापार भी परसेवा भाव से हो। मुनाफा सब्जी में नमक जितना। उसमें शोषण की भावना न हो। मानवता पर मुनाफा भारी नहीं पड़ने लगे। आदमी गौण न रह जाए, वस्तु ही सर्वस्व बनकर न उभरने लगे।

मैं नहीं मानता कि ऐसा इधर कहा, उधर शुरू हो गया। यह सभी के सोचने विचारने, बदलने के लिए मन बनाने और करके देखने तथा अनुभव करने की प्रक्रिया है।

दूसरे, परदेश में हम हिंदुस्तानी रह रहे हैं, पर अलग-अलग। एक-दूसरे से अजनबी

और दूर। हम में से बहुत से जन किन्हीं कारणों से तकलीफ में से गुजर रहे हैं। हमारा अस्तित्व खतरे में है। ऐसी स्थिति में हम क्या करें, ताकि हमारा संगठन सबके सामने उभरकर आ सके।

संगठन में बल है तो क्या हमें एक संगठन खड़ा नहीं करना चाहिए, ताकि एक के पीछे हजार हाथ-पाँव सक्रिय नजर आएँ।

क्या इसके लिए एक मंडल या संघ बनाने की आवश्यकता नहीं है? क्या ऐसे मंच की जरूरत नहीं है, जहाँ से खड़े होकर अपने लोगों के कष्टों का अनुभव कर, उनके कष्टों को दूर करने की दिशा में पहल कर सकें। उन अधिकारियों से मिलकर समस्या का निराकरण करें। अपने लिए वाजिब सुविधाओं की माँग करें।

ज्यादतियों का विरोध करें—शांति से और अहिंसा से। ज्यादा-से-ज्यादा लोग उससे जुड़ सकें। मार्ग अहिंसा का हो—हिंसा का जवाब अहिंसा से दे सकें। इसके लिए अभ्यास चाहिए और मानवीय गुणों के प्रति ललक और पूर्ण निष्ठा चाहिए। यदि यह सहज कार्य नहीं है तो इसे असहज मानकर हाथ-पर-हाथ धरे बैठना भी उचित नहीं है।

इसके लिए पढ़ना बहुत जरूरी है। पढ़ें, बिना उम्र का खयाल किए। सब पढ़ेंगे तो उस पढ़े-लिखे, संजीदे, शिष्ट, सभ्य और सुसंस्कृत समाज की ओर सबका ध्यान जा सकेगा। अपना हिसाब-किताब रखना, पत्र-लिखना आदि ऐसे भी कार्य हैं, जिनसे काले अक्षरों के जादू को समझने में मदद मिल सकेगी और अपने प्रति सजग रह सकोगे।"

गांधी इतना कहकर चुप रह गए। उन्हें ज्ञात हुआ कि उन्हें जो कुछ कहना था, कह चुके। अब सब आपस में बातचीत करने लगे। सबके मन में गांधी के प्रति आकर्षण पैदा हुआ। उनमें से कुछ लोगों के मन में श्रद्धा भी जन्मी।

गांधी पुनः खड़े हुए और कहने लगे, "भाइयो, मुझे देखकर बहुत पीड़ा हुई कि हममें से अधिकांश निरक्षर, अशिक्षित और अधिकार वंचित ही नहीं, अपने अधिकारों को जानते तक नहीं हैं। फलतः अपने अस्तित्व के प्रति सोए हुए हैं।··· पढ़ाने का काम मैं शुरू करूँगा और नागरिक प्रवासी जनों को सम्मान से जीने के लिए जो बन पड़ेगा, सच्चे मन से, मानव होने के नाते मैं करने को तैयार हूँ।···यहाँ अंग्रेजी शासन की भाषा है। उसी से न्याय, सरकारी काम-काज होता है तो हमें उसे सीखना चाहिए, बिना अंग्रेजी सीखे हम अपने और अपने अधिकारों के प्रति जागरुक और संघर्षशील नहीं हो सकते। अब यह निर्णय आपको लेना है कि आप लोग क्या चाहते हैं?"

इस बार तालियों की गड़गड़ाहट हो उठी। अब गांधी के चौंकने की बारी थी। उसमें ऐसा करिश्मा कैसे पैदा हुआ कि इतने सारे लोगों के सामने वह धीरे-धारे, परंतु बिना रुके, धारावाहिक बोल सका तथा सबको प्रभावित भी कर सका। सबने गांधी की बात को मान भी लिया। उनका नेतृत्व भी स्वीकार कर लिया।

अब वह एक नाई, एक दुकानदार और एक क्लर्क को उनके घर जाकर उनकी सुविधा-समय के अनुसार पढ़ाने लगे। प्रिटोरिया के ब्रिटिश एजेंट से प्रवासी भारतीयों की मुश्किलों और उनकी हालत पर बात करने के लिए वह गए। ब्रिटिश एजेंट उनसे अधिकांश बिंदुओं पर सहमत भी हुआ और उसने आश्वासन भी दिया। लेकिन तत्काल वह कुछ कर पाएगा, यह वह नहीं कह सका। उसका एक कारण था कि ट्रांसवाल बोअर स्टेट के अंतर्गत आता था।

गांधी में एक दृष्टि बनी। एक नया रास्ता सक्रिय हुआ और उनके मन पर छाई हुई निराशा का घटाटोप हटने लगा। अचानक हुआ। न उन पर बुरी बीतती और न उनका अपमान हुआ होता तो उनमें इतनी जल्दी मानवता की बात घर नहीं करती। न उनमें सत्य का चमत्कार अपना आकर्षण बना पाता। अन्याय उन्हें स्वीकार नहीं था और न अपमान। जोर जबरदस्ती से लड़ने की ताकत वह अपने में टटोलने लगे।

सत्य क्या है? क्या सत्य को व्यवहार में लाया जा सकता है? क्या मात्र सत्य पर बात ही की जा सकती? क्या सत्य पर उपदेश मात्र ही दिए जा सकते हैं? क्या मात्र उसके लिए धार्मिक और पौराणिक दृष्टांत ही प्रस्तुत किए जा सकते हैं?

गांधी के सोच की खिड़की से नया सूरज झाँकने लगा। सत्य के पाँव उनमें जमने लगे और प्रवासियों की स्थिति पर गहरे सोचने लगे। वे यह भूल गए कि उन्हें यहाँ आकर क्या काम करना है? किस बात के लिए उन्हें सुविधाएँ और पैसा मिल रहा है? वे चेते। अपने कर्तव्य के प्रति तत्पर हुए। एक वक्त में दो काम और वह भी सत्य के साथ! यह जिम्मा उन्होंने अपने ऊपर लिया।

वकालत क्या है

जब दृष्टि खुलने लगती है, तब नए-नए रहस्य, गुत्थियों, समस्याओं का हल सरलता से वह अपने सामने खड़ा पाती है। हालाँकि उससे किसी चमत्कार की तत्काल उम्मीद करना ज्यादती होगा। उनकी समझ को सुबह की ताजी हवा ने छुआ। उनमें नए सवेरे के प्रति नमन का भाव जागा।

वह कैसे यह बात कह सके कि सत्य व्यवहार का जरूरी हिस्सा है! सारा व्यवहार ही सत्य पर टिका है। रोजगार सत्य की बुनियाद पर चलना चाहिए। वह यह क्यों भूल गए कि वकालत भी रोजगार का ही हिस्सा है। वहाँ का व्यवहार कार्य सत्य पर क्यों न हो? उनकी आत्मा ने उन्हें झकझोरा और उनसे कहा—'गांधी, तू किस सोच में पड़ गया? क्या तुझे सत्य को अपने व्यवहार में लाकर यह सिद्ध नहीं करना चाहिए कि सत्य

ही जीने का, कुछ करने का और आपसी व्यवहार को पुख्ता करने का एकमात्र उपाय है।' अभी तक उसने बड़े-से-बड़े नामी वकीलों को जिरह करते और जीतते देखा है। जो मुकदमा जिता दे, वही बड़ा और नामी-गिरामी वकील—बैरिस्टर। उसी के अनुसार उसकी फीस भी तगड़ी।

जो झूठ को जिताए, अन्याय को न्याय सिद्ध कर सके, मारनेवाले को बचा सके और सच का मुँह काला करके चौराहे पर खड़ा कर सके, वही क्या बड़ा वकील है? माना कि मुकदमे की बुनियाद में दलील और गवाहों की अहम् भूमिका है। पर कौन-कान सी दलीलें और गवाह? नए खड़े किए हुए सीखे-सिखलाए गवाह या जो हुआ उसे पेश करनेवाले चश्मदीद गवाह?

गांधी की चेतना उन्हें कुरेदने लगी। वह कहने लगी, 'तू उठ गांधी। तेरे सामने सेठ अब्दुल्ला का मुकदमा है। हालाँकि तुझे उस मुकदमे में कुछ खास नहीं करना है, सिर्फ बैरिस्टरों को उन तथ्यों से परिचित कराना है, जिनका संबंध उन तथ्यों से है, जिनकी बुनियाद पर मुकदमे में जीत हासिल की जा सकती है। तुझे तो तथ्यों को इकट्ठे करके उन वकीलों के सामने पेश करना है। पर तथ्यों को कैसे इकट्ठा किया जाए? सत्य क्या है, यह कैसे जाना जाए? बहियों की जाँच पड़ताल कैसे की जाए? समझता है, यह चालीस हजार पौंड का मुकदमा है—यानी छह लाख रुपए का दावा है। यदि तू सत्य की तह में उतरना चाहता है तो उसमें गहरी डुबकी लगा। उतनी गहरी जितनी तू लगा सके।' आत्मा थी वह क्या? गांधी यह सोचता रह गया। कुछ तो जरूर था, जो उसे अपनी गिरफ्त में लेने लगा। उसने मन-ही-मन तय किया वह सच जानेगा। वह तथ्यों को जानकर उनकी तहों में उतरेगा। मनुष्य आपस में एक-दूसरे को धोखा क्यों देता है? क्यों उसके लिए कोर्ट कचहरी की दहलीज पर जाकर माथा टेकने के लिए मजबूर होता है? दोनों जानते हैं कि उनके बीच सत्य क्या है? फिर वे एक-दूसरे के प्रति तीन छह का रुख क्यों अपनाते हैं? क्यों असत्य आचरण पर उतर आते हैं? क्यों सत्य को बेइज्जत करने पर आमादा हो जाते हैं? क्यों सत्य को स्वीकार करने से पीछे हटने लगते हैं? इसका फैसला कोर्ट कचहरी में क्या होगा? सत्य तो उनके बीच में है। उसे दोनों जानते बूझते हैं। असल फैसला तो उन दोनों के बीच पहले से ही हो चुका है।

यों गांधी इस मुकदमे को लेकर सत्य की थाह में उतरने लगे और बहियों की पकड़ तथा लिखा पढ़ी से पाया कि सेठ अब्दुल्ला का दावा एकदम सच है। तब? यह प्रश्न चिह्न उनके मन मस्तिष्क में गहरा उतरता गया। वकालत का अर्थ है सच्चाई को सामने लाना। उसे रोशन करना। वह इस नतीजे पर पहुँचे कि कोर्ट-कचहरी में मुकदमों का अंबार लगते जाना इस बात की ओर संकेत करता है कि असत्य की जीत होती जा रही है। कोर्ट-कचहरी यदि सच्चाई के चरित्र को स्थापित करने लगती है तो असत्य

यह दुस्साहस नहीं कर पाता कि वह सत्य से आँख मिला सके। उसमें उसका पैसा, समय और इज्जत तीनों का मटियामेट होने से बच सकता है। वह तैयब सेठ के बारे में सोचने लगे। दो रिश्तेदारों में कोर्ट-कचहरी। उनकी इच्छा हुई कि तैयब सेठ से मिलें और उसे समझाएँ। पंच फैसला बन सके तो दोनों मुकदमे की लंबी खर्चीली और बरबाद करनेवाली कार्रवाई से बच सकते हैं।

गांधी ने इस मार्ग को ही अपनाया। एकबारगी तो अब्दुल्ला सेठ हिल गया कि कहीं गांधी तैयब सेठ से मिल तो नहीं गए हैं। फिर भी, उसने गांधी के प्रस्ताव पर विचार कर उन्हें समझौते की कार्रवाई करने की इजाजत दे दी।

गांधी नै तैयब सेठ को समझाया कि वह यह मुकदमा हार जाएँगे। उनकी प्रतिष्ठा को आघात पहुँचेगा और उधारी की रकम तत्काल अदा करने से वह सड़क पर आ जाएँगे। वह चाहें तो अपने वकील से इस बारे में सलाह मशविरा कर देखें।

"परंतु गांधी भाई, हमारे पास तत्काल इतना पैसा लौटाने के लिए है कहाँ ?"

"फिर भी मुकदमे पर टिके हो।"

"ताकि समय मिल जाए और उस समय में इतनी आमदनी हो जाए कि अब्दुल्ला सेठ से ली गई उधारी को चुका दिया जाए।"

गांधी की समझ में आ गया कि तैयब हाजी खान मुहम्मद उतना रुपया एक साथ नहीं दे सकता। उन्होंने अब्दुल्ला सेठ से बात की और उसे भी समझाया कि पंच फैसला दोनों फरीकैन को बरबादी से बचा सकता है—दौलत, समय और इस कारण कारोबार को होनेवाला नुकसान या अवरोध से निजात पाया जा सकता है। तैयब सेठ तैयार है। उसकी इस समय माली हालत ठीक नहीं है। उस पर देनदारी बनी हुई है। उसका व्यापार मंदा चल रहा है। वह प्रयत्नशील है अपने व्यापार को पटरी पर लाने के लिए। वह दिलीतौर पर ईमानदारी का दामन थामे है। आपसे वह भी गुजारिश करता है कि उसे भी राहत मिलेगी यदि पंचनामा दोनों की रजामंदी से तैयार हो जाए। वह एक मुश्त सैंतीस हजार पौंड और मुकदमे का खर्च अदा नहीं कर सकता। वह काफी लंबी मोहलत चाहता है। दोनों रिश्तेदार हो। गर्दिश में और वह भी परदेश में एक-दूसरे के काम आना बहुत मायने रखता है।

और अनसोचा और अनपेक्षित होने लगा, क्योंकि तैयब सेठ ने साफ कह दिया था, "गांधी भाई, वह मानने वाला नहीं है।"

"वह क्या अल्लाह से ऊपर है, सेठ। उसका हुक्म होगा तो वह सिर के बल यहाँ चला आएगा और पंच फैसला तुम्हारी उम्मीद से अधिक तुम्हारे पक्ष में होगा।"

"आपको खुदा पर इतना यकीन है।"

"खुदा क्या है, तैयब सेठ, सत्य ही खुदा है। वह हर एक का खुदा है, मालिक

है, ईश्वर है और वही नास्तिक-आस्तिक है। वह कहता है, जो लोग ईमान लाए और जिन्होंने अच्छे कर्म किए, उनके लिए रहमान शीघ्र प्रेम उत्पन्न कर देगा। यह मैं नहीं, तुम्हारी पाक कुरआन के सूरा मरयम (मक्का) में उतरी-आयतें-98 का एक अंश है।"

"आपने कुरआन पढ़ी है।"

"हाँ पर अभी मुकम्मल नहीं पढ़ी, जहाँ-तहाँ से पढ़ना शुरू किया है।" तैयब सेठ ने ताज्जुब से गांधी की तरफ देखा। उसे हैरत हुई यह सुनकर कि उसने कुरआन की आयतें नहीं पढ़ी हैं, सुनी हैं, जबकि गांधी ने उन्हें पढ़ा है।

गांधी ने आगे कहा, "तैयब सेठ, मैं सोचता हूँ कि सत्य में दुनिया के सब धर्मों के ईश्वर-अल्लाह समाए हुए हैं। मुझे उसी ने प्रेरित किया है कि मैं तुम्हारे पास जाऊँ और तुम्हें हकीकत से रू-ब-रू कराऊँ। मैं जानता था कि तुम मान जाओगे। मैं जानता हूँ कि सेठ अब्दुल्ला भी ठंडे दिल का है, दयालु है और अल्लाह पर यकीन करता है, वह भी जरूर मान जाएगा।"

अब दोनों फरीकैन के बीच पंच फैसले पर दस्तखत हो चुके थे और तैयब सेठ को चाही हुई मोहलत से अधिक समय की मोहलत मिल गई थी। अचरज पंचों के सामने दोनों ने अपने-अपने पक्ष रखे। उसमें जीत हुई अब्दुल्ला सेठ की। तैयब सेठ हारकर भी अब्दुल्ला सेठ का मुरीद हो गया। गांधी की आँखें भर आईं। उनके मन में आशा की नई किरण खिली। उन्होंने माना कि वह सच्ची वकालत सीखे। उन्होंने देखा कि वकील का कर्तव्य दोनों पक्षों के बीच खुदी हुई खाई को पाटना है। इस शिक्षा ने उनके मन में ऐसी जड़ जमाई कि उन्होंने बीस साल की अपनी वकालत का अधिकांश वक्त अपने दफ्तर में बैठकर सैकड़ों मामलों को आपस में सुलझाने में बिता दिया। उसमें कुछ खोया नहीं। उन्होंने ऐसा करते हुए पैसा भी पाया।

इनसानियत गवाह है

गांधी को यह जानकर अफसोस हुआ कि ट्रांसवाल में सन् 1885 में कड़ा कानून पास हुआ। सन् 1886 में उसमें मामूली राहत दी गई। रंगभेद को पुख्ता किया गया। इस नए कानून ने एशियावासियों से स्वेच्छा से फुटपाथ पर चलने का अधिकार छीन लिया। उन्हें रात के नौ बजे बाद घर से निकलने की तब तक इजाजत नहीं थी, जब तक वे परवाना न पा लें। पुलिस की मर्जी पर यह फैसला छोड़ दिया था कि वह चाहे तो अरबों को इस कानून से मुक्त कर दे।

गांधी का ध्यान फुटपाथ वाले नियम पर नहीं गया। कानून अपनी जगह पर है और

व्यवहार अपनी जगह पर। यह उनका विश्वास था। जहाँ कानून काम नहीं कर पाता है, वहाँ सद्व्यवहार (इनसानियत) काम कर जाता है।

गांधी डॉ. क्राउजे के यहाँ गए। डॉ. क्राउजे और गांधी दोनों ही एक 'इन' के बैरिस्टर निकले। इससे उनके बीच नजदीकी समझ 'डेवलप' हो गई—मित्रवत् हो गए वे दोनों। जब तब गांधी को उनके पास रात के नौ बजे से अधिक समय तक रुकना पड़ जाता था। वे उदास हो उठते थे।

"क्या बात है, मि. गांधी? किस सोच में पड़ गए बैठे ठाले।"

गांधी ने दीवार घड़ी की ओर देखकर कहा, "डॉ. क्राउजे, आपकी घड़ी नौ बजा चुकी है।"

"नौ का समय हुआ है तो वह नौ ही बजाएगी, मि. गांधी।" डॉ. क्राउजे ने व्यंग्य से कहा, "उसे मनुष्य ने जरूर बनाया है, परंतु वह मनुष्य की तरह मतलबी और रिश्वतखोर नहीं है, जो मुट्ठी गरम होते ही नौ की जगह दस बजा दे—या ऊपर नीचे होने लगे।"

"नहीं बात यह नहीं है।" गांधी कुछ गंभीर हो गए।

"तो क्या बात है, मि. गांधी?"

"मुझे घर जाना है।"

"यहाँ रुकना चाहो तो स्वागत है, मि. गांधी।"

"नहीं, यह बात भी नहीं है।"

"फिर क्या बात है?"

"घर पहुँचते-पहुँचते मुझे दस बज जाएँगे।"

"तब?"

"मुझे परवाना चाहिए। बिना परवाने के···।"

"समझा, मि. गांधी। समझा। यह नियम गलत है। अपमानजनक है, परंतु···मानवता के दुश्मन भी हम में से हैं।" डॉ. क्राउजे भी गंभीर हो गए। दुःखी भी। उन्होंने अपना लैटर पेड खोला। उस पर लिखा कि मि. गांधी जब और जिस समय चाहें जा-आ सकते हैं। पुलिस उन्हें नहीं रोके। "···यह कागज लीजिए। अब आपको कोई नहीं रोकेंगे।···मुझे दुःख है कि आपको कष्ट हुआ।"

गांधी का काम चल गया। उनको यह संतोष हुआ कि इनसानियत के खैरख्वाह की कमी नहीं है।

तभी एक नई मुसीबत और आ गई। गांधी सुबह टहलने जाते थे। वह प्रेसिडेंट स्ट्रीट के रास्ते से खुले मैदान में घूमने जाते थे।

प्रेसिडेंट क्रूगर का निवास वहीं था। साधारण सा भवन। यदि उसके निवास के सामने संतरी खड़ा न हो तो कोई नहीं कह सकता था कि वह प्रेसिडेंट का निवास है।

छोटा भवन था। देखने में भी सामान्य था।

गांधी प्रतिदिन उसी मार्ग से आया-जाया करते थे प्रात:कालीन भ्रमण के लिए।

संतरी की ड्यूटी बदलती रहती थी।

गांधी को अदलते-बदलते संतरी भी पहचान गए थे। गांधी बेरोक-टोक फुटपाथ पर चलने लगे थे। वे यह भूल गए थे कि फुटपाथ पर हिंदुस्तानी को चलना गैर कानूनी है। उन्हें यह सोचकर तसल्ली थी कि कानून बनाने वालों में जब अहम् तथा रंगभेद का नशा चढ़ता है, तब वे यह भूल जाते हैं कि जिनके लिए वे कानून बना रहे हैं, वे भी उनकी तरह ही इनसान हैं। वे सोचते जो कानून डराने, बेइज्जत करने और ऊँच नीच के दायरे बढ़ाने के लिए बनाया जाता है, वही कानून की आत्मा का गला घोंटता है और समाज को अव्यवस्था के भँवर में डालता है।

हैं! फिर वही दुर्घटना। वही जानवर। उनके साथ चार्ल्स टाउन से जोहान्सबर्ग घोड़ों की शिकरम में जाते हुए घटी थी। उस अंग्रेज ने ताबड़तोड़ उनके दोनों गालों पर थप्पड़ों की बरसात कर दी थी।

सुबह का वक्त। ठंडी-ठंडी हवा का खुश होकर झूमते चल पड़ना और गांधी की सारी देह में ताजगी भर देना कितना मोहक था। न चाहते हुए उसे उस अनजाने परमात्मा की याद आ जाती थी, जिसने इस दुनिया, इस ब्रह्मांड की रचना की है। बिना किसी भेदभाव और बिना एक पैसा खर्च किए उस महान् परमात्मा की ओर से यह सदावर्त खुला हुआ था।

तभी क्या होता है कि एक आँधी उठती है उस संतरी में जो प्रेसिडेंट की कोठी के बाहर खड़ा हुआ है। वह संतरी बिना पूर्व चेतावनी के उन्हें धक्का देता है? लात घूँसे मारता है और उनके हाथ पकड़कर फुटपाथ से नीचे उतार देता है। संतरी डच था और अपनी भाषा में उन्हें कोस रहा था। पर क्यों? गांधी ने पूछा, "क्यों भाई, यह तुम्हें अचानक क्या सूझा?"

गांधी अंग्रेजी में बोल रहे थे और वह संतरी गुस्से में भरा गांधी को घूरते हुए डच भाषा में अनाप-सनाप बोले जा रहा था। गांधी के कुछ पल्ले नहीं पड़ रहा था। तभी घोड़े पर सवार कोट्स उधर आ गए। उन्होंने वह अभद्र मंजर देखा था। वे तनिक ऊँचे स्वर में बोले, "ठहरो, गांधी, ठहरो। मैंने वह सब देखा है, जो तुम्हारे साथ हुआ है।" गांधी रुक गए।

"वह डच भाषा में बोल रहा है। मैं डच समझता हूँ।" कोट्स ने कहा, "उसने तुम्हें काला पाकर हब्सी माना है और वह उन हब्सियों के साथ जो फुटपाथ पर चलते हैं, ऐसा ही व्यवहार करने का आदी है।"

"हो सकता है।"

"तो ?" कोट्स ने सहज भाव से कहा और इसी के साथ कोट्स घोड़े से नीचे उतर आया और कहने लगा, "गांधी तुम उस पर मुकदमा करो, मैं तुम्हारा चश्मदीद गवाह हूँ।"

गांधी ने अपने कपड़े झाड़कर कहा, "धन्यवाद, मि. कोट्स। यह हवा-पानी का असर है। इसमें कैसी भद्रता-अभद्रता। मैंने तो सोच लिया है कि सबकुछ झेलूँगा, लेकिन उसके लिए कभी कोर्ट-कचहरी का दरवाजा नहीं खटखटाऊँगा।...उस संतरी ने वही किया, जिसके करने का उसे हुक्म मिला हुआ है।"

"प्लीज, अपने इस निर्णय पर पुनः गौर करें। उसका यह दुर्व्यवहार उचित नहीं। इसका उसे सबक मिलना ही चाहिए, ताकि भविष्य में वह और किसी के साथ ऐसी अभद्रता और दुर्व्यवहार न कर सके।...यह जरूरी भी है।"

"आपका कहना ठीक है, मि. कोट्स, परंतु मैं नहीं मानता कि व्यवहार में सुधार कानून ला सकता है। अगर व्यवहार में कुछ परिवर्तन आने की संभावना बनती है तो वह अपने किए पर सोच सकेगा कि उसने उस मूक प्राणी को धक्के मारकर फुटपाथ से क्यों नीचे उतारा, गिराया ? काश, वह उसे फुटपाथ से नीचे उतरकर चलने की चेतावनी दे पाता।...या भविष्य में दे पाएगा, ऐसा वह सोच सकेगा तो ठीक है। पर होगा ऐसा ही। कब तक नहीं होगा, मि. कोट्स ? कभी तो यह भी अपने से बात कर पाएगा।" गांधी ने शुद्ध हवा का आनंद लेते हुए जीने के मंत्र खोल दिए। मानो उससे कहा हो, 'जाओ, यह संदेश सबको सुनाओ कि सुबह विशेष आनंद का समय है, मन-ही-मन गीत या प्रार्थना को गुनगुनाने का समय है।'

तब तक कोट्स उस संतरी से डच भाषा में तनिक तेज आवाज में कह उठे, "ऐ संतरी जानते हो वो कौन है ?...बैरिस्टर। चाहे तो वह तुम्हें कोर्ट में घसीट सकता है। तुमने बिना चेतावनी दिए उसे घसीटा, धक्का दिया और नीचे गिरा दिया। क्या संतरी का यह कर्तव्य बनता है कि वह ऐसा अमानवीय व्यवहार करे ?"

उस संतरी के सामने अँधेरा छाने लगा। बैरिस्टर कुछ भी कर सकता है। ऊपर से वह साहिब भी उनके साथ हो लिये हैं। उसे कुछ नहीं सूझा, वह मुआफी माँगने लगा।

कोट्स ने कहा, "संतरी आपसे मुआफी माँग रहा है।"

गांधी मुसकराए। वह धीर से बोले, "मि. कोट्स, यह श्रेय आपको जाता है। यह आपके पवित्र व्यक्तित्व का प्रभाव है।"

"गांधी क्या तुम्हें श्रेय लेने से भी गुरेज है ?" कोट्स के स्वर में तड़प थी।

गांधी फिर मुसकराए। उन्होंने नमन किया और आगे बढ़ गए।

कोट्स उन्हें देखता रह गया और सोचता रह गया कि वह आदमी किस मिट्टी से बना है कि एकदम प्रतिक्रिया शून्य। एकदम शांत। कोई विकार नहीं। कोई उत्तेजना नहीं।

वहाँ के आम आदमी और उसमें भी काले तथा प्रवासी एशियावासियों पर क्या बीत रही है, गांधी उस अनुभव से गुजर रहे थे। सोच रहे थे कि यदि सुबह की शुद्ध, स्वस्थ और मोहक हवा इनसानियत की भी चल पड़े तो मधुर हवा का अवश्य परचम पुनः लहरा उठेगा।

आगे से गांधी ने उस रास्ते से नाता तोड़ लिया। वहाँ तो ड्यूटी बदलती रहेगी और फिर कोई संतरी..., परंतु उनके मन में आम आदमी धूल झाड़ता हुआ खड़ा हो गया। उसके लिए कोट्स सहायक क्यों बनेंगे? अतः उन्होंने सोच लिया कि वह इस संबंध में ब्रिटिश एजेंट से अवश्य बात करेंगे।

सुबह की मासूम हवा उनको छेड़कर आगे निकल गई। अब तक सूर्य बदलियों से झाँकने का प्रयत्न करने लगा था। मानो वह कहती हुई गई हो कि इनसानियत को गवाह की जरूरत नहीं, गवाह को इनसानियत की जरूरत है।

चलो, भाई पर कहाँ

प्रिटोरिया से अलविदा लो। मुकदमा खतम। उन्हें जिस काम के लिए वहाँ बुलाया गया था, वह हो लिया था। फिर उनका वहाँ क्या काम? खूब याद आओगे प्रिटोरिया। बहुत याद आओगे। अब तो नेटाल (डरबन) पहुँचना है और वहाँ से सीधे हिंदुस्तान अपने घर।

कितना समय बीत गया अपना देश और घर छोड़े। गांधी में अपना घोंसला, घोंसले के पक्षी और आस-पास के मंजर आँखें खोलने लगे। उनका मन भावुक हो उठा। उन्हें एक नए रास्ते का पता चला, जो मानवता का है और एक हृदय को दूसरे हृदय से जोड़ने वाला भी है। सत्य का नया स्वरूप और एकदम सर्वथा नई अनुभूति। एक बैरिस्टर को एक सच्चा और इनसानियत का दोस्त बनानेवाली बैरिस्टरी!

सत्य एक है। उसके रूप अनेक हैं। उनकी अनेकता में एकता है। घना प्यार है। घनी चाह है। घना विश्वास है। वही धर्म है। वही धर्माचार्य। वही आदि गुरु। वही ईश्वर। जो मनुष्य को मनुष्य से मिलाए, वही ईश्वर सत्येश्वर। गांधी ट्रेन में बैठे-बैठे यही सोच रहे थे। नफरत नहीं, प्यार! झूठ नहीं सत्य। अपकार नहीं, उपकार।

अब गांधी उस गांधी से भिन्न बन चले थे, जो निराशा ओढ़े, काम की बेहतर तलाश में वहाँ आया था। उनमें निराशा के बादल छँटे थे और अपने पर विश्वास लौटा था। बैरिस्टरी के साथ-साथ सार्वजनिक क्षेत्र में करने योग्य कार्य उनकी दिनचर्या से जुड़ चुके थे।

अपनत्व बढ़ता है तो आनंद के सुगंधित फूल मुसकरा उठते हैं। खुशी चहल-पहल

करने लगती है। हिंदुस्तान लौटने की तैयारी शुरू। पहले प्रिटोरिया और अब नेटाल छोड़ने की कसरत। प्रिटोरिया में उनके चाहने वालों ने उन्हें रोकना चाहा। पर क्यों? अब्दुल्ला सेठ ने गांधी के सम्मान में सिडनहैम में सामूहिक भोज का प्रबंध किया था।

पूरा दिन यों ही गुजर गया। रात ने कदम रख दिए। वे अकेले थे। उनके सामने कई अखबार थे। क्या करें, यही सोचकर उन्होंने एक अखबार उठा लिया।

गांधी चौंक पड़े। एक खबर थी। वह खबर नेटल धारा सभा में प्रस्तुत किए गए विधेयक के संबंध में थी। वह थी इंडियन फ्रेंचाइज शीर्षक से। यानी हिंदुस्तानी मताधिकार। गांधी उसे पढ़कर चकित रह गए। तत्कालीन कानून के तहत मात्र दो सौ पचास हिंदुस्तानी मताधिकारी थे। उन्हें यह मताधिकार टैक्स देने से प्राप्त था। जबकि दस हजार यूरोपियन मताधिकार का प्रयोग करते थे। हिंदुस्तानी होना उनका गुनाह था। यह कैसा परिवर्तन, क्यों?

तभी गांधी ने उन हिंदुस्तानियों में से प्रमुख लोगों को बुलाया, जो उस विधेयक के पास हो जाने पर प्रभावित होनेवाले थे। भोज खतम होने पर भोज में सम्मिलित अधिकांश व्यापारी अभी वहीं आपस में बातें कर रहे थे। गांधी वहाँ आराम करने आए थे। कैसा आराम।

गांधी ने वह स्थानीय अखबार उन व्यापारियों की ओर बढ़ाकर पूछा, "इंडियन फ्रेंचाइज शीर्षक के अंतर्गत क्या है? क्या उसे आपने पढ़ा? यह अखबार तो आपके यहाँ आता है?"

उनमें से एक ने कहा, "हाँ! नेटाल मरकरी आता है।"

"क्या है उसमें?"

'नेटाल मरकारी' को एक ने दूसरे की ओर बढ़ा दिया। सब चुप रह गए।

"आपने पढ़ा क्या?"

एक-एक करके सबने गरदन हिला दी। अब्दुल्ला सेठ ने कहा, "हम में से किसी को अंग्रेजी पढ़नी नहीं आती। अपने व्यापार करने लायक हम अंग्रेजी बोल लेते हैं।" ऐसा कहते हुए उसकी ही क्या सभी व्यापारियों की गरदन झुक गई थी।

गांधी बोले, "आप लोग इस विधेयक के पास हो जाने के बाद मताधिकार से वंचित हो जाएँगे।"

"हमारी राजनीति में कोई रुचि नहीं है, हमारी रुचि व्यापार करने तक सीमित है।" उनमें से एक व्यापारी ने कहा। सबने उसका मौन समर्थन किया बिना हिले डुले, यथास्थान यथावत् बैठे।

"औरेंज फ्री स्टेट से हिंदुस्तानी क्यों बाहर निकाले गए?" गांधी का चुभता प्रश्न था। उसका अर्थ उनकी समझ में इतना ही आया कि अब उन्हें नेटाल से बाहर निकालने

की तैयारी होने जा रही है। अब्दुल्ला चौंका और उसने पूछा, "क्या हमें यहाँ से बाहर किया जा रहा है ?"

"अब्दुल्ला सेठ आप सही समझे। राजनीति से वंचित लोगों की स्थिति दूध में पड़ी मक्खी के समान है। उसे जब चाहे दूध से निकालकर बाहर किया जा सकता है। यह आप लोगों के अस्तित्व पर प्रश्न-चिह्न है और इसलिए है कि आप लोगों ने अपना व्यापार अपेक्षाकृत यूरोपियन से कहीं अधिक बढ़ा लिया है। एक तरह से यहाँ के व्यापार पर आपका एकाधिकार सा होता जा रहा है। यह बात यूरोपियंस को कतई पसंद नहीं है। पहले वे राजनीतिक अधिकार से तुम्हें वंचित करने की रणनीति बनाने जा रहे हैं। फिर वे आपको यहाँ से बाहर जाने का रास्ता दिखला देंगे। इस प्रकार उन्होंने 'इंडियन फ्रेंचाइज' से यह षड्यंत्र रचा है।"

सबकी बोलती बंद। व्यापार ही तो वहाँ उनके अस्तित्व की पहचान है। वे खासा टैक्स दे रहे हैं। वे इसी से आत्मतुष्ट बने हुए हैं और कुली व्यापारी कहलाने की पीड़ा को अंदर-ही-अंदर पी रहे हैं ? उनका व्यापार गया तो उनकी पहचान, उनका अस्तित्व और उनकी बची-खुची प्रतिष्ठा पर भी पानी फिर जाएगा। वे कहीं के नहीं रहेंगे।

"सबकी निगाह गांधी पर जा टिकी। उनको इस बात से काफी राहत मिली थी कि उनके देश का बैरिस्टर उनके साथ है वरना तो यूरोपियन बैरिस्टर मनमाने ढंग से उनसे पैसे ऐंठते थे। वे गांधी से अंदर-ही-अंदर बहुत खुश थे। अब्दुल्ला सेठ ने धीमे से पूछा, "फिर ?"

"संघर्ष।" गांधी ने एक शब्द उछाला।

संघर्ष को सबने अंदर-ही-अंदर दोहराया। उनमें से कितनी बार कितनों को प्रथम श्रेणी का टिकट होने पर प्रथम श्रेणी के कंपार्टमेंट से उतरना पड़ा था और निचले दरजे के कंपार्टमेंट में यात्रा करनी पड़ी थी। उसके लिए वे कभी विरोध तक जाहिर नहीं कर सके थे। फिर संघर्ष वे क्या कर सकेंगे ? वो तो गांधी ने संघर्ष करके उन सबका ध्यान उस ओर खींचा था और बतलाया था कि स्वाभिमान से जीने के लिए सबकुछ दाँव पर लगाया जाना चाहिए।

वे कैसे संघर्ष करें ? वे तो यहाँ धन कमाने के लिए आए हैं। उन्हें तो धन कमाने से मतलब है। इज्जत-सम्मान परदेश में क्या ?

"हम में से संघर्ष करने का रास्ता किसी को नहीं मालूम। संघर्ष शब्द हमने सुना भर है और आपके संघर्ष से हम में ताकत भी आई है, परंतु सच्चाई यह है कि हम में संघर्ष करने का हौसला नहीं है। हम संघर्ष करने की ए.बी.सी.डी. नहीं जानते। बिना जाने मैदान में उतरे तो हार के सिवा हमें कुछ नहीं मिलेगा।...तब हमारा क्या होगा ? कौन आएगा हमारी मदद के लिए ? कौन सुझाएगा हमें नेक-पाक रास्ते की खोज करने और

उस पर पूरे यकीन से चलने का मंत्र?"

गांधी में उनकी मायूसी और विवशता का अपाहिज सन्नाटा कहीं गहरे में उतरता चला गया, किसी भारी पत्थर सा, जिसे दरिया में ऊँचाई से फेंका गया हो। वे बोले, "क्या चाहते हो?"

"अपने फरिश्ते का मार्गदर्शन और हक-हकूक के लिए लड़ने का इलहाम।" अब्दुल्ला सेठ ने गुजारिश के स्वर में कहा और वयोवृद्ध गनी सेठ ने सबकी ओर से हुंकार भरा।

"हम में इस तरह की कानूनी और जमीनी अक्ल नहीं है। आप हमारे बीच तब तक बने रहने का वादा करें तो हम तहेदिल से आपका इस्तकबाल करेंगे। आपके हर इर्शाद (आदेश) की दिलोजान से इबादत की जाएगी।" अहमद सेठ की ओजस्वी वाणी गूँज गई।

"मुझे सोचने दो।"

"हक की लड़ाई का जज्बा जगाकर हमें गर्दिश की आँधी में अकेला मत छोड़िए।"

"महमूद भाईजान, हमारा फरिश्ता सोचने को वक्त चाहता है तो उन्हें सोचने का वक्त दो। वह नेकदिल है और हमारे अच्छे बुरे को हमसे अच्छी तरह समझता है।...ठीक यही है कि उन्हें सोचने दो।"

वे सब वहाँ से एक साथ उठे। बाहर चले गए। अब वहाँ गांधी अकेला था। काँच के दरवाजे से हलके नीले-हरे समुद्र की उछाल खाती लहरों से उठते सफेद जलजले को वह अपने में अनुभव करने लगा था। वह क्या करें? उनके अंदर से आवाज उठती, "सत्य की राह पर चलनेवाले इनसान हर उस मौके से गुजरने में सोच-विचार में समय बरबाद नहीं करते, जिससे उनका या उनके परिवार का हिताहित उनके आड़े आ जाए और उनको करणीय करने पर लगाम लगाने के लिए प्रेरित करें। यह सत्य का सफर है। सत्य की सार्वजनिक स्थापना करने का मौका मिल रहा है। वरना तो सत्य, पाप-पुण्य आदि को मजहब से जोड़कर उधर से ध्यान हटाने की ही कोशिश की जाती रही है। सत्य व्यक्तिगत विश्वास और उसूल का हिस्सा है।"

सत्य क्या है? वह कैसे दरिया बन सबके जीवन में महकने लगे? सोच के इस तट पर आ खड़े हुए थे गांधी। पल भर के लिए वे ठहर गए थे। उनकी गति स्थिर होने लगी थी।

सत्य गतिशील है। जीवन के अंदर-बाहर दोनों का बराबर का हिस्सा है।

गांधी की अवस्था पच्चीस वर्ष की हो रही थी। उनके पास प्रिटोरिया के अनुभव थे। सर्वहित के लिए बनाए गए संगठन की अंतदृष्टि भी थी।

अगली सुबह अपेक्षाकृत पहली सुबहों से ज्यादा, ताजी, खुशनुमा और जिंदादिल थी। वे पहली बार राजनीतिक आंदोलन के लिए रूपरेखा तैयार कर रहे थे। वे अपना मन

बना चुके थे कि सर्वहित के लिए, उन्हें व्यक्तिगत हितों का त्याग करना जरूरी है। सत्य के साथ सबको जीने के एहसास से गुजारने के लिए यह अत्यंत जरूरी है कि सत्य का सार्वजनिक रूप सामने आए। सब उससे गुजरें। अनुभव करें कि सत्य ही पूरे समाज की सक्रियता की धुरी है।

गांधी ने सबको अपनी योजना से परिचित कराया। वे कहने लगे, इस योजना के तीन पक्ष हैं—

पहला पक्ष है—दक्षिण अफ्रीका में सभी जातियों के प्रवासी भारतीयों को एक सूत्र में पिरोना।

दूसरा पक्ष है—मताधिकार के लिए नेटाल की सरकार और प्रबुद्ध समाज का ध्यान इस ओर खींच कर सर्वमत तैयार करने की दिशा में पहल करना।

तीसरा पक्ष है—व्यापक और ठोस प्रकार यानी इंग्लैंड और ब्रिटिश भारत की सरकारों और उनके देशों में जनमत को इस आंदोलन के प्रति सद्‌भावनापूर्ण बनाना। साथ ही समूचे विश्व के परिदृश्य पर उसकी आहट का सुनाई पड़ना।

बुराई जहाँ से जन्म लेती है, उसको विश्वास में लेना है। उसे ही अपने को बदलने की दिशा में प्रेरित कर कार्यरूप में परिणत होने तक बिना द्वैष भाव निरंतर प्रयत्न करना है। गांधी इस सत्य से गुजरने लगे थे कि पापी से नहीं पाप को पुण्य दिशा में मोड़ने का प्रयत्न होना चाहिए। दुनिया भर के बलिदानी चरित्रों, जिन्होंने मानव जाति के अस्तित्व के वजूद को बनाए रखने के लिए अपने आपको होम कर दिया, इस बात का संकेत देते हैं कि सहिष्णुता और परपीड़ा से द्रवित जन को सत्य-अहिंसा का अवलंब चुनना चाहिए। वही मानव जाति को जीवन सत्य से गुजारने का अचूक मार्ग है।

गांधी के सामने अब्दुल्ला सेठ का चेहरा आ ठहरा। वह बिना हिचक कह रहा था, "वे एक बैरिस्टर हैं। मैंने उन्हें जिस काम के लिए बुलाया, वह हो चुका है। जहाँ तक उनको रोकने-ठहराने की बात है, उसके लिए उनकी फीस देनी होगी। वह कौन देगा?" सब चुप। उस चुप्पी में एक स्वर, ठोस स्वर सुनाई दिया, "मैं दूँगा और कोई नहीं।"

सबकी अकल के तोते उड़ गए। वह मैं और कोई नहीं, स्वयं गांधी थे। वह पूछ रहे थे, "सबके हित की बात है, फिर उन सबमें मैं भी एक हूँ। जहाँ आप लोग कुली व्यापारी हैं, वहाँ मैं भी कुली बैरिस्टर हूँ, यह आप सब भली प्रकार जानते हैं। फिर मेरे पैसे लेने का सवाल कहाँ उठता है?" गांधी ने कुछ रुककर आगे कहा, "इस आंदोलन में जो खर्च होगा, वह यों होगा—

1. तार, चिट्ठी आदि भेजना, उन्हें टाइप्ड करवाना।
2. कुछ साहित्य, पोस्टर आदि प्रकाशित करवाकर उन्हें लगवाना और भेजना, पोस्टेज चार्जेज।

3. यहाँ के कानून-कायदों से संबंधित साहित्य का क्रय करना।
4. आने-जाने में होने वाला खर्च।
5. विविध खर्च-आकस्मिक खर्च।"

सबने एक स्वर से कहा, "उसकी आप चिंता नहीं करें, वह सब हो जाएगा।"

फिर क्या था कि गांधी ने नेटाल में एक माह तक रुकने की घोषणा कर दी। एक सार्वजनिक हित के लिए सत्यानुप्रेरित आंदोलन की यों रूपरेखा तैयार हो गई। गांधी स्वयं आश्चर्यचकित थे। कौन बुनता है असोची योजना? कौन मोड़ देता है बनी-बनाई कार्ययोजना को? क्यों उनकी आँखों से गुजरा कोने में छपा वह समाचार? क्यों उन लोगों को चेतावनी दी? किसने कहा था उनसे? और फिर उन्होंने यह कहाँ सोचा था इसका उत्तरदायित्व उन्हें ही अपने पर लेना होगा? यों वह गीता के इस श्लोक पर आ ठहरे—

तुझे कर्म करने का अधिकार है—(कर्मण्येवाधिकारस्ते)

उसके फलों का कभी नहीं—(मा फलेषु कदाचन)

इस कारण तू कर्मों के फल का कारण मत बन और तेरी आसक्ति कर्म न करने में बने। (मा कर्मफलहेतुर्भुर्भा ते संगोऽस्त्वकर्मणि)।

चल पड़े तो रुकना कहाँ

गांधी आगे। उसके पीछे-पीछे सब। वे सब जिन्होंने कभी राजनीति की ओर ध्यान नहीं दिया। अचरज तो यह कि गांधी ने भी कभी इस तरफ कदम नहीं बढ़ाया था। परदेश में चल पड़े पर किसके सहारे? कोई पूछे तो उनसे कि उस ओर के लिए कोई रास्ता जाता है क्या? अनिर्मित, अनदेखा, अजाना, जिसकी थाह का अता-पता नहीं उस रास्ते पर नौसिखिया को अपना सिपहसालार मानकर चल पड़े थे वे सब।

सेठ अब्दुल्ला के घर पर एक सभा जमी। इस तरह की पहली सभा। उसमें जुटे थे—मि. सुभान गाडप्रे, मिशन स्कूल के हैडमास्टर, आमदजीवा, रंगस्वामी, सेठ दाऊद मुहम्मद, मुहम्मद कासिम कमरुद्दीन, ए. कोलंदावेल्लू पिल्लै, रुस्तमजी आदि आदि।

फ्रेंचाइज बिल का विरोध था उन सबके वहाँ इकट्ठे होने का एकमात्र कारण!

हिंदुस्तानी समाज से आए नौजवानों की संख्या वहाँ सबसे ज्यादा थी। वहाँ वे सब एक जमात में आ बैठे थे, जो नौकर थे, छोटी जाति के समझे जाते थे और जिनका इससे पहले उस समाज में कोई वजूद नहीं था। सर्वधर्म एक। न हिंदू, न सिंधी, न मद्रासी, न गुजराती, न ईसाई, न पारसी, न मुसलमान आदि कोई न रहा। कोई न नीच जाति वाला था और न ऊँच जाति वाला। सब एकमएक। गड्डमगड्ड। एक समाज।

धारा सभा में फ्रेंचाइज बिल का दूसरा वाचन होना था। वह भी निर्द्वंद्व।

मार्ग से खोजा गया पहला मार्ग। धारा सभा के अध्यक्ष को तार, मुख्यमंत्री सर जान रॉबिंसन, मि. एस्कंब को तार कि फ्रेंचाइज पर बहस रोकी जाए।

अध्यक्ष ने जवाब में भेजा तार कि फ्रेंचाइज बिल पर दो दिन के लिए बहस मुलतवी।

सबके मन राजी। सब खुश। सबको लगा कि तुरंत तीर निशाने पर जा लगा। इससे जोश बढ़ गया और चेहरों पर चमक आ गई।

यों सबके साथ, गांधी को लगा कि कारखाना चल पड़ा। कारोबार शुरू हो गया।

प्रार्थना-पत्र बना। उस पर हस्ताक्षर अभियान शुरू हआ। फ्रेंचाइज के खिलाफ विरोध करनेवालों के हस्ताक्षर होने लगे। एक बड़ा काम। सार्वजनिक काम। प्रार्थना-पत्र की तीनों प्रतियों पर हस्ताक्षर या अँगूठा निशानी लगाकर उनके नाम लिखे जा रहे थे।

जरूरत बनी कि प्रार्थना-पत्र की और प्रतियाँ बने। सुंदर लिखावट वाले बैठे। पढ़े-लिखे। एक बोलता। कई लिखते और उन प्रार्थना-पत्रों पर सही कराने का काफिला चल पड़ा। न उस काफिले ने दिन देखा और न रात। वह जोश-ए-जलजला था। सैकड़ों की सहियाँ बनीं। गांधी भी दिन-रात भूल गए। सिर्फ प्रार्थना-पत्र में दलीलों के अंबार लगा दिए उन्होंने। पहली बार मानवाधिकार रूपी सूरज के पराई धरती पर दर्शन हुए।

"गांधी तू ये क्या करने लगा। क्यों तमाशा बनने जा रहा है। धारा सभा में बहुमत चाहिए। वहाँ तू बहुमत कहाँ से जुटा पाएगा ? सब किया कराया बेकार हो जाएगा ? तब ? है तेरे पास उनको देने के लिए कोई जवाब ? तब क्या बीतेगी उन पर जो अनपढ़ असमझे तेरे साथ हो लिये हैं ?"

हैं ! इतनी जल्दी परिणाम। फ्रेंचाइज बिल धारा सभा से पास। अखबारों में जो कुछ सुर्खियों में आया, वह क्या है ? कैसे हुआ यह सब ?

लॉर्ड रिपन, उपनिवेश मंत्री थे। उनके सहित सभी राजनीतिक हस्तियों को भी प्रार्थना-पत्र भेजने के लिए उसे छपाया गया था। तब जान सके कि सिर्फ नेटाल में कितने हिंदुस्तानी हैं ?

अभी धारा सभा ने फ्रेंचाइज बिल पास किया है। अभी उस बिल पर मंजूरी होनी बाकी है। 'लंदन टाइम्स', 'टाइम्स ऑफ इंडिया' आदि में उस बिल को रोके जाने का समर्थन तर्कों सहित प्रकाशित हुआ।

गांधी के अंदर से आवाज उठी, "ये तूने क्या किया, गांधी ? झंझट में स्वयं ही जा फँसा ? तूने तो सोचा था कि एक माह में रास्ता निकलता नजर आने लगेगा। फिर तू उनसे हाथ जोड़कर और यह कहकर विदा ले लेगा, 'भाइयो, रास्ता तुम्हारे सामने है। आगे तुम्हें ही उस पर चलते जाना है। चलते रहे तो मंजिल भी पा लोगे, ऐसा मुझे पक्का यकीन है।

अच्छा तो अब मैं चलूँगा। मैंने एक माह रुकने का आपसे वादा किया था। माह पूरा हो गया है। काम ने रफ्तार भी पकड़ ली है। नमस्ते, भाइयो।'

तभी जोरदार अट्टहास गूँजा। गांधी चौंका। उसने पूछा, "तुम कौन हो भाई?"

"तू मुझे नहीं पहचानता क्या?"

"नहीं, मेरे अजनबी दोस्त, कतई नहीं।"

"तो सुन और जान ले कि मैं सत्य हूँ। वह सत्य जिस पर ब्रह्मांड टिका है। वह सत्य जो अजर-अमर है, वह सत्य जो सतत बहता है कभी नहीं सूखनेवाले दरिया की तरह। मैं शाश्वत हूँ। मैं चिर हूँ। मैं अगम-अगोचर हूँ।"

"तो, मेरे भाई?"

"अब भुगत। तूने मुझे छेड़ा है और सारी दुनिया में मुझे सबके सामने लाने की डंके की चोट पर ऐलान भी कर डाला है। वह भी बिना यह जाने समझे कि मेरी तासीर क्या है, मैं कहाँ हूँ और क्यों चुपचाप अकेले में पड़ा तटस्थ भाव से देखे को अनदेखा करता जा रहा हूँ। पर अब?"

"अब क्या मेरे भाई?"

'इतनी जल्दी खौफ खा गया, गबरू-गँवार। अब तूने मुझे छेड़ा है तो तुझे तो मैं भी नहीं छोड़ूँगा। ये अच्छी तरह जान ले।"

गांधी हकबकाया। ये क्या आफत ले बैठा वो? अच्छा-भला घर जा रहा था। सामान भी बाँध लिया था, पर ये क्या! सब तरफ से एक ही आवाज उठी, "गांधी, तुम हमारे बीच में फरिश्ते बनकर आए हो। हमें अधर बीच में छोड़कर नहीं जा सकते। जाओगे तो हम हाथाजोड़ी पर उतर आएँगे। टस-से-मस नहीं होंगे। तूने फ्रेंचाइज रोकने का वादा किया है, हम तब तक तुझे रोके रहेंगे, यह हमारा भी वादा है।" गांधी चक्कर में पड़ गया, क्योंकि उनके आंदोलन ने गति पकड़ ली थी। अर्जियों की एक हजार प्रतियाँ देश-विदेश में बँट गई थीं। नेटाल सुर्खियों में आ गया था। गांधी के लेखों ने भी फ्रेंचाइज पर जबरदस्त प्रश्न उठाए थे।

गांधी अब कैसे नेटाल छोड़ सकता था। सवाल सम्मान का भी बन गया था और दिशा-दृष्टि की आजमाइश का भी। अब उन्हें वहाँ रहना जरूरी हो गया था। खर्च का सवाल भी आ खड़ा हुआ था। कम-से-कम उन्हें सालाना तीन सौ पौंड की जरूरत थी। पेशा तो वकालत का ही करना होगा। वकालत कैसी चलेगी, इसका उन्हें अनुमान लगाना मुश्किल था। कोर्ट में जाना है और वकालत करनी है तो पगड़ी उतारना लाजिमी है। वही पगड़ी, जो उन्होंने शुरू-शुरू में नहीं उतारी थी और वह कोर्ट से बिना पगड़ी उतारे बाहर आ गए थे। इस प्रकार उन लोगों को उनका पगड़ी उतारना बुरा लगा, जो पहले पगड़ी नहीं उतारने के तराने गा चुके थे। पर वे क्या करते? खैर, जैसे-तैसे 22 मई, 1894 को

इंडियन कांग्रेस का जन्म हुआ। व्यवस्था बनी। उद्‌देश्य सामने आए। पक्ष-विपक्ष में मंथन प्रारंभ हुआ। उसके लिए खासा चंदा भी जमा हो गया।

परंतु इसके सदस्य गिरमिटिया नहीं बन सके, क्योंकि उनके पास चंदा देने के लिए रकम नहीं थी। उनको कांग्रेस में लाए बिना काम नहीं चल सकेगा, शीघ्र ही गांधी को यह अनुभव भी होने लगा। उनका ध्यान इस उपेक्षित और मजदूर जमात की ओर गया। फलत: उन्होंने वहाँ अच्छे मुहल्ले में घर ले लिया। उसमें सारा फर्नीचर सेठ अब्दुल्ला ने रखवा दिया। यों वहाँ रुक गए गांधी। यों वहाँ उन्होंने ठहरने का मन भी बना लिया। क्यों न बनाते। गांधी ने उनसे कह दिया था कि तीन सौ पौंड के खर्च के बिना वह घर नहीं चला पाएँगे। उन्हें वहाँ रुकने के लिए कम-से-कम इतनी रकम एक वर्ष में चाहिए।

वे मान गए, परंतु इस टोटके के साथ कि वह यह रकम उन्हें सार्वजनिक कार्य के बदले उपलब्ध करवा देंगे।

"नहीं, ऐसा नहीं होगा।" गांधी पहले ही उनसे कह चुके थे कि वे सार्वजनिक कार्य के लिए उनसे पैसा या मेहनताना नहीं लेंगे।

आखिर गांधी ने उन्हें सुझाव दिया कि यदि वे उन्हें अपने मुकदमे दें तो वह अपना काम चला लेंगे। साथ में उन्होंने यह भी कह दिया कि वह नहीं कह सकते कि वह कैसी वकालत कर पाएँगे। इस तरह आपके वचनबद्ध होने में ये भी खतरे हैं कि वह उनके अनुकूल वकील सिद्ध नहीं हुए अथवा किन्हीं परिस्थितियों में उन्हें उनके साथ कड़ा व्यवहार करना पड़ा तो? वे उनकी हर बात मान गए। साथ ही उन्होंने साल का वर्षाशन (वर्ष भर के लिए भोजन को दिए जानेवाला अन्नदान) भी तय कर दिया। तब गांधी ने रजिस्ट्रार के सामने शपथ ली और उन्हें वहाँ की कोर्ट में काम करने का अधिकार मिल गया।

गिरमिटियों के साथ

गांधी ज़ान चुके थे कि हिंदुस्तानियों का एक बहुत बड़ा तबका उनकी इंडियन कांग्रेस का हिस्सा नहीं बन सका, क्योंकि वे वार्षिक चंदा (मेंबरशिप की रकम) अदा नहीं कर सकते थे। सबसे अधिक संकट में तो वे ही हैं। वे शोषण के शिकार हैं और जानवरों से बदतर जीवन जीने के लिए विवश हैं। वे सिर से पाँव तक गुलाम हैं। गिरमिटिया यानी एग्रीमेंट से लाए गए हिंदुस्तान से मजदूर जो अब वहाँ बंधुवा मजदूर की स्थिति में पड़े अपने भाग्य को कोस रहे थे। वे अंदर से उनके साथ जुड़ना चाहते थे। पर कैसे जुड़ें, वे यह सोच ही रहे थे कि बालासुंदरम रोता-रोता उनके दफ्तर में उनके सामने आ खड़ा हुआ। वह एक प्रतिष्ठित अंग्रेज के यहाँ मजदूरी कर रहा था कि उसके मालिक

को अचानक सनक सवार हुई और उसने बेदर्दी से मार-मारकर उसका बुरा हाल कर दिया। उसके सामने के दो दाँत तोड़ डाले। कपड़े फाड़ डाले।

चारेक माह का वकालत अनुभव गांधी को अभी हुआ था। बिल्ली के भाग्य से छींका टूटा। गांधी ने उसका मेडिकल करवाया और उसका शपथ पत्र मजिस्ट्रेट के सामने पेश कर दिया। फलत: उसके मालिक के नाम समन जारी हो गया।

गांधी जानता था कि उसके मालिक को सजा करवाकर भी वह उसके मालिक से उसे आजाद नहीं करा पाएगा। इस तरह की बदसलूकी तो गिरमिटियों के साथ अकसर होती रहती है। हिंदुस्तानी सेठ वर्ग भी उनकी मदद नहीं करता है।

कानूनन कोई गिरमिटिया अपने मालिक को छोड़ दे तो उसको अपराधी माना जाएगा और उस पर फौजदारी का केस बनेगा। उसे अपने स्वामी की मिल्कियत माना गया था। वह छूटेगा तब जब—

गिरमिटिया का रक्षक अधिकारी उसका गिरमिट रद्द कर दे। यह संभव नहीं था।

या उसका स्वामी स्वेच्छा से उसे निकाल दे। अथवा उसके स्थान पर दूसरे गिरमिटिया का नाम लिखा दिया जाए।

यदि बालासुंदरम स्वयं नौकरी छोड़े तो उसे सजा भुगतनी पड़ेगी। गांधी ने सब सोच-समझकर यह रास्ता निकाला कि वह उसके मालिक से मिले। उसने ऐसा ही किया। उन्होंने कहा कि वह उसे सजा नहीं कराना चाहते, यदि वह उस गिरमिटिया को दूसरे के नाम लिखाने को रजामंद हो जाए। वह मान गया। गांधी ने उसे अपने एक अंग्रेज मित्र के यहाँ रखवा दिया। इससे गांधी की शोहरत न केवल नेटाल में, बल्कि मद्रास तक में फैल गई। गिरमिटिया गांधी को अपना संरक्षक और खैरख्वाह समझने लगे।

अब क्या था गांधी के संपर्क में अन्य गिरमिटिया भी आने लगे। उसके बाद गिरमिटिया भारतीयों पर पच्चीस पौंड का टैक्स लगाने की तैयारी नेटाल सरकार ने की। वह कानून बन गया तो गिरमिटियों को बहुत परेशानी झेलनी पड़ेगी।

गांधी ने इस टैक्स लगाने के कारण का पता किया। नेटाल में रहनेवाले गोरों को शुरू-शुरू में यह जानकारी मिली कि वहाँ गन्ने की खेती अच्छी हो सकती है तो उन्होंने मजदूरों की तलाश शुरू की। अफ्रीका मूल निवासी तो मजदूरी करने के लिए राजी नहीं हुए। तब उन गोरों ने भारतीय मजदूरों को वहाँ लाने की कार्रवाई शुरू की और उसके लिए आकर्षक शर्तनामा तैयार किया। उसके प्रमुख आकर्षण थे—

1. मजदूरी करने की अवधि पाँच साल।
2. पाँच साल पूरे होने पर मजदूर स्वतंत्र। वह नेटाल में बस सकता था और जमीन भी खरीद सकता था।
3. लौटना चाहे तो अपने देश जा सकता था।

भारतीय मजदूरों ने वहाँ कठोर मेहनत की। खूब काम कर उन्होंने पाँच साल बिताए। फिर वहाँ जमीन खरीदी। अपने मकान बनाए। अब उनकी अपनी खेती थी। ईख की खेती के अलावा उन्होंने आम के बाग और तरह-तरह की सब्जियाँ तैयार कर ली थीं। उससे उन्हें खासी आमदनी होने लगी थी। वे व्यापारी बन बैठे थे। यह उन गोरों को पसंद नहीं आया। हर साल पच्चीस पौंड का टैक्स लगाने का विधेयक उसी का परिणाम था।

षड्यंत्र यह रचा गया कि गिरमिटियों का एग्रीमेंट पूरा हो जाने पर उन्हें वापस अपने देश जाना जरूरी हो जाए अथवा हर दो साल बाद नवीन एग्रीमेंट किया जाए और यदि वे ऐसा नहीं करें तो उन्हें पच्चीस पौंड देना पड़े। भारत के वायसरॉय लॉर्ड एलविन ने पच्चीस पौंड के स्थान पर तीन पौंड लेने की मंजूरी दे दी।

गांधी ने इसे शोषण माना और इस टैक्स को हटवाने के लिए नेटाल के ही हिंदुस्तानी ही नहीं, बल्कि पूरे दक्षिण अफ्रीका के हिंदुस्तानी आ जुटे। हजारों गिरमिटियों को जेल हुई। सैकड़ों मारे गए। गांधी को बीस वर्ष लग गए इस टैक्स से मुक्ति दिलाने में। यों गिरमिटियों के बीच गांधी और इंडियन कांग्रेस की भूमिका का न केवल महत्त्व बढ़ा, बल्कि उनमें आपसी संबंधों में भी नजदीकी आई।

स्वयंसेवक का पहला पाठ

वहाँ गांधी को तीन साल हो गए थे। वे छह माह के लिए हिंदुस्तान लौटे। सन् 1896 के मध्य वे स्टीमर से कलकत्ते (कोलकाता) पहुँचे। वहाँ से अपने घर-राजकोट। वहाँ एक पुस्तिका तैयार की। उसमें नेटाल में रहनेवाले हिंदुस्तानियों की स्थिति का चित्रण किया। वह दस हजार की संख्या में छपी। वह हरी पुस्तिका के नाम से जानी-पहचानी गई। पत्र-पत्रिकाओं में भी उस पर चर्चा हुई। उससे नई जागृति आई।

उन दिनों बंबई में प्लेग फैला और उसकी आशंका राजकोट में भी हुई। गांधी में समाज सेवा का असर जुनून की तरह काम करने लगा था। वह मानने लगे थे कि सेवा के अवसर मिलना प्रभु की कृपा का परिणाम है। सत्य इसी का नाम है। यही ईश्वर है। यही धर्म है—यही सर्व धर्म है।

इनसान बनकर सामने आना है तो स्वयंसेवक बनो। स्वयंसेवक बनने का पहला प्रयोग उन्होंने बच्चों को स्वयंसेवक बनाकर किया। बात दरअसल यह थी कि हरी पुस्तिका के पैकेट तैयार कराने थे। दस हजार हरी पुस्तिका के दस हजार पैकेट। कौन करे इस पहाड़ से काम को।

गांधी ने अपने मुहल्ले के बच्चों को इकट्ठा किया और उन्हें एक कहानी सुनाई।

वह कहानी थी—श्रीकृष्ण से भीम ने एक प्रश्न किया—"जनार्दन, आप बता रहे हैं कि कलयुग में इनसान पाँच-छह फुट होगा और उसका वजन साठ सत्तर सेर या इससे भी कम होगा। फिर भी वह इस बड़े कड़ाह को बिना उठाए काम में कैसे लेगा।...जबकि उसे उन जैसे एक हजार आदमी मिलकर नहीं उठा सकते। उनमें से दो मिलकर भी उसकी ऊँचाई को नहीं छू सकते। फिर भी वे उस कड़ाह में हलवा बना लेंगे। यह बात कुछ पल्ले नहीं पड़ी?...कृपया समझाएँ।"

"करके दिखलाऊँ क्या?"

"हाँ, प्रभु।"

श्रीकृष्ण ने कलयुग यानी आज के युग के सैकड़ों मानवों को उस वृहत् कड़ाह के आस-पास खड़ा कर दिया—योगमाया से। इससे सब हँसने लगे यह सोचकर कि इतने बौने और सींक सलाई से मानव! उन्हें भीम अपनी हथेली पर एक साथ उठा ले और फूँक मार दे तो वे आँधी में उड़नेवाले पत्तों की तरह उड़े चले जाएँगे।

अर्जुन चकित।

"वह देखो, वे काम शुरू करनेवाले हैं और हलवा भी बनानेवाले हैं।" श्रीकृष्ण ने कहा।

वे सब सोच में पड़ गए। उनमें एक ने कहा—"इस भीमकाय कड़ाहे को उठाने की कतई जरूरत नहीं है। इसके नीचे गड्ढा खोदो। पहले इसके आस-पास से काम शुरू करो। अपने में से तीस चालीस लोग लकड़ी काटकर लाओ। दस बारह जने घी, खाँड़ और आटा लेकर आओ।

यों सब काम में जुट गए।

गड्ढा खुद गया।

पांडव चौंके—भट्टी तैयार। उसके नीचे लकड़ी-कंडे डाले और आग लगा दी। उसके नीचे से निकली मिट्टी के ढेर को सीढ़ीनुमा बनाकर वे उस कड़ाह के ऊपर जा पहुँचे। लकड़ी से कलछा तैयार और आटा घी एक-दूसरे को पास करते हुए कड़ाह में। चौथाई मन आटा और घी को एक साथ कौन उठाए? चारों तरफ थोड़ी-थोड़ी दूर से कतार में खड़े थे वे जन। एक-दूसरे को तसला भर-भर आटा घी पकड़ाने लगे और यों काम शुरू। हलवा तैयार।"

"एक कहानी खतम, दूसरी शुरू।" गांधी ने कहा।

"कौन-सी?"

"उधर देखो।"

"छोटी-छोटी किताबों का ढेर है।"

"इनको डाक से भेजना है।" गांधी ने खड़े होकर बताया, "इन पुस्तिकाओं को

एक-एक पैकेट में रखना है—एक पैकेट में एक पुस्तिका। इस तरह से सामने रखे कागजों में से एक उठाया। उसके बीच पुस्तिका रखी और कागज मोड़ा और बन गया एक पैकेट। फिर हर पैकेट पर नाम पता लिखा। ये लगाया टिकिट। यह रही चार लिस्टें नाम-पते की। काम बाँटकर करना है। कुछ पैकेट बनाएँगे। तीन-चार बच्चे उन पर नाम लिखेंगे। तीन-चार बच्चे उन पर डाक टिकिट लगाकर एक बच्चे की ओर बढ़ाएँगे। वह बच्चा नाम-पते लिखे वाली कार्बन कॉपी में टिक लगाएगा और प्रतिदिन एक-दो घंटे के इस खेल मे पुस्तिकाओं वाला वह ढेर गायब। बोलो खेलना पसंद है यह खेल। बदले में ये ढेर सारे लिफाफों पर मोहर लगे टिकिट तुम्हारे।"

सब तैयार।

खेल शुरू।

पुस्तिकाएँ पैकेटों में। पैकेट डाक से रवाना। इतनी जल्दी। हींग लगी न फिटकरी, रंग चौखा आए वाली कहावत वहाँ एकदम फिट।

तार में से तार यों निकला। गांधी खुद चकित। स्वयंसेवकों का पहला प्रयोग। इतना सफल कि⋯।

इस घटना से गांधी में कहानी बुनना शुरू हुआ। राजकोट में प्लेग फैलने का भय। आरोग्य विभाग को गांधी ने अपना नाम भेजा स्वयंसेवक बनने के लिए। अब उनके पास सेवा के आनंद लेने की बारी थी।

राज्य ने जो कमेटी घोषित की थी, उसमें गांधी का नाम था।

पहला काम पाखानों का निरीक्षण और उनकी सफाई। गांधी भी जुट गए।

गरीब लोगों के पाखानों का निरीक्षण आसानी से हो सका। उन्हें जो कुछ सुझाव दिए, वे मान गए।

उन्हें करके बताया। उन्हें करना सिखलाया। उनसे कहा, "रसोई और पाखाना जहाँ रहेगा साफ-सुथरा, वहाँ कैसे रहेगा रोग बेचारा।"

अमीर लोगों के यहाँ पाखाना निरीक्षण करना जंजाल बन गया। वे अंदर घुसने ही नहीं देते थे। वहाँ जहाँ कहीं भी गए तो पाया कि पाखाने वाली कोठरी में घना अँधेरा था, जगह भी सिमटी हुई थी और बदबू की भरमार थी।

गांधी ने लोगों को समझाया, "अपना काम अपने आप। बीमार मरीज को खाना दूसरा खिलाता है। स्वस्थ व्यक्ति स्वयं खाना खाता है। तो स्वस्थ वहीं और स्वास्थ्य भी वहीं, जहाँ पाखाना बदबूरहित हो और हवा-उजाला की आवाजाही का पूरा प्रबंध रखा गया हो।"

अब टेढ़ा सवाल आ अड़ा था कि भंगियों की बस्ती में कौन जाए? वे तो मैला उठाकर ले जानेवाले हैं। गांधी गए। उनके साथ एक व्यक्ति और हो लिया।

हाँ-हाँ पहली बार। एक ओर हवेली (वैष्णव मंदिर) का निरीक्षण और दूसरी ओर भंगी बस्ती में जाना। तीन और छह का अंक।

ये क्या भंगी बस्ती में पाखाना नहीं! वे तो सूरज निकलने से पहले जंगल हो आते हैं। उनके घर एकदम साफ-सुथरे, चमकीले हैं। उनके आँगन लिपे-पुते और चमकदार। गिनती के बरतन परंतु सब साफ-चमकीले। न पढ़े, न लिखे। इनकी औरतें सिर पर दूसरों का मैला उठाकर बाहर डालने वाली। फिर भी उच्च जाति वालों के पाखाने बीमारी का घर, गंदे और बदबूदार। यही हाल जहाँ हमारे भगवान् स्वयं बिराजे हुए हैं, वहाँ का था। मंदिर के पिछवाड़े कूड़े का ढेर। जूठन। पत्तलें। चील-कौओं का वहाँ दावतखाना। इतनी गंदगी और बदबू में भगवान् के विराजने का स्थान। यही हाल वहाँ के पाखाने का भी था।

हवेली का मुखिया गरदन झुकाए देखता सुनता रहा। उसने आश्वासन दिया कि चंद दिनों में हवेली से गंदगी दूर करवा देगा। साफ सफाई होगी। सब एकदम चमाचम।

गांधी ने हवेली-मंदिर की ओर से ध्यान हटाकर क्यों हरिजन बस्ती बनाकर रहना वहाँ पसंद किया? कैसे कांग्रेस अधिवेशनों में फैली गंदगी और बू को दूर करने का स्वयंसेवकों के साथ उठाया उसने यह भार! यह था उनके जीवन को जीने योग्य बनाने का पहला पाठ।

इसी तरह गांधी बंबई से अपने सख्त बीमार बहनोई को ले आए थे। उन्हें राजकोट में अपने कमरे में रखा। रात दिन उनकी सेवा में तन-मन-धन से लगे रहे। उन्हें लगा कि वह ईश्वर का काम कर रहे हैं। उनकी समझ में आया कि ईश्वर का काम वह है, जो पूरे मन से, पूरी आस्था, श्रद्धा से और बिना पैसा धेला लिये, स्वेच्छा से किया जाए। यों मुड़ गई उनके जीवन की दिशा सर्वहित में भरपूर। आनंद उठाकर जीने की मधु लालसा रास आ गई।

हिंदुस्तान में पहला भाषण

सीखने की लालसा है तो दूसरों को अपनाओ और उनकी सेवा-सुश्रूषा में सब काम छोड़ तुरंत लग जाओ। सेवा ही मेवा है। उनके मन में दक्षिण अफ्रीका छाया हुआ था और छाया हुआ था यह भाव—जैसे सुख का आनंद मनुष्य लेने लगता है, वैसे ही दु:ख का आनंद लेना सीख जाए तो वह चिदानंद हो जाए। जीवन वृत्ति का पवित्रता का खेल है, स्वैच्छिक आवृत्ति का खेल है। जो करो वह खेल भाव से, पूरी निष्ठा और सद्विचार से। हालाँकि शतरंज के अलावा गांधी की किसी खेल में दिलचस्पी नहीं थी, क्योंकि सेवा भावना को उन्होंने खेल की तरह अपना लिया था। जो व्यवसाय नहीं, वही खेल है। वही ईश्वर हैं, यानी सत्य है।

"तू जनमत तैयार कर, गांधी। दक्षिण अफ्रीका में कुरुक्षेत्र का प्रचार-प्रसार कर और नया महाभारत रच।" अंदर से आवाज उठी।

"चुप कर बड़बोला, चुप कर।"

"तू यों ही मुझे उकसाकर फँसाता है और फिर दूर खड़ा मजा लेता है।"

"तो सच सुन।···तुझे दक्षिण अफ्रीका तो लौटना ही है। वहाँ जीवन की फसल लहराने का तू संकल्प ले चुका है न।"

"हाँ···हाँ···भाई, ले चुका हूँ। फिर?"

"फिर क्या। जिसमें एक बार सच का करंट लग गया, वह ताजिंदगी उसके साथ बना रहेगा। वही उसका राम होगा, वही उसका रहीम। अब तू हिंदुस्तान में जगह-जगह जा, सभा कर। लोगों के सामने वहाँ की स्थिति को बता। जहाँ अन्याय है, वहाँ अंधकार है। जहाँ न्याय है, वहीं उजाला है। यों बन चलेगा लोकमत और लोक जागृति का काम।"

गांधी इस अंत:प्रेरणा के बल से बंबई में सबसे पहले न्यायमूर्ति रानाडे से मिले। उन्होंने उनकी बात पर पूरा-पूरा गौर किया और सलाह दी कि वह सर फीरोजशाह मेहता और न्यायमूर्ति बदरुद्दीन तैयब जी से मिले।

गांधी सर फीरोजशाह मेहता से मिला। वे उनके प्रभामंडल से चमत्कृत हुए। उन्होंने दो मिनट में ही अपना निर्णय सुना डाला कि वह उनकी मदद करेंगे। उनके लिए उन्होंने सभा आयोजित करवाने का आश्वासन दे दिया। अपने मुंशी को सभा का दिन और समय तय करने का आदेश दे डाला। गांधी हक्का-बक्का रह गए। दो टूक बात और वह भी टू दि पॉइंट।

फिर गांधी राजकोट लौट आए। बंबई से सभा के लिए जिस दिन बुलावा आया था, उससे एक दिन पूर्व उनके बहनोई ने देह त्याग दी। उलझन में गांधी। एक तरफ समाज और दूसरी तरफ सभा में पहुँचना। क्या करें? दोनों ही काम जरूरी। उन्होंने निर्णय किया कि परहित का कार्य महत्त्वपूर्ण है और वह बंबई जा पहुँचे।

गांधी सर फीरोजशाह मेहता से मिले। उन्होंने लिखित भाषण पढ़ने पर जोर दिया। एक तो वह थके हुए थे, दूसरे कई दिनों से वह तीमारदारी करते हुए रात में भी जाग रहे थे और तीसरे उनकी मानसिक स्थिति ऐसी नहीं थी कि वे जो कहना चाहते थे, वह सिलसिलेवार लिख सकें। उनके ऊपर फीरोजशाह मेहता का यह दबाव काम कर रहा था कि बंबई की रिपोर्टिंग बेहद खराब है। लिखा हुआ भाषण सबमें बाँटा जाएगा। पत्रकारों को भी।

वही हुआ। गांधी ने फरामजी कावसजी इंस्टीट्यूट हॉल में अपना भाषण पढ़ा काँपते हाथ-पाँव से और धीमी आवाज में। वह स्वयं पूरा भाषण नहीं पढ़ पाए। उनका भाषण दूसरे ने पढ़ा। भाषण सबको पसंद आया। गांधी अपनी कमजोरी के बारे में सोचते रहे।

इससे गांधी में हिम्मत बँधी। वे गोखले से पूना जाकर मिले। उनसे मिलकर उन्हें बहुत आशा बँधी। इस तरह गांधी ने भारत में रहकर दक्षिण अफ्रीका में हिंदुस्तानियों के साथ जो अन्याय, उपेक्षा, शोषण, अपमान आदि हो रहा है, उससे सबका परिचय कराया और प्रत्यक्ष व अप्रत्यक्ष सहायता पाने का भी आश्वासन पाया।

दक्षिण अफ्रीका लौटना

गांधी अपनी पत्नी, संतान, अन्य रिश्तेदारों तथा जान-पहचान वालों के साथ स्टीमर से दक्षिण अफ्रीका के लिए चल पड़े। स्टीमर तट से बाहर रोक दिया गया। बहाना प्लेग से प्रभावित यात्रियों का होना था, क्योंकि प्लेग का असर तेईस दिन तक रहता है। यथार्थत: दक्षिण अफ्रीका के गोरों के मन में गांधी की हरी पुस्तिका और भारत के बड़े-बड़े शहरों में तूफानी दौरों में दक्षिण अफ्रीका में गोरों के काले कारनामों, ज्यादतियाँ और बर्बरतापूर्ण व्यवहार को उजागर किया जाना आग उगल रहा था। वे नहीं चाहते थे कि गांधी का दक्षिण अफ्रीका में प्रवेश हो। इस बार गांधी अपनी पलटन के साथ लौटा है। गांधी दो स्टीमरों में भारतीय अप्रवासियों को लेकर आया है।

18 दिसंबर, 1896 से दोनों स्टीमर डरबन-बंदरगाह पर लंगर डाले हुए पड़े थे। वहीं पर क्रिसमस डे मनाया गया। जहाज के कप्तान के कमरे में एक छोटी सी सभा हुई। उसमें गांधी भी सम्मिलित हुए। वहाँ यह प्रश्न उठना अत्यंत स्वाभाविक था कि यदि दोनों स्टीमरों के प्रवासियों को नहीं उतरने दिया तो वह क्या करेंगे। गांधी ने कहा, "उनके लिए प्रार्थना। निस्संदेह ईश्वर मुझे उन्हें क्षमा करने तथा उन पर मुकदमा न चलाने की बुद्धि प्रदान करेगा।"

"क्या आपको उन पर गुस्सा नहीं आता?" एक अन्य व्यक्ति ने पूछा।

"नहीं। अपनों पर भी क्या कोई गुस्सा करता है। ईश्वर उन्हें सद्बुद्धि दे, ताकि वे अपनी नासमझी और अनुदारता को छोड़ सकें।"

तेईस दिन हो चले थे स्टीमर को लंगर डाले। स्टीमर क्वारंटीम में था। भारतीय प्रवासियों को धमकी दी जा रही थी। उन्हें लोभ दिया जा रहा था कि लौटने का भाड़ा वे दे देंगे, परंतु उनकी धमकियों और लालच के फेर में कोई नहीं आया और न कोई विचलित ही हुआ।

सुबह-शाम गांधी सबके साथ प्रार्थना सभा करते। उसमें कहते, "करनेवाला ऊपर वाला है। वह जो चाहेगा, वही होगा। उसी के आदेश से हमने यहाँ तक की लंबी यात्रा की है।"

और 13 जनवरी, 1897 को दोनों स्टीमरों के प्रवासियों को बंदरगाह में प्रवेश करने की आज्ञा मिल गई। एटार्नी जनरल हैरी एस्कंब का यह संदेश कप्तान के पास आया कि गांधी और उनके परिवार को शाम ढलने तक वहीं रोको। रात के अँधेरे में पोर्ट सुपरिंटेंडेंट उनको सुरक्षा से बाहर ले आएँगे। फिर सब यात्री उतरने लगे थे।

दोपहर को गांधी के मित्र लाटन ने गांधी से कहा, "अब शांति है। कोई खतरा नहीं है। अँधेरे की आड़ में वह चोरों की तरह क्यों निकले? क्यों न वह शान से और उजाले में बाहर आए।"

गांधी को उनकी सलाह ठीक लगी। डर किससे? क्यों? उन्होंने डर का क्या काम किया है? सत्य कभी डरता नहीं है। रात के अँधेरे में बाहर आने से यह साफ झलकेगा कि वह डर गए। उनके सामने सवाल मात्र उतरने का नहीं था। उनके सामने मुख्य सवाल था बेखौफ उतरने का, नगर में पहुँचने का और उनकी समबुद्धि का। गांधी ने अपनी पत्नी और बच्चों को सवारी द्वारा अपने मेजबान रुस्तमजी के घर रवाना करवा दिया और खुद लाटन के साथ पैदल चल पड़े। गांधी पहचाने गए। पहचानना स्वाभाविक था। वे बेस्ट स्ट्रीट तक पहुँचे ही थे कि गुस्साए गोरे लड़कों ने लाटन को एक ओर खींचकर गांधी पर अंडों, कंकड़-पत्थरों की बौछार कर दी। लातें व घूँसे मारे। एक बार गांधी को लगा कि उनका बचना संभव नहीं है। न बचें तो ना सही पर··· । उनके मन में उन लड़कों के प्रति तनिक रोष नहीं था। वे चक्कर खाकर गिरनेवाले ही थे कि पास के मकान की जाली उनके हाथ आ गई और वे जैसे-तैसे उसे पकड़कर अपने को गिरने से बचा सके।

उसी समय सुपरिंटेंडेंट अलेक्जेंडर की पत्नी वहाँ आ पहुँचीं और गांधी के सामने आ खड़ी हुईं। कंकड़-पत्थर फेंकने तो बंद हो गए, परंतु उन्हें सामने से हट जाने के लिए धमकी दी जाने लगी। तब तक वे अपना छाता खोल चुकी थीं। उसी समय पुलिसवाले आ गए। उन्होंने गांधी को उनके मेजबान रुस्तमजी के घर पहुँचा दिया।

उधर गुस्सा खाए गोरों ने रुस्तमजी के घर को घेर लिया। भीड़ का गुस्सा आसमान छू रहा था। चेतावनी दे रहा था कि गांधी को उनके हवाले करो, वरना घर को आग लगा दी जाएगी। तब तक वहाँ सुपरिंटेंडेंट अलेक्जेंडर आ पहुँचा। स्थिति खराब पाई। वहाँ कुछ भी हो सकता है। सुपरिंटेंडेंट अलेक्जेंडर ने भीड़ को बाहर रोककर अंदर संदेश भिजवाया कि वे वेश बदलकर बगल की गली से बाहर निकल जाएँ। उनके साथ दो खुफिया पुलिसवाले भी रहेंगे। सीधे थाने पहुँचें वरना रुस्तमजी का घर जलकर राख हो सकता है।

उनके कारण मेजबान रुस्तमजी का घर क्यों जले, वे पगड़ी के नीचे पीतल की तस्करी रखकर थाने आ गए। थाने से सुरक्षित घर।

रायटर ने गांधी के बारे में गलत रिपोर्टिंग की थी। भारत में की गई सभाओं में गांधी के दिए गए वक्तव्यों को तोड़-मरोड़कर पेश किया गया था। यह गुस्सा और इस गुस्से

की बर्बरता उसी का परिणाम थी।

दूसरे दिन एक पत्रकार उनसे मिलने आया। गांधी ने तमाम फैलाई गई गलतफहमियों का जवाब सहज भाव से दिया। वह छपा। सच सामने आया।

उधर से उपनिवेश मंत्री का तार नेटाल सरकार को मिला कि गांधी के हमलावरों को गिरफ्तार कर उन पर मुकदमा चलाया जाए।

गांधी के लिए ये क्षण बड़े संकट के थे। क्या करे वह ? अपने अपराधियों को क्षमा करें या सजा दिलवाएँ। उनके चरित्र की यह परीक्षा की घड़ी थी। गांधी अब अट्ठाईस वर्ष के हो रहे थे। वे युवा थे। उनका चित्त शांत था। चित्त में जरा सी भी उत्तेजना नहीं थी। आवेश-क्रोध नहीं था। कौन अपराधी ? उन गोरे लड़कों का क्या दोष ? उन्हें भड़काया गया था। वे दोषी नहीं हैं। उनका सीधा सट जवाब था कि कोई कार्रवाई करनी है तो गोरी जाति के मुखियों पर हो और उन पर हो जो नेटाल सरकार के सदस्य हैं, क्योंकि उन्होंने ही उनके प्रति वातावरण दूषित किया है।

अखबारों में गांधी का यह बयान छपा। स्थिति उलट गई। गांधी के प्रति गोरों में सम्मान बढ़ा। उनके साथ जो हुआ, उस पर उन्हें अफसोस हुआ। जो लोग गांधी के दुबककर रुस्तमजी के घर से भाग निकलने के लिए गांधी की निंदा कर रहे थे, वे भी गांधी के इस बयान से उनके पक्षधर हो गए।

बोअर युद्ध से पहले

वकालत की दौड़ में गांधी आगे निकलने लगे थे। उनकी खासी आमदनी होने लगी थी। पर गांधी के जीवन की शैली नहीं बदली। न उनकी और न उनके परिवार की। उनके मन में यह बात घर कर चुकी थी कि शांति सहजता से सरल जीवनयापन करने में है, दिखावे और फिजूलखर्ची और फैशन में नहीं है। सेवा भाव के प्रति वे पूरी तरह उत्साहित थे।

दूसरी ओर गांधी अपनी पत्नी और परिवार वालों के प्रति उदार नहीं थे। सख्त थे। उनकी पत्नी उनके साथ रहते हुए भी यह अनुभव नहीं कर सकीं कि वह उनका घर है और वे उस घर की मालकिन हैं। पति कमा रहा था। घर भी उसकी इच्छा से चल रहा था, पत्नी की नहीं। बिना स्वतंत्र हुए कौन सुखी हो सका है, मन तो सबका है। वे भी चाहती थीं कि अपनी तरह से घर चलाएँ।

यही बात उनके बच्चों पर लागू होती थी। यों गांधी घर में निरकुंश थे। पर क्या उनके चरित्र की सत्य-अहिंसा, उदारता-करुणा, दूसरों के प्रति सम्मान का भाव, दया-

क्षमा आदि ऐसी विशेषताएँ थीं, जिनसे समाज अत्यंत प्रभावित था।

डॉक्टर बूथ की देखरेख में एक अस्पताल शुरू हुआ था। गांधी ने वहाँ दो-एक घंटे काम करने की पेशकश की। वह दवा बनाकर मरीजों को देंगे। डॉक्टर बूथ और रुस्तमजी जिन्होंने यह अस्पताल खुलवाया था, वे दोनों मान गए कि गांधी स्वयंसेवक के रूप में सेवा दे सकते हैं। इस काम में उनका मन लगने लगा। एक तो मरीज जो कहना चाहता था, उसे वह डॉक्टर को समझा देते थे और दूसरे मरीज को दवा लेने का तरीका अच्छी तरह समझा देते थे। परहेज भी बतला देते थे। इससे उनकी जान-पहचान हिंदुस्तानियों के बीच बहुत बढ़ने लगी। उनको यह सेवा अत्यंत लाभदायक अनुभव हुई। इस क्षेत्र में वह इतने दक्ष हो गए कि एक अवसर पर, किसी के पास न होने पर, पत्नी को प्रसव कराने का सारा काम स्वयं कर सके।

गांधी का ध्यान बच्चों की पढ़ाई और सादगी पर था। खर्च कम करने के अभियान में वह जुट गए। सबसे पहले धोबी से मुक्ति पाने के लिए वह स्वयं कपड़े धोने लगे। वह भी उनका पहला अनुभव था।

हज्जाम काले लोगों के बाल नहीं काटता था। इस कारण गांधी ने अपने सिर के बाल स्वयं काट लिये। टेढ़े-तिरछे कटे पर स्वयं काटे, यह उनके संतोष के लिए बहुत महत्त्वपूर्ण सिद्ध हुआ। बेचारा हज्जाम यदि काले लोगों के बाल काटने लगे तो उसका धंधा चौपट होने लगता, क्योंकि गोरी जाति वाले वहाँ नहीं आते। वह हज्जाम की मजबूरी समझते थे। अंग्रेज हज्जाम काले आदमी की हजामत नहीं बनाते थे। गांधी के बाल काटने से एक अंग्रेज हज्जाम ने मना कर दिया था।

गांधी समझ सके थे कि विषम-से-विषम परिस्थितियों में धैर्य और विवेक से काम लेने पर विपरीत परिस्थितियाँ अनुकूल बन सकती हैं। मनुष्य को हर एक कार्य धीरज से करना लाजिमी है। साथ ही हर एक काम करने में बुद्धि का प्रयोग कलात्मक ढंग से होना चाहिए।

बोअर युद्ध

सन् 1899 में अंग्रेजों और बोअरों के बीच घमासान युद्ध हुआ। बोअरे अपनी स्वतंत्रता के लिए लड़ रहे थे। गांधी का व्यक्तिगत विचार था कि बोअरे उचित कर रहे हैं। वे स्वतंत्र होना चाहते हैं। स्वतंत्रता व्यक्ति का जन्मसिद्ध अधिकार है। दक्षिण अफ्रीका में रह रहे हिंदुस्तानियों को ऐसे संकटमय समय में क्या करना चाहिए? यह प्रश्न जितना स्पष्ट था उतना ही पेचीदा भी।

गांधी यह तो निश्चय कर चुके थे कि दक्षिण अफ्रीका में रह रहे भारतीय का कर्तव्य बनता है कि वे कुछ-न-कुछ अवश्य करें? पर किसके लिए और क्या करें? उनके दिमाग में उत्तर स्पष्ट था कि जिसके साम्राज्य में वे रह रहे हैं और जिनसे अधिकारों की माँग कर रहे हैं उनकी ओर से। यथार्थतः बिना कर्तव्य निभाए अधिकार की माँग करना भी उचित नहीं है। संकट के समय अधिकार छोड़कर कर्तव्य के क्षेत्र में उतर जाना नागरिक होने का दायित्व बनता है, चाहे मताधिकार से वे वंचित हों, लेकिन उसकी माँग तो कर रहे हैं। चाहे वे गिरमिटिया ही हैं। वे अनुबंध आश्रित समय-सीमा में ही हैं। फिर भी उनका भी फर्ज बनता है कि वे वहाँ रह रहे हैं और वहाँ की धरती से जुड़े हुए हैं अतः वे कुछ-न-कुछ अवश्य करें। संकट के समय ही पहचाना जाता है कि कौन अपना है, कौन पराया? जहाँ से व्यक्ति को रोजी-रोटी और सुरक्षा मिल रही है, उसके प्रति लगाव न बने तो वहाँ रहने का अर्थ है खुदगर्जी।

गांधी की व्यावहारिक दृष्टि जितनी बहिरोन्मुख थी उससे कहीं ज्यादा अंतरोन्मुखी। ऐसे समय न्याय-अन्याय का सवाल नहीं उठता है और न ऐसा सोचना सक्रिय हो सकता है कि जिनसे उनका शीत युद्ध अधिकारों को लेकर हो रहा हो, उनको संकट से घिरा पाकर भीतर से उन पर घात करें।

गांधी के सामने सत्य नैतिकता का धर्म था। यदि वे सरकार के विरुद्ध हो जाते हैं तो यह उनकी देश के प्रति, उस देश के प्रति, जिस देश में रह रहे हैं, गद्दारी होगी। फिर? आत्मा की आवाज सुनो। अपने कर्तव्य को समझो। वफादरी की कद्र करने के उदाहरण बनो। यह सोचकर नहीं कि युद्धोपरांत उन्हें न्याय मिल सकेगा। बिना शर्त सहायता। देशभक्ति का उदाहरण बनो। अन्याय तो अपने राज्य में अपने लोग भी करते मिल जाते हैं। सत्ता और जनता में तो अंतर अभी तक देखने में बना हुआ है। फिर भी, देशभक्ति की बलिदानी पुकार के आगे सत्ता से अधिक जनता सबल सिद्ध हुई है।

एक मत इस संकट की घड़ी में यह भी उभरा था कि विजय बोअरों की होनी है। फिर सरकार का साथ क्यों? क्यों न तटस्थ रहा जाए। तटस्थ रहना यों भी लाभदायक नजर आ रहा था कि कोई भी नृप हो, उन्हें उससे क्या मिलनेवाला है। तटस्थ रहकर न वे बुरों में होंगे और न भलों में। सम। और यदि बोअरे जैसा लग भी रहा है, जीत गए तो उनसे इस बात का तो पुरस्कार मिलने की संभावना तो बनी रहेगी कि भारतीय तटस्थ रहे। तटस्थ रहना भी बोअरों के पक्ष में जाता है।

नहीं, ऐसा कदापि भी नहीं। संकट के समय सब एक। परस्पर के शीत युद्धों के। विराम। एक ही लक्ष्य कि उनकी सरकार बनी रहे। देश यथावत् रहे। गांधी के मत के साथ सारे भारतीय एकमत हो गए। एक विचार उठा कि वे फौज में भरती हों। उसे सत्ता पक्ष ने अस्वीकार कर दिया। अप्रशिक्षित सैनिक कैसा! वह तो सरकार के लिए ही

सिरदर्द बन जाएगा। फिर उन पर यकायक विश्वास कैसे कर लिया जाए?

गांधी इस संकट में भारतीयों के उज्ज्वल चरित्र, दृढ़ निश्चय, वफादारी आदि की छाप छोड़ना चाहते थे। उन्होंने सरकार के सामने दूसरा प्रस्ताव रखा—सैनिकों की सेवा-टहल। उसमें प्रशिक्षण की कोई खास जरूरत नहीं है। घायल सैनिक को लाना, अस्पताल पहुँचाना। आवश्यकता पड़े तो उनकी मरहम पट्टी भी कर देना, उन्हें खाना खिलाना, दवा देना आदि ऐसे अनेक काम थे। लेकिन उसके लिए भी सरकार राजी नहीं हुई।

गांधी चुप कहाँ बैठनेवाले थे। उन्होंने डॉ. बूथ की सहायता ली। गांधी ने स्वयंसेवकों की टीम को डॉ. बूथ से यह प्रशिक्षण दिलवाया कि युद्ध के समय घायलों की सेवा कैसे करनी चाहिए? डॉ. बूथ ने ऐसा प्रमाण-पत्र भी दे दिया, परंतु फिर भी सरकार नहीं मानी।

अब क्या करना चाहिए! गांधी अच्छे काम, सेवा के काम में हारनेवाले नहीं थे। उन्होंने मि. लाटन से मदद ली। लाटन वकील थे। बहादुर भी थे। दूसरे उन्होंने हेरी एस्कंब से सहायता ली। हेरी एस्कंब मंत्रिमंडल में थे, वह एटार्नी जनरल भी थे और सेठ के वकील भी। उधर टुगेला नदी के किनारे जनरल बुलर की सेना बेतरह से पिटने लगी थी। घायल सैनिकों को उठानेवालों की कमी अनुभव की जा रही थी। फिर मरहम पट्टी तथा घायल सैनिकों को अन्य आवश्यक सुविधा कौन दे? सरकार के सामने कोई चारा नहीं था। यों सरकार को विवश होकर गांधी को एक एंबुलेंस टुकड़ी बनाने की अनुमति मिली। इस टुकड़ी में 1160 स्वयंसेवक थे। डॉ. बूथ इंडियन एंग्लिकन मिशन के मेडिकल सुपरिंटेंडेंट थे।

सेवा कार्य तत्परता से शुरू। वास्तव में यह सेवा कार्य गांधी की देखरेख में शुरू से अंत तक चला। इसमें कोई कोताही नहीं बरती गई।

सर्वप्रथम यह टुकड़ी कौलेंसो के मैदान में पहुँची। फिर उसे स्पियांकोप के युद्ध क्षेत्र में आजमाया गया। उसे रेड क्रॉस का संरक्षण मिला हुआ था। स्वयंसेवियों के, जिन्हें बैरा कहा गया, बाएँ हाथ पर रेडक्रॉस के निशानवाली पट्टी बाँधी गई। यह टुकड़ी गोला बारूद के क्षेत्र से बाहर काम कर रही थी। गांधी ने प्रस्ताव किया कि उनकी टुकड़ी को गोला-बारूद के क्षेत्र में भी सेवा कार्य करने की अनुमति दी जाए।

सरकार संकट में थी। उसने इस प्रस्ताव को स्वीकार ही नहीं किया, बल्कि युद्ध क्षेत्र में काम करने के लिए उनका आभार भी माना। कारण वह इन स्वयंसेवकों की निष्ठा, होशियारी और तत्परता से बहुत प्रभावित हो गई थी। पच्चीस मील की दूरी तय करके वह टुकड़ी घायल सैनिकों को अस्पताल में पहुँचा रही थी। प्राथमिक उपचार वह पहले कर देती थी।

इससे एक लाभ यह हुआ कि गांधी गिरमिटयों से गहरा संपर्क बना सके। उनके बीच मैत्री भाव प्रगाढ़ हुआ। साथ ही सिंधी, हिंदू, ईसाई, मुसलमान, मद्रासी आदि सब

एक हो गए। उनमें परस्परता का भाव बढ़ा और वे सब अब हिंदुस्तानी हो गए।

इस कारण छह सप्ताह तक इस टुकड़ी ने सरकार, सरकार के पक्षधर गोरों से भरपूर मान-सम्मान पाया। सरकार उनकी वफादारी के प्रति नत हो गई। इंडियन एंबुलेंस टुकड़ी के सैंतीस श्रेष्ठ स्वयंसेवकों को मेडल प्रदान किए और उनके सेवा कार्यों की हृदय से प्रशंसा की और बोअर युद्ध में उनकी जीत में भारतीय स्वयंसेवकों को सम्मान से याद किया गया। 'प्रिटोरिया न्यूज' में प्रकाशित हुआ था कि उस रोज जनरल बुलर की सेना का प्रत्येक सैनिक थका हुआ था, निराश था और गमगीन था। मात्र गांधी अकेले ऐसे व्यक्ति थे, जो शांत, प्रसन्न और संयमित थे। उनकी आँखों से करुणा का तेज प्रकाशित हो रहा था और उनकी अभिव्यक्ति में दृढ़ता थी। वे एक नवीन अनुभव से इस निष्कर्ष पर पहुँचे थे कि "सत्य एक विशाल दरख्त है। जैसे-जैसे उसकी सेवा-शुश्रूषा की जाती है, वैसे-वैसे उसमें से अनेक फल सामने आते हैं। जैसे-जैसे हम उसकी गहराई में डुबकी लगाते हैं, वैसे-वैसे उसमें से अनेकानेक रत्न पाते जाते हैं।"

गांधी को लगा कि अब उनको भारत लौट जाने में कठिनाई नहीं होगी, क्योंकि गोरी सरकार ने उनका अभिनंदन-स्वागत किया था, जिन्होंने प्राण हथेली पर रखकर घायल सैनिकों और सेना के अधिकारियों की सेवा की थी। उन्हें बचाया था।

गांधी के साथ जो लोग आए थे वे हिंदुस्तान लौट जाना चाहते थे और वे गांधी पर दबाव डाल रहे थे।

गांधी ने नेटाल के मित्रों से अपने मन की और जिनको वे अपने साथ लाए थे उनके मन की बात कह-समझाई। उन्होंने कहा, "अब गोरी सरकार हिंदुस्तानी प्रवासियों के प्रति तहेदिल से विनम्र हो चुकी है। अब उनकी समस्याओं को सौहार्द्र वातावरण में सुलझाया जा सकेगा।"

नेटाल में बसे भारतीयों ने उनसे यह आश्वासन चाहा कि यदि आवश्यकता अनुभव की गई तो उन्हें एक वर्ष के भीतर दक्षिण अफ्रीका लौटना पड़ेगा।

गांधी के सामने उनकी यह माँग सहज थी। वे भी जानते थे कि गांधी असत्य आश्वासन नहीं देंगे। बिना आश्वासन लिये वे उन्हें वहाँ से जाने नहीं देंगे।

गांधी के सामने यही शब्द आकर बार-बार ठहर रहा था। गोरी सरकार निस्संदेह अब उनके प्रति मित्रवत् भाव रखने लगी थी। वे भी वहाँ के नागरिक बनने की सुविधा पा सकेंगे। यह सब सोचकर गांधी ने उनसे कहा, "मित्रो, मैं आपके बीच में रहा हूँ। मुझे आपने भरपूर प्यार दिया है, अपनाया है। मैं भी आपके परिवार का सदस्य बन चुका हूँ। फिर क्योंकर आपके बुलाने पर नहीं आऊँगा! आत्मीय जनों का प्रेम कभी टूटता नहीं है और मेरे मन के रचाव में यहाँ की दुनिया ने गहरी पैठ बनाई है।...सच पूछा जाए तो बोअर युद्ध ने गोरों से हमारा नाता जोड़ दिया। सारी खटास जाती रही। हम लोगों का

टॉमियों के साथ उठना-बैठना, काम करना और एक-दूसरे को जानना-पहचानना कितने प्रगाढ़ संबंध सूत्रों में बाँध गया है।··· जब हम चीवली छावनी की ओर बढ़ रहे थे, तब मालूम पड़ा था कि लॉर्ड रॉबर्ट्स के पुत्र लेफ्टिनेंट रॉबर्ट्स को गहरी चोट लगी थी और वहीं उन्होंने अंतिम साँस ली थी। उनके शव को ले जाने का दायित्व हमारी टुकड़ी को सौंपा गया था। शव ससम्मान उठाया और हम चल पड़े। पर सख्त धूप ने जैसे यह ठान लिया हो कि वह हमें आगे नहीं बढ़ने देगी। धूप की तेजी ने अंदर की प्यास को ताजे घाव की तरह बेचैन कर डाला। रास्ते में एक छोटा सा झरना हमारा इंतजार कर रहा था। कुछ राहत मिली। हमने टॉमियों से आग्रह किया कि पहले वे अपनी प्यास बुझा लें, बाद में हम पानी पीएँगे। नहीं, पहले आप। वह भी क्या मंजर था, आत्मीयता भरा, सद्भावना से आप्लावित और प्यार से गद्गद कि एक-दूसरे के प्रति कोई दीवार ही नहीं रही थी। सब एकमएक हो गए थे। गड्डमड्ड। यहाँ था मानव, उसकी मानवता और उसका सहज स्वभाव।···तो मित्रो, यह सब मैं अपने साथ लेकर जा रहा हूँ। फिर भला आपका बुलावा पाकर क्यों नहीं आऊँगा! मैं तो अब अपने को आप जैसा पा रहा हूँ।"

यों गांधी ने सबके मन को एक संयुक्त प्लेटफॉर्म पर लाकर खड़ा कर दिया और उन सबके मन को राजी रखने में भी सफलता पा ली। फिर वह लौटने की तैयारी में जुट सके।

उपहारों से संवाद

गांधी ने कभी नहीं सोचा था कि डेढ़ माह की परेड गोरों के मन में इतनी जगह बना लेगी कि एक-दूसरे से अलग होते हुए दुःख का अनुभव होने लगेगा और जड़ता संवेदना बन निर्झर सी फूट पड़ेगी। उनके लिए आश्चर्य भी था और एक सर्वथा सुखद नया अनुभव भी। सत्य इतना प्रभावशाली होता है, वह इस अनुभव से गुजर रहे थे। बोअर-युद्ध में सहायता करने की पेशकश धीर-धीरे कैसे दूरियाँ मिटा गई। सारी फाँसें, सारे वहम-भ्रम और आशंकाएँ छूमंतर हो गईं। अद्भुत अमृत-रस! गोला बारूद के मध्य से प्रेम की गंगा का बह निकलना एक असोचा अकल्पित और अनपेक्षित मंजर था।

उधर अनचाही प्रेम भर विदाई। अद्भुत! प्रेम के साथ मान-सम्मान और उपहारों से लाद दिया था उस साँवले, प्रारंभ में असफल रहे डेढ़ पसली के इनसान को। सन् 1896 में जब वह भारत लौटा था, तब भी उसका स्वागत-सत्कार हुआ था और अभिनंदन! और साथ में मिले थे ढेर सारे उपहार, परंतु इस बार वह चकित होकर रह गया। उससे वह सब भेंट-मान-सम्मान वाले अभिनंदन पत्र संवाद कर उठे थे।

प्रयोग-दर-प्रयोग। हर प्रयोग के बाद असाधारण अनुभव और परिणाम। कहाँ उसे गोरे भारत लौट जाने के लिए धमकी दे रहे थे और उसको मार डालने पर उतारू थे और कहाँ अब उनकी आँखें और हृदय दोनों नम होने लगे थे। क्यों?

उनके सोच में बिन बादल बिजली चमक रही थी। प्यार की बुनियाद यदि सत्य पर रखी हो तो ऐसा संभव हो सकता है, जैसा इस समय दोनों ओर से अनुभव किया जा रहा है।

सन् 1896 से कई गुनी भेंट उन्हें मिली थीं। मुवक्किलों से लेकर विशिष्ट वर्ग की ओर से उन्हें बेशकीमती भेंट मिली थीं। इन भेंटों में उनकी पत्नी कस्तूरबा को मिला पचास गिन्नियों का हार भी था, परंतु उनको हार मिलने की वजह गांधी ही थे। अप्रत्यक्ष रूप से यह उपहार भी उनकी सार्वजनिक क्षेत्र में की गई सेवाओं का परिणाम था।

गांधी ने लिखा है, "जिस शाम मुझको उपहार मिले थे, उस रात मैंने पागलों की भाँति जागकर व्यतीत की थी। मैं अपने कमरे में चक्कर काटता रहा, परंतु उलझन किसी भाँति सुलझती न थी। सैकड़ों कीमती उपहारों को मुझे रखना कठिन लग रहा था।"

घूम फिरकर गांधी अपने पर केंद्रित हो जाते थे। उनके मन में प्रश्न उठ रहे थे—

अपने परिवार को भी उन्होंने उस सेवा को अपनाने पर जोर दिया था, जिस सेवा के बदले कुछ खास नहीं मिला था। सच्ची सेवा के लिए दाम नहीं वसूले जा सकते।

दाम और सेवा दोनों के मिजाज एक-दूसरे से भिन्न हैं। एक बार उन्होंने गहनों की ओर ध्यान से देखा। वे देखते रह गए। उनमें थे :

स्वर्ण की घड़ियाँ।

स्वर्ण की जंजीरें।

हीरे की अँगूठियाँ।

और ना जाने कितनी चीजें।

गांधी की पत्नी कस्तूरबा ने उन चीजों को देखा। उनका मन प्रसन्न था। उन्हें लग रहा था कि कस्तूरबा का मन उन चीजों में रम गया है। उनके मोह को वह कैसे तोड़ें, उनके सामने यह समस्या जटिल थी।

यद्यपि मोह-लालच में एकबारगी उनका मन भी डाँवाँडोल हुआ था, तथापि उन्होंने बहुत जल्दी अपने मन को समझा लिया था। उससे उनकी प्रतिष्ठा भी जुड़ी थी और कथनी-करनी का भेदाभेद भी। वह सबसे अनेक बार कह चुके थे कि सार्वजनिक सेवा की कीमत नहीं वसूली जा सकती। इसे उनके परिवार ने भी कई बार सुना था। अब उनके सामने उसे सिद्ध करके दिखलाने का अवसर आया था।

गांधी ने अपना मन पक्का कर लिया था। उन्हें जो कुछ प्राप्त हुआ है, उसका आधार सार्वजनिक क्षेत्र में दी गई उनकी सेवाएँ ही थीं।

सुबह उठते ही, नहा धोकर सबसे पहला उन्होंने यह कार्य किया कि उन चीजों की एक सूची बनाई। एक सी चीजों को एक जगह रखा। बा उनके इस कार्य का दूर से निरीक्षण करती रहीं। उन्हें लगा कि उपहार में मिली चीजों की सूची तैयार हो रही है, ताकि उनकी गिनती ध्यान में बनी रहे।

गांधी को अपने पारसी मित्र रुस्तमजी के साथ अन्य मित्रों का ध्यान आया। वे उन्हें उन चीजों का ट्रस्टी बनाकर निश्चिंत हो जाना चाहते थे। जनता की चीजें जनता के लिए का सिद्धांत उनके मन में घर कर चुका था। अचानक उनके मन में आया यह विचार आगे चलकर एक विस्तृत क्षेत्र में प्रयोग में लाया जाए। ट्रस्टीशिप में सत्य था। उसमें सदिच्छा थी, तटस्थता थी और जनहित की उत्कष्ट भावना भी थी। मालिक नहीं, सिर्फ ट्रस्टी।

उन्होंने अपनी पत्नी और बच्चों को भी अपने इन विचारों से अवगत कराना जरूरी समझा। वे समझ रहे थे कि पहले वह अपने बच्चों की राय लें। उन्हें सारी ऊँच-नीच समझाएँ, ताकि लिये गए निर्णय में उनकी भागीदारी बराबर की बनी रहे और पत्नी को भी सार्वजनिक हित के कार्यों से मिले उपहारों को ट्रस्टी के हाथों में सौंपने में आनंद की अनुभूति हो सके। उनके पुत्र इस महायज्ञ में अपनी माँ के मन को मनाने में जुट गए। और तरह-तरह से उन्हें समझाने-बुझाने लगे।

वे जानते थे कि स्त्रियों का मन आभूषणों में बसता है। जिसमें तो वे उपहार, गहने उन्हें बिना मूल्य चुकाए मिले हैं।

वही नाटक शुरू हुआ, जिसकी आशंका मन के एक कोने में दुबकी बैठी हुई थी। कस्तूरबा के तेवर तन गए। व्यवहार सामने आया। ट्रस्टी क्यों ? वे सब चीजें लोगों ने उन्हें ससम्मान उपहार में दी हैं और खुश होकर दी हैं। फिर ? वे कहने लगीं, "मैं मानती हूँ कि आपको-मुझको और इन बच्चों को इन सब चीजों की जरूरत नहीं है। न हो पर उससे कोई फर्क नहीं पड़ता। लेकिन मेरे सामने उन बच्चों की बहुएँ भी हैं। ये गहनें उनके काम के हैं। उनकी जरूरतों को पूरा करनेवाले भी हैं।"

"अभी उनकी शादीवादी कहाँ हुई है ?"

"नहीं हुई है तो निकट भविष्य में होगी ही। यह सच है। अकाट्य सच।"

गांधी गहरी साँस भरकर कुछ पल के लिए चुप बने रह गए एकदम किंकर्तव्यविमूढ़। फिर वे कहने लगे, "बा, अपने बच्चों को बड़े होने दो, विवाह लायक, फिर वे सोचेंगे कि…।"

गांधी की ओर देखते हुए बा ने तनिक गुस्साए स्वर में तेजी से कहा, "क्या सोचेंगे ?"

वे भी यह जान चुकी थीं कि गांधी जिद्दी हैं। हाथ आई संपदा निकल गई तो क्या

बचेगा सिवा आँसू बहाकर मलाल करते रहने के। बा ने आगे कहा, "उन लोगों ने कितनी श्रद्धा-भक्ति और प्रेम से ये उपहार दिए हैं? वे क्या सोचेंगे? क्या उनको इससे बुरा नहीं लगेगा?" कस्तूरबा की आँखों से आँसू टप-टप गिरने लगे।

"यह तू क्या करने लगी, बा। मुझ पर भरोसा रख। मैं कोई गलत काम नहीं कर रहा हूँ। न ऐसा करके उनकी श्रद्धा-भक्ति को ठेस पहुँचाने का मेरा कोई इरादा है। उनके उपकारों का मान बढ़ाने की दिशा में मैं कदम बढ़ा रहा हूँ।" गांधी ने अपने अंदर के उठ रहे तूफान को थामते हुए शांत स्वर में कहा।

"यह आप किसको समझा रहे हो, आपके साथ रहते हुए मैंने इतने बरस गुजार दिए। मेरे गहने तो आपने पहले ही ले लिये न? मुझे उन्हें पहनने नहीं दिया। फिर आपसे यह उम्मीद कैसे कर सकती हूँ कि मेरी बहुएँ आपसे कुछ पा सकेंगी?··· हम संसार में रहते हैं, जंगल में नहीं। न संत-साधु-वैरागी हैं हम।···तुम लड़कों को गलत रास्ते पर डालने पर आमादा हो रहे हो, यह ठीक नहीं है।"

"क्या ठीक है, क्या नहीं है, भाग्यवान्। यह तू मुझ पर छोड़ और जो मैं कर रहा हूँ, वह मुझे करने दे। अधिक चू चपड़ मत कर।" गांधी का स्वर सख्त होने लगा।

"यों जोर जबरदस्ती आप मेरे मुँह पर ताला नहीं लगा सकते।" कस्तूरबा की सिसकियाँ बँध गई थीं।

"तू यों मान ले कि ये सब मेरी सेवा के उपहार हैं।"

"आपकी सेवा में क्या मेरी सेवा नहीं है? क्या मैंने आपके साथ दिन-रात सेवा में सहायता नहीं की है? मुझे रुलाकर आपने मेरी इच्छा के विरुद्ध दूसरे पुरुष की चाकरी तक करवाई है। वो क्या मेरी सेवा नहीं है?" कस्तूरबा ने धीर-धीरे कहा।

गांधी इस प्रसंग से विचलित हो उठे। इस कारण वे वहाँ नहीं रुके और बाहर चले गए। वे नहीं चाहते थे कि उस त्रासद दुर्घटना पर लंबी चर्चा चल पड़े। उससे वातावरण और खराब हो उठेगा।

कस्तूरबा अकेली रह गईं। जब वे उस प्रसंग को याद करने लगती थीं, तब उनका मन भारी हो उठता था।

जब गांधी डरबन में वकालत कर रहे थे, तब उनके साथ उनके मुहर्रिर भी आते थे। वहीं रहते थे। गांधी उन्हें अपने परिवार का ही सदस्य मानते थे। उनमें कोई गुजराती था और कोई मद्रासी। ईसाई भी था। ईसाई के माता-पिता पंचम वर्ण के थे। गांधी के घर के कमरों में मोरियाँ नहीं थीं। इस कारण हर कमरे में पेशाब के लिए बरतन रखा जाता था।

पंचम वर्ण का ईसाई नया-नया था, वह पेशाब के लिए रखे गए बरतन को स्वयं नहीं उठाता था।

गांधी उस पंचम वर्ण के इस बरतन को कस्तूरबा से उठवाना चाहते थे। वह पराए

मर्द के पेशाब का बरतन खुद क्यों उठाए? यह विषय उसके और गांधी के बीच टसल का हो गया।

"उठा, बा, उठा।"

"नहीं, उठाऊँगी।...पराए मर्द का मैं पेशाब उठाऊँ, क्या इसलिए मुझे अपने साथ यहाँ लाए हो?"

गांधी की जोराजोरी के दबाव में आकर उन्होंने रोते हुए मन से वह बरतन उठाया था। गांधी चाहते थे कि वह यह कार्य खुशी-खुशी करे। वे धौंस दे उठे, "मेरे साथ रहना है तो यह सब राजी-राजी करना होगा—आँसू बहाते हुए नहीं।"

कस्तूरबा अपने आपे में नहीं रहीं और तपाक से गुस्सा करते हुए कह डाला, "अपना घर अपने पास रखो। मैं चली।"

"क्या कहा।" कहकर गांधी का गुस्सा सातवें आसमान पर जा चढ़ा और क्रोधाग्नि के वशीभूत होते हुए वे आगे बढ़े। कस्तूरबा की बाँह पकड़कर उन्हें दरवाजे तक ले आए। दरवाजा खोलकर बोले, "जा, जहाँ जाना हो।"

कस्तूरबा की आँखों से आँसू बहने लगे। वे सिसकियाँ भरते हुए कह रही थीं, "आपको तो शर्म लिहाज रही नहीं है। पर मुझे तो है। यहाँ मेरा कौन है—न मेरा घर है और न कोई नाते रिश्तेदार। फिर जाऊँ तो कहाँ जाऊँ? इसीलिए चुपचाप तुम्हारी डाँट फटकार सह रही हूँ। दरवाजा बंद करो। कोई देखेगा तो क्या कहेगा!" इसी के साथ गांधी ने दरवाजा बंद कर दिया।

दूसरे दिन गांधी का मन रखने के लिए कस्तूरबा ने सन् 1896 से लेकर 1901 तक मिले उपहारों को लौटाने की स्वीकृति दे दी। एक ट्रस्ट बनाया गया। सर्वहित में कार्य करने के लिए उनकी या ट्रस्टियों की स्वीकृति से कार्य किया जाए। बैंक में इस शर्त के साथ सारे उपहार रख दिए गए।

पुनः हिंदुस्तान में

दक्षिण अफ्रीका से गांधी पुनः भारत लौट आए अपने परिवार और रिश्तेदारों के साथ। सन् 1901 में भारतीय कांग्रेस का अधिवेशन कलकत्ते में होने जा रहा था। इस कारण गांधी वहाँ पहुँचे। इसकी अध्यक्षता दीनशा एदलजी बाचा ने की थी। लॉर्ड कर्जन का यह मंत्र सक्रिय हो उठा था कि फूट डालो और राज्य करो। इस अधिवेशन में होमरूल के लिए प्रयत्न होना चाहिए, यह अनुरोध सबसे किया गया था।

इस अधिवेशन में गांधी ने अनुभव किया था कि—

1. छुआछूत की बीमारी वहाँ भी थी।

2. वहाँ गंदगी ही गंदगी नजर आ रही थी। जगह-जगह पानी फैला हुआ था। गांधी ने एक स्वयंसेवक को यह समझाया और उससे गंदगी दूर करने का आग्रह किया। वह नट गया तो गांधी ने कहा, "झाड़ू लेकर आओ।" वह चकित होकर गांधी को घूरता रह गया। कुछ क्षण बीत जाने पर वह बोला, "यह काम भंगी का है, हमारा नहीं है।"

3. गांधी ने स्वयं मल को हटाया।

रात को ग्यारह बजे के बाद भी गांधी का नंबर नहीं आया। गांधी ने गोखले से कहा कि अभी दक्षिण अफ्रीका का प्रस्ताव पढ़ना शेष है।

गांधी ने काँपते हाथों से उस प्रस्ताव को पढ़ा। वह प्रस्ताव बिना किसी के देखे-समझे पास भी हो गया। यह था गोखले का चमत्कार और व्यक्तित्व। गोखले से गांधी बहुत प्रभावित हुए।

वहाँ तो प्रत्येक प्रस्ताव हाथ उठाकर ही पास हो रहा था। यह देखकर तुरंत ही अपने प्रस्ताव के पास हो जाने की प्रसन्नता का असर स्वत: उतर गया। केवल उनके संतोष के लिए इतना ही पर्याप्त था कि उनका प्रस्ताव गोखले की कृपा से पास हो गया। तब कांग्रेस का बड़ा नाम था। और गोखले का भी।

परंतु उनको यह दु:ख बराबर सालता रहा कि इतना अभ्यास करने के बाद भी वह अपने लिखे प्रस्ताव को आत्मविश्वास से नहीं पढ़ पाए और न दक्षिण अफ्रीका में भारतीयों के दु:खों-कष्टों पर गहरा प्रकाश डाल सके। तभी दीनशा की घंटी बज गई। दक्षिण अफ्रीका में वह भाषण भी देते थे, चर्चा भी करते थे और जवाब-सवाल करने में भी अपनी खासी पहचान बना चुके थे। फिर भी...हाँ, फिर भी...वह बड़ा मंच था। उस मंच पर कई महानुभाव आध-पौन घंटे तक बोलते रहे, परंतु तब घंटी नहीं बजी।

गोखले के साथ

गांधी कलकत्ता आकर वहाँ इंडिया क्लब में ठहरे। इस क्लब में ठहरने का अपना महत्त्व था। वहाँ बड़े व्यक्ति ठहरते थे। गांधी ने सोचा कि वहाँ रहकर वे बड़े-बड़े मंत्रियों से भेंट कर सकेंगे और दक्षिण अफ्रीका के लिए उनमें सहानुभूति व जिज्ञासा जगा सकेंगे। चेंबर्स ऑफ कॉमर्स जैसे महत्त्वपूर्ण मंडलों से मिल सकेंगे।

जब गोखले को यह ज्ञात हुआ कि गांधी एक माह कलकत्ते रुकेंगे, तब उन्होंने अपने साथ रहने के लिए निमंत्रण दे डाला। पर गांधी अपने आप उनके पास कैसे पहुँचे? दूसरे दिन गोखले स्वयं आकर गांधी को अपने साथ ले गए और यह गुरु मंत्र भी दे दिया

कि उन्हें हिंदुस्तान में रहना है तो संकोच त्यागें। वे जितने लोगों से मिल सकें, मिलें। परिचय बढ़ाएँ, क्योंकि उन्हें गांधी से कांग्रेस का काम लेना है।

गोखले ने गांधी को अनुज की तरह प्यार दिया और उनकी हर सुविधा की ठीक से व्यवस्था करवा दी।

गांधी समय के पाबंद हो चुके थे। वे स्वावलंबी भी थे। प्राय: अपना काम स्वयं करते थे और उसी से उन्हें आनंद मिलता था। वे अपने कपड़े खुद धोते थे। साफ-सफाई का ध्यान रखते थे। गोखले गांधी की दिनचर्या, सादगी और पारदर्शिता से अत्यंत प्रभावित हुए और जी भरकर सबसे इस बात की तारीफ की। उनसे बड़े-बड़े व्यक्ति मिलने आते थे। उनसे वे गांधी का भी परिचय करवाते थे।

गोखले के पास जैसे ही प्रो. प्रफुल्ल राय आए, वैसे ही उन्होंने गांधी को बुलाकर कहा, "प्रोफेसर राय, यह गांधी है। गांधी, प्रोफेसर राय को एक माह के आठ सौ रुपए मिलते हैं। उसमें से आप चालीस रुपए अपने लिए रखते हैं, शेष सात सौ साठ रुपए जनहित में लगा देते हैं।"

गांधी बहुत ध्यान से उस बहुमुखी व्यक्तित्व का अनुभव कर रहे थे। वे उनके कार्य संपादन की शैली, गहरी अंतर्दृष्टि, सूझबूझ और पारदर्शिता से अत्यंत प्रभावित होते गए। उनको हर समय देश को आजाद करवाने की चिंता घेरे रहती थी। गरीबी और गुलामी इन दोनों से कैसे छुटकारा मिले यह था उनके हर क्षण का दु:ख और उससे निजात पाने की दिशा में उठानेवाले कदम का गहन विचार-विमर्श। उस महान् व्यक्ति में दंभ के लिए कोई स्थान नहीं था। न उनमें तनिक छिपाव व दुराव था।

गांधी कैसे गोखले के इतने नजदीक आ गए, यह स्वयं गांधी नहीं जान सके। एक दिन वे उनसे प्रश्न कर उठे, "आप घोड़ागाड़ी क्यों रखते हैं? ट्राम का इस्तेमाल भी कर सकते हैं? क्या ट्राम से आने जाने से नेतागण की प्रतिष्ठा पर आँच आती है?"

एक साथ तीन प्रश्न।

गोखले का मन भारी हो गया। वे धीरे-धीरे कहने लगे, "गांधी, तुमसे मुझे पहचानने में यह भूल नहीं होनी चाहिए थी। मुझे बड़ी धारा सभा से जो रुपया मिलता है, उसके मैं हाथ नहीं लगाता। तुम ट्राम में घूमते हो, यह देखकर मुझे तुमसे ईर्ष्या होती है।"

"ईर्ष्या क्यों, आप भी तो⋯ ?" गांधी इतना ही कह पाए थे कि गोखले ने खखारकर अपनी बात जारी रखी, "गांधी, जब तुम्हें भी मेरी तरह सब जानने पहचानने लगेंगे, तब तुम्हारे लिए भी ट्राम में घूमना कठिन हो जाएगा। ध्यान रहे नेता शान-शौकत या मौज-मस्ती के लिए ऐसा नहीं करता है। यह उस नेता की विवशता है। सर्वहित के लिए उसे घोड़ागाड़ी का इस्तेमाल करना पड़ता है।

गांधी जान सके कि गोखले ट्राम से आने-जाने लगे तो जान-पहचान वाले उन्हें

घेरने लगेंगे और उससे उनकी एकाग्रता भंग होगी, समय भी ज्यादा लगेगा।

गांधी गोखले के साथ रहते हुए इतने खुलते चले गए कि वे उनसे यह पूछ बैठे, "आप नियमित रूप से टहलने भी नहीं जा पाते हैं। उसमें भी गैप हो जाता है। फिर आप अस्वस्थ हो जाएँ या रहें तो इसमें किसका दोष है? क्या देश के कार्य में टहलने के लिए समय दिया जाना गैर जरूरी है?"

गोखले कुछ पल के लिए किंकर्तव्यविमूढ़ रह गए। कुछ सोचकर बोले, "गांधी, तुम देखते हो कि मुझे समय कहाँ मिल पाता है? हर वक्त देश का काम सिर पर सवार रहता है।"

गांधी मौन रह गए। क्या कहते। उनका शालीन व्यक्तित्व, समर्पित जीवन और निश्छल मन बीच में आ जाता था और वह उनको यह इजाजत नहीं देता था कि वह उनसे यह कह सकें कि अत्यंत व्यस्त होने पर भी भोजन के लिए समय निकाल लिया जाता है। वहाँ काम बीच में नहीं आता। उसी तरह टहलने जैसे सहज व्यायाम के लिए समय निकाला जा सकता है। इससे वह स्वस्थ शरीर, स्वस्थ मन और स्वस्थ चित्त से पहले की अपेक्षा बेहतर काम कर सकेंगे।

गांधी विवशता भी समझते थे। व्यक्ति कहीं-न-कहीं टालमटोल करने का आदी हो जाता है। गांधी को ईसाइयों से मिलना था, क्योंकि वे दक्षिण अफ्रीका के हिंदुस्तानियों से यह कहकर आए थे कि वहाँ के ईसाई भाइयों से वे अवश्य मिलेंगे। उन्होंने कांग्रेस में रहकर पाया था कि ईसाई बंधु हिंदू-मुसलमानों से दूरी बनाए हुए हैं। पर क्यों?

गांधी ने इस संबंध में बात उठाई। धर्म की धरती पर उन्होंने कालीचरण बैनर्जी से इस तरह की चर्चा की थी। बैनर्जी का पहला प्रश्न यही था कि क्या मनुष्य पाप के कारण जन्म लेता है या… ?

गांधी ने इस तथ्य को मान लिया तो बैनर्जी ने अगला प्रश्न दाग दिया, "क्या इस पाप का निवारण हिंदू धर्म में है?"

गांधी चुप।

"नहीं है न, पर ईसाई धर्म में है।"

गांधी ने साचरज कालीचरण बैनर्जी की ओर देखा। कालीचरण बैनर्जी रहस्यमय ढंग से बोले, "हिंदू धर्म में पाप का निवारण मृत्यु है, पर क्रिश्चियन धर्म में मृत्यु से बचने का उपाय ईसा की शरण है।"

गांधी ने भगवद्गीता के मंत्र पढ़े, परंतु वे उन मंत्रों से तनिक भी प्रभावित नहीं हुए। चलते समय वह काली मंदिर की चर्चा कर उठा। गांधी में छिपी जिज्ञासा ने रास्ता पाया और वह काली मंदिर जाने के निश्चय से वहाँ से लौट आए।

काली मंदिर

बंगालियों में ही नहीं, बल्कि हर हिंदू में काली माता के प्रति अतिरिक्त श्रद्धा-भक्ति देखी जा सकती है। उनके मन ने कहा, 'चल गांधी, तू भी उस श्रद्धा-भक्ति की डगर पर चल और जान कि वह श्रद्धा-भक्ति क्यों है? किसलिए है?'

गली। गली में से गली। भीड़। भिखारी भी, संत-महात्मा भी। बकरों की कतारें भी। हृष्ट-पुष्ट, सुंदर-से-सुंदर बकरे। कटने की बारी के इंतजार में मौन खड़े। बकरों का मोल भाव। गांधी ने बकरों की ओर देखा। वे शांत चित्त बने हुए थे।

रक्त बहे जा रहा था। बकरे काटे जा रहे थे। काली माता की जय-जयकार हो रही थी। नगाड़ों की तेज आवाजें, भक्तों की चमकती आँखें, श्रद्धालु महिलाओं की लंबी कतारें और चेहरों पर किसी बड़े पुण्य कर्म का भाव स्पष्ट नजर आ रहा था।

बाबा, साधु, संत और भिखारी सभी एक लय में, अंदर से तटस्थ, ऊपर से मौन पर तनिक उत्सुक। एक बाबा ने पुकार लिया, "किधर जाता है, बेटे?"

गांधी चौंके। यहाँ आनेवाला व्यक्ति कहाँ जाएगा, सिवा काली माता के मंदिर के? वह बाबा बोला, "इधर आ।"

अब वह उस बाबा के पास चबूतरे पर बैठे थे। गांधी उस बाबा से पूछ रहे थे, "क्या बकरों की बलि का नाम धर्म है?"

"ना ना···कहीं जीव की हत्या करना धर्म माना जा सकता है? कभी नहीं, कतई नहीं।"

"फिर आप यह सब क्यों होने दे रहे हो? सबको समझाते क्यों नहीं?"

"हमारा काम है भक्ति करना, किसी को समझाना बुझाना नहीं।"

"फिर यहाँ क्यों बैठे हो, कहीं और स्थान पर भक्ति करो।"

"बाबा के लिए सब जगह समान हैं। यहाँ बैठें या वहाँ, उससे क्या फर्क पड़ता है?

"पड़ता है। आप बाबा हैं। आपका भी दायित्व बनता है कि गलत काम को रोकने का प्रयास करें, ताकि सुधार हो।"

"ना बेटे, ना। अनामंत्रित नहीं। धर्मवाले दूसरे हैं। वे नहीं चाहते कि परंपरा पर चोट हो।"

"डरते हो।"

"नहीं। डरूँ क्यों? घर छोड़ा था, तब से डरना भी छोड़ दिया था।"

"और डराना···।"

"हाँ, वह भी। तुम हमारे पर ध्यान मत दो। जो हो रहा है या जो कर रहे हो, उसे ध्यान में रखो। सोचो।···जाओ, अब आगे बढ़ो।"

अब गांधी काली माता के सामने थे। रक्त बह रहा था। रक्त पाँवों में आ रहा था। बकरा क्या जीव नहीं है ? किसी को मारने से काली माँ क्यों प्रसन्न होंगी ? कौन बताए कि हिंसा पाप भी है और अपराध भी ?

शाम को गांधी को एक बंगाली सभा को संबोधित करना था। वहाँ उन्होंने इस निर्दय पूजा पर प्रश्न उठाए। एक सज्जन ने कहा, "वहाँ नगाड़े-ढोल बजते हैं। उनके शोर में बकरों को कोई पीड़ा नहीं होती, इसलिए…।"

यह तर्क कितना बेबुनियाद था। पर उसे बहस का विषय बनाने से क्या लाभ। यह जीव हत्या है। वह क्रूरतम मंजर है। व्यथादायक। मनुष्य को उसकी रक्षा करनी चाहिए। वह तो भक्षक बन बैठा है। हिंसा। ऐसा पाप और वह भी पवित्र मंदिर में। नहीं, कदापि नहीं। गांधी इन विचारों में बहता लौट रहा था।

अब गांधी कलकत्ता छोड़ रहे थे। गांधी भारत को जानना चाहते थे। भारत कहाँ बसा हुआ है ? यह बात वे गोखले पर जाहिर कर चुके थे।

गोखले डॉ. राय के साथ गांधी को स्टेशन तक पहुँचाने आए थे, गांधी के न चाहने पर भी और न आने का आग्रह करने पर भी। गोखले उनको विदा करते हुए इतना ही कह पाए, "गांधी यदि तुमने तीसरी श्रेणी में जाने का निर्णय नहीं लिया होता और इस शुभ कार्य को यहीं से शुरू नहीं किया होता तो…।"

गाड़ी चल पड़ी। इंजन ने धुएँ का सिंगल फहरा दिया। गांधी सोचते रहे कि तीसरे दरजे की यात्रा में क्या सचमुच वह भारत दर्शन कर पाएँगे। क्यों नहीं ? जहाँ चाह है, वहाँ राह है, उनके अंतर्मन ने उनसे कहा।

फिर से वकालत

गोखले ने सलाह दी थी कि बंबई में जमो। प्रैक्टिस करो। गांधी के मन में बंबई में पहले मुकदमे का भय अभी तक छाया हुआ था। इस कारण बंबई का रुख न कर वे सीधे राजकोट आ गए। राजकोट में उन्हें तीन मुकदमे मिले। तीनों मुकदमे जीते। कड़ी मेहनत की थी। कानूनी बारीकियों को ध्यान में रखा था। फिर वे क्यों नहीं मुकदमे जीतते।

तब जाकर मन ने उन्हें उत्साहित किया और कहा, "चलो बंबई।" दक्षिण अफ्रीका की वकालत का अनुभव और हाल में मिली तीन मुकदमों में जीत उनके मन को राजी करने में सफल रही। तभी केवलराम उनके पास आए और उन्हें बंबई जाकर वकालत करने पर जोर दे गए। साथ में वहाँ काम की कमी नहीं है, यह आश्वासन भी दिला गए।

बंबई बड़ी जगह थी। जान-पहचान के लिए भी और कामकाज के लिहाज से भी।

वह राजकोट की अपेक्षा उन्हें बड़े क्षेत्र में काम करने के अवसर प्रदान कर सकती है। यह सोचकर वे बंबई जा पहुँचे। उन्होंने वहाँ दो चेंबर्स (कमरे) गिलबर्ट के कार्यालय में लिये और स्थिर होने की सोचने की दिशा में वे आगे बढ़े। गिरगाँव में उन्होंने घर भी किराये पर ले लिया।

वहाँ सिर मुँड़ाते ही ओले पड़े। उनका दूसरा पुत्र मणिलाल ज्वर की ऐसी पकड़ में आया कि उसका ज्वर उतरने का नाम ही नहीं लेता। ऊपर से सन्निपात। दस वर्ष का मणि पहले भी बड़ी माता का शिकार हो चुका था। 104 डिग्री बुखार। रात में अनर्गल प्रलाप। पारसी डॉक्टर का इलाज। जो मुरगी का शोरबा और अंडे देने पर जोर दे रहा था, जबकि गांधी शाकाहारी होने की रट लगाए थे।

"अंडा और शोरबा दवा है। दवा से कैसा परहेज, गांधी। पुत्र की जान पर आ बनी है और आप शाकाहारी होने की वकालत किए जा रहे हो।" आखिर दूध और पानी देने का मार्ग उन्हें पसंद आया। साथ में प्राकृतिक चिकित्सा का भूत भी उनके सिर पर सवार था। दक्षिण अफ्रीका में वे अपनी पत्नी को भी इस दौर से गुजार चुके थे। वह कूने की विधि से उसे कटि स्नान कराने लगे और पानी मिलाकर संतरे देने लगे थे।

वह तो मणिलाल का आत्मबल ही था अपनी माँ की तरह जिसने मरणासन्न होने पर भी मांसादिक से पक्का परहेज रखा। हालाँकि मणिलाल की पूरी जिम्मेदारी उनकी बनती थी, तथापि गांधी ने अपने पुत्र की राय लेना भी ठीक समझा। मणिलाल ने कहा कि वह अंडे शोरबा का सेवन नहीं करेगा।

यों कटि स्नान लूई कूने की विधि से चल पड़ा।

गांधी में मंथन चल रहा था। करता तो डॉक्टर भी प्रयोग है। मांसादिक खिलाने पर भी क्या भरोसा कि मणिलाल···। कर वे भी प्रयोग रहे हैं। आज उन्होंने उसे गीली चादर में सिर से पाँव तक लपेट दिया था और ऊपर से दो कंबल ओढ़ा दिए थे।

मन में ईश्वर की रट लगाए रहे।

गीता उनके साथ रही। करने कराने वाला वह है फिर घबराना किसलिए? ज्वर नहीं टूट रहा था। उसका तन जल रहा है। पसीने का नाम नहीं। यहीं पर आकर वे ठहर जाते थे। उनका मन कहता था, "गांधी, ये तू क्या किए जा रहा है। कहीं···वह तेरा पुत्र है। तू उसका अभिभावक है। अपने पुत्र पर यह समय प्रयोग करने का नहीं है। गांधी अंदर-ही-अंदर हिल उठते। मन को समझाते कि फिर ईश्वर को वह क्यों मानता है? वह है न। ये तो पक्का है या···यों ही औरों की तरह वह एकमत नहीं है।"

वे अपने आपसे लड़ते रहते और प्राकृतिक इलाज करते जाते। अचरज। मणिलाल उन्हें पुकार रहा था, "बापू मैं जला जा रहा हूँ। पसीने से लथपथ हुए जा रहा हूँ। मुझ पर से चादर तोलिया हटाइए।"

उसके माथे पर पसीने की बूँदें थीं। वह घबरा रहा था, परंतु गांधी को अपने पर विश्वास बना रहा। पसीना आना शुभ लक्षण है। यों चालीस दिन उपचार चला और आखिर ज्वर से मणिलाल को मुक्ति मिल ही गई। गांधी फिर से हाईकोर्ट जाने लगे। गोखले उनसे मिलते रहते थे और राजी खुशी की जानकारी लेते रहते थे।

गांधी पुस्तकालय का भरपूर प्रयोग करते। कोर्ट में प्रतिष्ठित बैरिस्टरों की बहस सुनते। ट्रायल के लिए होनेवाली बहस में हिस्सा लेते। यों उनमें विश्वास लौटने लगा कि वे बहस करने में अब पीछे नहीं हटेंगे और अपने मुवक्किलों की पैरवी जी तोड़ कर पाएँगे।

फिर दक्षिण अफ्रीका की ओर

पता तो एक पल का नहीं। सोचा हुआ हो, यह जरूरी नहीं। जो राम रच राखा है, होगा तो वही। नेटाल से तार पर तार। वहाँ चैंबरलेन आ रहे थे। बोअर युद्ध में दी गई सेवाएँ दर-किनार कर दी गईं और वहाँ के गिरमिटियों और भारतीयों की दशा में सुधार होने की दिशा में कोई कदम उठाना तो दूर रहा, उलटे उन पर और कड़े अपमानजनक प्रतिबंध लगा दिए।

ब्रिटिश सचिव चैंबरलेन का दक्षिण अफ्रीका आना सकारण था। वे साढ़े तीन करोड़ स्टर्लिंग वहाँ से वसूल करने आ रहे थे। उनसे यह उम्मीद करना कि वे उपनिवेशों में भारतीयों की स्थिति और उनकी शिकायत सुनने आ रहे हैं, गलत था।

गांधी सोच रहे थे कि चैंबरलेन से मिलकर भारतीयों के साथ होनेवाले अन्याय, अत्याचार और शोषण के चक्र की दास्तान बताने में कामयाब हो जाएँगे और उनकी स्थिति सुधरवाने में उन्हें सफलता मिल जाएगी। इस प्रकार वे एक साल खतम होने से पहले भारत लौट आएँगे।

चैंबरलेन के आने की खबर से दक्षिण अफ्रीका में गांधी की आवश्यकता महसूस की गई। उनका प्रतिनिधित्व सिवा गांधी के और कोई नहीं कर सकता था। दूसरे इंग्लैंड तक गांधी को पहचाना जाने लगा था। 'लंदन टाइम्स' से गांधी के द्वारा प्रवासी भारतीयों के लिए किए जा रहे कार्यों तथा उपायों का जोरदार समर्थन मिल रहा था। वहाँ के उपनिवेश मंत्रालय का कच्चा चिट्ठा खोलते हुए गांधी ने यह सिद्ध कर दिया था कि वे अफ्रीका में गोरों के हाथ की कठपुतली हैं। उनके दिशा निर्देशन पर वह चलता है। अचरज तो इस बात से है कि वह उपनिवेशों के प्रयोग अपने हित में करने के लिए पूरी तरह स्वाधीन हैं।

जब गांधी नेटाल पहुँचे तब तक चैंबरलेन से प्रतिनिधि मंडल की तारीख ली जा चुकी थी। गांधी ने चैंबरलेन के सामने पढ़ा जानेवाला प्रार्थना–पत्र तैयार किया।

गांधी को चैंबरलेन के प्रतिनिध मंडल को दिए गए जवाब से यह स्पष्ट हो गया था कि वे बोअरों को अंग्रेजों की ओर करने के लिए आए थे तथा भारतीय प्रवासियों को गोलमोल जवाब देने के लिए, ताकि वे साफ बचकर निकल जाएँ। उन्होंने प्रतिनिधि मंडल से स्पष्ट शब्दों में कह दिया था कि उत्तरदायी उपनिवेशों पर साम्राज्य सरकार का अंकुश नाम मात्र है। फिर भी, उनसे जो बनेगा, वे कोशिश करेंगे। इसके साथ वे यह सलाह देना नहीं चूके थे कि प्रवासी भारतीयों को भी चाहिए कि वे अपनी तरफ से प्रयत्न करते रहें और गोरों का मन रखते हुए वे यहाँ शांति से बने रहें।

यह क्या हुआ। कुछ नहीं। गांधी लौट तो आए, परंतु अंदर–ही–अंदर तिलमिलाकर रह गए। क्या करें? कुछ तो करना ही चाहिए, वरना भारत से उनके इतनी दूर आने का क्या अर्थ रहा। तैयब ने कहा, "यह कैसा गोलमोल जवाब रहा।"

"नहीं गोलमोल नहीं। एकदम दो टूक और टका सा जवाब। यहाँ रहना है तो यहाँ के गोरों के तलुए चाटो। उन्हें खुश रखकर ही यहाँ रह सकते हो। चैंबरलेन ने यह भी स्पष्ट कर दिया कि वे कुछ नहीं कर सकेंगे। उनसे उम्मीद रखना बेमतलब है।"

"तब?"

"हारकर बैठना नहीं है। उनसे फिर मिलना होगा और दो टूक बात करनी होगी कि वे अब उनकी लाठी की मार झेलने लायक नहीं रहे हैं। दक्षिण अफ्रीका बड़ा प्रांत है। वह नेटाल से केपटाउन तक 1100 मील से अधिक है। चैंबरलेन ट्रांसवाल के लिए रवाना हुए हैं। प्रिटोरिया जाने के लिए अनुमति कैसे मिलेगी?" गांधी वहाँ के प्रवासी भारतीयों के केस तैयार करने में जुट गए। ट्रांसवाल बेतरह से उजड़ चुका था। वहाँ न अन्न था, न कपड़े। वहाँ बंद पड़ी दुकानों को खुलवाना था। वहाँ से भागे हुए भारतीयों को वापस लाना था। उन भारतीयों को परवाने नहीं मिल रहे थे। फिर वे लौटे तो कैसे वहाँ?

गांधी नेटाल के पुलिस सुपरिंटेंडेंट एलेक्लेंडर से सहायता पाकर परवाना पा चुके थे, परंतु उनको प्रतिनिधि मंडल से अलग कर दिया गया था। कारण यह बताया गया कि वे चैंबरलेन से मिल चुके हैं। गांधी की जगह प्रतिनिधि मंडल के जो दूसरे मुखिया बने थे, वे भी वकील थे। चैंबरलेन ने उन्हें सुना और लीपापोती कर प्रतिनिधि मंडल को लौटा दिया।

गांधी अड़ गए। उन्होंने एक साल के भीतर लौटने के अपने मंसूबे को धता बताकर अपना कार्यक्षेत्र नेटाल के स्थान पर ट्रांसवाल बना लिया। उन्होंने प्रिटोरिया तथा जोहान्सबर्ग में रहनेवाले भारतीयों की एक सभा करने की योजना बनाई।

गांधी में सत्य सदा उनके केंद्र में रहा। वही उनका मार्गदर्शक भी रहा। इसी कारण

जोहान्सबर्ग में एंपायर नाट्यशाला में एक सभा बुलाई। 11 सितंबर, 1906 को वहाँ उनका भाषण हुआ। सभा में जोश उभरा। सबने प्रतिज्ञा ली।

अजीब न्याय था। जोहान्सबर्ग में वे दाखिल होते जा रहे हैं, जिनके पास परवाने नहीं थे, परंतु जिन्होंने एक सौ पौंड की रिश्वत दी थी। वे इसके विरुद्ध प्रमाण एकत्र करने में जुट गए, ताकि उन्हें न्याय दिला सकें, जिनके पास जोहान्सबर्ग में आने का परवाना था, परंतु जो जा नहीं पा रहे थे। यों वहाँ गांधी को अपनी प्रैक्टिस भी जमानी पड़ी, ताकि जिन हिंदुस्तानियों को रोका जा रहा है, उन्हें वहाँ जाने का अधिकार मिल सके।

पुलिस कमिश्नर

सत्य के आमने-सामने अहिंसा का रास्ता सत्य के लिए एकमात्र आधार था। उसके आधार पर वे सत्य की ताकत और उसके प्रभाव की अनुभूति कर सकते हैं। वे निरंतर यह अनुभव करते गए कि अहिंसा चरित्र का अंतर्प्रकाश बने बिना सत्य की अनुभूति नहीं हो सकती।

गांधी मानते थे कि उन्होंने अंतर्यामी को देखा नहीं है, पर वह है क्या!...वे यह सोचते रह जाते, क्योंकि उन्होंने उसे जाना भी नहीं। सत्य के प्रयोग वे उसी अदृश्य अंतर्यामी के वशीभूत होकर लिख पा रहे हैं। वे यह कहने में कदापि नहीं चूके कि "सत्य के प्रयोगों की इस आत्मकथा में जितना मुझे स्मरण है, वह सब मैं कतई नहीं दे पा रहा हूँ। कौन जानता है कि सत्य के दर्शन कराने के लिए मुझे कितना देना चाहिए या न्याय मंदिर में एकांगी तथा अधूरे साक्ष्यों की क्या कीमत लगाई जाएगी?" वे क्या लिखें, क्या छोड़ें, किसे प्रकट होने दें, किसे नहीं। वे सत्य के प्रयोगों में इसे भी मात्र एक प्रयोग मानकर चले।

याद रहा होगा कि गांधी प्रमाण जुटा रहे थे। जोहान्सबर्ग के जिन थानों में घूस का बोलबाला था और न्याय खूँटी पर टँगा विवश था। गांधी प्रमाणों का संग्रह करके कमिश्नर के सामने उपस्थित हुए। कमिश्नर ने उन्हें सुना। गवाहों के बयान उसने स्वयं लिये और उसे सत्य का आभास हो गया।

पुलिस कमिश्नर क्या करे? वह भी गांधी की तरह अपने को गोरे पंचों के सामने असमर्थ पाता था, क्योंकि गोरे अपराधी जूरी द्वारा छोड़े जा रहे थे। फिर भी पुलिस कमिश्नर गांधी को अपने कर्म करते रहने का सुझाव इस शर्त के साथ देता रहा कि वह जहाँ तक संभव होगा अपनी ओर से तनिक भी कोताही नहीं बरतेगा।

गांधी की पकड़ में वे दो अधिकारी आ चुके थे, जिनके खिलाफ उनके पास ठोस

सबूत थे। चीनी और भारतीयों की सहायता भी उन्हें भरपूर मिली।

सत्य का सामना नहीं कर पाने और असलियत का भंडाफोड़ हो जाने के भय से उन दो अधिकारियों में से एक भाग छूटा। पुलिस कमिश्नर ने वारंट जारी कर उसे पकड़वा भी लिया, परंतु जूरी की आँखों पर परदा पड़ा हुआ था। ठोस सबूत। भाग खड़े होने की वजह। फिर भी, वे दोनों बरी।

अब क्या करे कोई। जहाँ न पक्के सबूत चलें और न पक्की जिरह। बुद्धि का अंधा चमत्कार। उसका प्रयोग अपराधों को छिपाने में हो रहा था।

अपराध करने की कोई सीमा नहीं थी। वे दोनों अधिकारी सरेआम अपराध पर अपराध करते जा रहे थे। सरकार कब तक जिंदा मक्खी को निगलती रहे? सरकार सरेआम अपराधियों को मिल रहे संरक्षण के कारण बदनाम हो रही थी। हारकर सरकार ने उन दोनों अधिकारियों को बरखास्त कर दिया। इस तरह दूध में उठ रहा तूफान कुछ–कुछ थमा।

इससे जहाँ पुलिस कमिश्नर को संतोष हुआ, वहाँ गांधी की साख को खासा इजाफा हुआ और उनकी वकालत चमक उठी। सैकड़ों पौंड रिश्वत का प्रवाह कुछ थमा। फिर भी, एक प्रकार का हलका सा भय अधिकारियों के सिर पर कोहरा सा आ जमा।

लेकिन गांधी के मन में उन अधम अधिकारियों के प्रति न घृणा थी और न अनादर का भाव। उनमें तटस्थता थी। उनमें प्रतिशोध का भाव तो तनिक नहीं ठहर पाता था। वे अधिकारी कंगाल स्थिति में जब आ गए, तब गांधी ने जोहान्सबर्ग नगरपालिका में उनको नौकरी दिलवाने में मदद भी की और उन्हें नौकरी भी दिलवा दी।

समाज घृणा और प्रतिशोध का विष फैलाकर नहीं बनता है। उनको नौकरी दिलवाने जैसे कार्य से गोरे उनसे बहुत प्रभावित हुए। उनके संपर्क में आए। उनमें अनेक अधिकारी थे। उनके खिलाफ गांधी को लड़ाई भी छेड़नी पड़ी। लेकिन इस कारण गोरे अधिकारी उनसे नाखुश नहीं हुए। तब गांधी को यह नहीं पता था कि दूसरे का मन जीतने का वह अचूक तरीका है। यह उनको बाद में ध्यान में आया कि सत्याग्रह की जड़ वहीं है। व्यक्ति के प्रति कभी भी अनादर भाव नहीं होना चाहिए। पाप से घृणा हो, पापी से नहीं।

पुलिस कमिश्नर भी गांधी की इस वृत्ति से अत्यधिक प्रभावित हो चला था। वह जान चुका था कि गांधी मानव जाति के प्रति भरपूर आदर भाव रखते हैं। उनकी सब में आस्था है। वे किसी का बुरा नहीं चाहते। वे बुराई को सच्चाई की ओर, घृणा को प्यार की ओर, हिंसा को अहिंसा की ओर ले जानेवाले तटस्थ व्यक्ति हैं। यों उनके अनेक गोरे मित्र हो गए।

गोरी बहन की खोज

जोहान्सबर्ग में गांधी के पास चार कारकुन (एजेंट/कारिंदे) थे। उन्हें एक शॉर्टहैंड लिखने तथा टाइप करनेवाले की जरूरत थी। पर काले वालों में कौन मिलेगा? गोरे काले आदमी की नौकरी क्यों करने लगे? फिर भी गांधी ने प्रयत्न किया। उन्हें टाईपिंग के लिए स्कॉटलैंड की मिस डिक आई और शॉर्टहैंड राइटर के लिए मिस श्लेशिन मिल गईं। वे दोनों ही गोरी युवतियाँ थीं।

इनमें मिस श्लेशिन की उम्र सत्रह थी और वह एक हाई स्कूल में अध्यापन करती थी। वह नाक पर मक्खी नहीं बैठने देना चाहती थी। उसने गांधी से स्पष्ट कह दिया था कि वह उनके पास नौकरी नहीं, अनुभव पाने के लिए आई है। वह जहाँ रंग द्वेष से दूर थी, वहाँ किसी से कुछ कहने में तनिक सा संकोच नहीं करती थी।

गांधी के लिए श्लेशिन को समझना थोड़ा मुश्किल जरूर रहा, क्योंकि वह मनमौजी थी, परंतु उसका अंग्रेजी पर खासा अधिकार था। ड्राफ्टिंग करने में वह माहिर थी। डरना वह जानती नहीं थी। वह मात्र छह पौंड लेती थी। दस पौंड से अधिक वेतन लेना उसे स्वीकार नहीं था। इस तर्क के साथ वह अपनी बात पूरी कर देती थी कि उसे उनके साथ काम करना अच्छा लगता है। उसे उनके आदर्श रास आते हैं। दिन-रात काम करने में उसे तनिक भी झुँझलाहट व परेशानी कभी नहीं होती थी। जब सब जेल में थे, तब उस अकेली युवती ने सत्याग्रह के संघर्ष को स्वयं सँभाला था। यहाँ तक कि गांधी ने जिस साप्ताहिक 'इंडियन ओपीनियन' को अप्रत्यक्ष रूप से सँभाला हुआ था, उसका भी कार्य संपादन वह करती थी। मनसुख लाल नाजर का नाम संपादक के साथ जाता था। गांधी को उस साप्ताहिक अखबार को जिंदा बनाए रखने के लिए हर माह 75 पौंड तक देने पड़ रहे थे। सन् 1914 तक गांधी उसमें निरंतर लिखते रहे थे। गांधी इसी माध्यम से अपने विचार सामने ला सके थे। यह सब जान गए थे, क्या गोरे, क्या काले गांधी के लिए सभी समान हैं। वे सभी से प्यार करते हैं।

गांधी पाठकों के पत्रों से, उनके विचारों से अवगत होते रहे। आगे की योजना को उनसे जोड़ सके।

गांधी शीघ्र ही यह जान सके कि समाचार-पत्र के मूल में सेवा भी हो, तभी समाचार के अस्तित्व का कोई लाभ है, वरना तो वह नदी में आनेवाली बाढ़ की तरह गाँव के गाँव डुबोने की शक्ति रखता है। वह उसका निरंकुश रूप है। उससे सबकुछ नष्ट हो सकता है। इस कारण उस पर आंतरिक अंकुश होना उसकी सेहत और समाज की दिशा बनाए रखने के लिए निहायत जरूरी है। अखबार की निरंकुशता बहुत खतरनाक सिद्ध हो सकती है।

उन्होंने श्लेशिन को जब तब रोका भी तो लोकशक्ति के प्रवाह को गलत दिशा न पकड़ पाने के लिए। दुनिया के वे अखबार जो निरंकुश हैं, वे समाज के लिए विषैले हैं। उन्होंने यह सिद्ध कर दिखाया था कि महामारी फैलने पर फैलने से पहले और बाद में अखबार क्या भूमिका रच सकता है ? उससे प्रभावित क्षेत्र और उसके जन को बचाने के लिए सक्रिय शक्ति को सामने लाने का कार्य वह कैसे कर सकता है ? वहाँ समाचार-पत्र का मुनाफा गौण हो जाता है। वे मानते थे कि सत्य के पुजारी को अधिक सावधान रहना पड़ता है।

गांधी को यह भी ईश्वर की कृपा लगी कि वे दोनों बहनें, वेस्ट, पोलाक आदि उनको मिल सके और उन सबमें एक लय, एक समझ और एक दृष्टि बन सकी। सबमें विश्वास भी बना रहा। किसी ने किसी को 'इंडियन ओपीनियन' के नुकसान के लिए जिम्मेदार नहीं ठहराया। जबकि वेस्ट चाहते तो गांधी को उसके मुनाफे वाला कार्य न कर पाने के लिए दोषी करार दे सकते थें। यही समझ उन सबको सत्य के पास ले जा सकी।

जिससे सीखा

गांधी का मन लगातार सीखने की ओर प्रवृत्त रहता था। उन्होंने वेस्ट का पत्र पाकर और संकट की स्थिति बनने के कारण नेटाल जाने का मन बना लिया। वे वहाँ पहुँचे। पोलाक गांधी को स्टेशन छोड़ने आए। चौबीस घंटे की यह यात्रा थी। पोलाक ने वहाँ गांधी को रस्किन की एक पुस्तक 'अंटु दिस लास्ट' दी। वह पुस्तक क्या मिली गांधी को कि वे उसे पूरी रात पढ़ते रहे और पूरी पढ़कर ही उसे छोड़ा। गांधी ने उसे पढ़कर कहा था, "जो चीज मुझमें गहराई से भरी हुई थी, उसका स्पष्ट प्रतिबिंब मैंने रस्किन की इस पुस्तक में पाया और इस कारण उसने मुझ पर अपना साम्राज्य जमाया और मुझसे उसमें दिए गए विचारों पर अमल करवाया। जो मनुष्य हम में खोई हुई उत्तम भावनाओं को जाग्रत् करने की शक्ति रखता है, वह कवि है। सब कवियों का सब लोगों पर एक-सा असर नहीं होता, क्योंकि सबके भीतर समग्र सद्भावनाएँ एक सी मात्रा में नहीं होतीं।" गांधी रस्किन के इन निष्कर्षों से पूरी तरह सहमत थे कि—

1. परंपरागत अर्थशास्त्रियों का रुख कभी मनुष्य के कल्याण पर निहित नहीं होता।
2. वे औद्योगिकीकरण को सदैव इसलिए बुरा मानते हैं कि उनके साथ सामाजिक बेइंसाफी और गरीबी का चक्रव्यूह जोर पकड़ता है।
3. सारा जीवन उनकी दृष्टि में आदर्श था।

4. शारीरिक परिश्रम की सर्वाधिक महत्ता है। सबके हित में हमारा कल्याण निहित है।
5. वकील और नाई दोनों के काम का मूल्य एक-सा हो। कारण जीविकोपार्जन का अधिकार सबको एक समान है।

नेटाल पहुँचते-पहुँचते गांधी का रस्किनीकरण हो गया। वे उनके विचारों को कार्यरूप में परिणत होता देखना चाहते थे।

'इंडियन ओपीनियन' प्रेस के प्रबंधक एलबर्ट वेस्ट के साथ गांधी ने प्रेस को खेत में ले जाने की योजना पर विचार किया, ताकि प्रेस से जुड़ा परिवार स्वावलंबी होकर जीने के लिए स्वयं को तैयार कर सके। पसीना बहाए। खेती करे। फलत: एक सौ एकड़ जमीन का एक भाग खरीदा गया। वहाँ एक छोटा सा निर्झर भी था, परंतु वह जमीन साँपों का घर थी। ऊबड़-खाबड़ भी थी।

जमीन का वह भाग नेटाल से तेरह मील के फासले पर था और फिनिक्स रेलवे स्टेशन से मात्र ढाई मील की दूरी पर था।

अब वह ऐसे लोगों की एक संस्था बन गई, जो प्रेस से भी जुड़े हुए थे और जमीन से पैदावार लेकर आर्थिक स्थिति को सुदृढ़ बनाए रखने से भी।

प्रेस के लिए 75 फुट लंबा और 50 फुट चौड़ा एक हॉल बनाया गया। उस पर छप्पर डाला गया। इस काम में गांधी के साथ पोलाक, वेस्ट, गांधी के चचेरे भाई तथा भतीजे भी लगे थे।

वहाँ रहनेवालों के लिए आठ कमरे भी तैयार किए गए। यों 'इंडियन ओपीनियन' अब फिनिक्स से निकलने लगा।

जो सोचा नहीं था, वह हो रहा था। वहाँ प्रार्थना भी होने लगी थी। गीता और बाईबिल पढ़ी-सुनी जाती थी। भजन होते थे।

जीवन का एक सर्वथा नया पक्ष उद्घाटित हुआ। सच की सार्थकता जीवन को उपयोगी और श्रम अवलंबित बनाने में आनंद की अनुभूति कराने लगी। वहाँ रहनेवाले एक मन, एक लय और एक ही समान विचार के होते चले गए। गांधी के लिए रस्किन का स्वप्न साकार होने की ओर बढ़ चला था कि तभी गांधी को जोहान्सबर्ग रवाना होना जरूरी हो गया। वह आधे मन से वहाँ से चल पड़े।

सत्याग्रह की ओर

सबकुछ अनसोचा और आनंद से भर देनेवाला स्वत: होता जा रहा था। गांधी खुद चकित थे और इसे वह अनदेखे परमात्मा की अनुकंपा मानते थे। जोहान्सबर्ग में 11

सितंबर, 1906 को नाट्यशाला में दिए उनके भाषण के अंश रह-रहकर उनका पीछा कर उठते थे। उन्होंने दो टूक शब्दों में कहा था कि उन जैसे के सामने एक रास्ता बचता है कि पंजीयन जैसे कानून के आगे कभी सिर न झुकाएँ, चाहे प्राण जाएँ तो बेशक जाएँ। फिर चाहे वह अंत में अकेले ही रह जाएँ। प्राण जाएँ, पर वचन न जाए की नीति से टस-से-मस नहीं हों। वह आंदोलन जरूर होगा, पर उसमें हिंसा नहीं होगी, अहिंसा उसका आधार होगा। उसे क्या नाम दिया जाए, यह अभी ठीक से कह पाना उनके लिए मुश्किल था।

इसके लिए उन्होंने अपनी विचारधारा को पेश करते हुए 'इंडियन ओपीनियन' के द्वारा एक प्रतियोगिता आयोजित की थी, जिसमें उसके लिए उपयुक्त नाम के सुझाव का आग्रह किया था। बहुतेरे नाम आए, परंतु गांधी का चित्त सदाग्रह पर ठहर गया। अचानक एक सुबह वह सदाग्रह से सत्याग्रह पर आ गए। बस फिर क्या था कि वही फाइनल हुआ? उसके शास्त्र के रचने में उन्हें कई साल लगे थे, क्योंकि वह शास्त्र करके सीखने पर आधारित होना था, कोरी बातों की रचना से उसे सामने नहीं लाना था।

सत्याग्रह एक विलक्षण और अद्‌भुत प्रयोग सिद्ध हुआ। किसी को मारना नहीं, विरोध करते हुए मरने का उत्सव। हिंसा का सामना अहिंसा से। उनके दिलोदिमाग पर अपनी माँ से बचपन में सीखा वह छप्पय घर किए था, जो अवसर की अनुकूलता पाकर अब व्यवहार में उतरने के लिए मचल रहा था। उसमें नुक्ते की बात इतनी सी थी कि यदि पानी पिलानेवाले को भोजन करा दिया तो क्या हुआ। हुआ तो तब जब बुराई की जगह भलाई की जाए। उन पर न्यू टेस्टामेंट (बाईबिल) में गिरि प्रवचन 'सरमन ऑन दि मांउट' का गहरा असर पड़ा। कोई तुम्हारे दाहिने गाल पर तमाचा मारे तो तुम उसके सामने अपना बायाँ गाल कर दो।'''घृणा का जवाब प्रेम से दो। अपकार को उपकार का उपहार दो। वह टाल्सटॉय की 'किंगडम ऑफ गॉड इज विदिन यू' पढ़कर उस पर ऐसे लट्टू हुए कि उनका मन घूम-फिरकर टाल्सटॉय के इस विचार पर आ ठहरता था—

ईसाई धर्म के पुरोधा ईसा की सच्ची और पक्की शिक्षाओं को तोड़-मरोड़कर गलत ढंग से भोली-भाली जनता के सामने पेश करते हैं। वे भी उनकी बात को जिन्होंने ईसा को क्रूस पर लटकाने या चढ़ाने के लिए उसके पाप को स्वयं पर लिया था, बताते हैं।

31 जुलाई, 1907 तक ट्रांसवाल में रह रहे सभी हिंदुस्तानियों को आगाह कर दिया था कि वे उक्त तिथि तक परवाने ले लें, अन्यथा सजा के लिए तैयार हो जाएँ।

नो परवाना। जिधर देखो, उधर एक पोस्टर। उस पर लिखा होता था—राजेश्वर की भक्ति से महान् परमात्मा की भक्ति है।'''भारतीय आजाद हो जाओ। बता दो कि कानून का धर्म सत्य है। असत्य पर आधारित कानून कानून नहीं है और उसको न मानना ईश्वर की भक्ति और उसकी सत्ता में अटूट आस्था-भक्ति का परिचय देना है।

परवाने के दफ्तर अनेक थे। वे हिंदुस्तानियों पर दबाव, भय और सजा का भूत सवार कर रहे थे। परवाने लेने के लिए दफ्तर नहीं जाना चाहो तो घर बैठे प्राप्त कर लो, सरकार ने ऐसी व्यवस्था भी कर दी थी। एजेंट दौरे करने लगे थे।

फिर पिकेटिंग। पिकेटिंग के लिए स्वयंसेवक की सेना खड़ी करनी थी, जो भोले-भाले हिंदुस्तानियों को साग्रह समझा-बुझाकर परवाने दफ्तर से बाहर से ही लौटा दे। कोई भी स्वयंसेवक जोर जबरदस्ती से किसी को न रोके। जो परवाना लेने की जिद करने लगे, उसको परवाना दफ्तर जाने दें और यदि स्वयंसेवकों को पुलिस पकड़े तो वह राजी-राजी अपनी गिरफ्तारी दे दें। यदि गा सकें तो वे गाएँ—

हम सब भगवान् के बंदे हैं
उसके लिए हँस-हँस कर
सूली पर भी चढ़ सकते हैं।

सरकार क्या करे? उसने हारकर परवाने लेने के लिए पाँच माह तक की तारीख बढ़ा दी—29 दिसंबर, 1907 तक।

परंतु जेल भरो आंदोलन चलता रहा। वह तब भी नहीं थमा, जब गांधी को दो माह की सजा दे दी गई। सरकार के सोच की फुटबॉल की हवा निकल गई। उसके सारे प्रयासों के बाद 30 नवंबर, 1907 तक मात्र 511 भारतीयों ने परवाने लिये।

अब जेल हो गया सम्राट् एडवर्ड का शानदार होटल। जेल जाने का भय जाता रहा, चाहे जेल में पचास व्यक्तियों की जगह एक सौ पचपन व्यक्तियों को क्यों न ठूँसा गया हो। यह क्या धुन। जेल जाने के दीवानों की कमी नहीं। सरकार के सामने थूक चाटने की नौबत आ गई। वह कैसे अपनी लाज बचाए? यदि निहत्थों के आगे वह घुटने टेक दे तो फिर वह सरकार ही क्या?

सरकार का अहम् चकनाचूर। हिंसा शक्ति की निःशक्तों द्वारा पराजय। ऐसे में उठी समझौते की बात। 'डेली ट्रांसवाल लीडर' के संपादक और गांधी के मित्र अलबर्ट कार्टराहट जनरल स्मट्स का बनाया हुआ मसविदा लेकर गांधी से मिले। गांधी को अलबर्ट कार्टराइट की ईमानदारी, निष्ठा और भारतीयों के प्रति आस्था में तनिक सी भी शंका नहीं थी।

एक ओर जनरल स्मट्स ने हिंदुस्तानियों के धैर्य और शांति से डटे रहने तथा निष्ठा से आंदोलन चलाए रखने की जी भरकर तारीफ की थी और दूसरी ओर यह प्रस्ताव रखा कि—

यदि हिंदुस्तानी स्वेच्छा से परवाने ले लें तो सरकार पंजीयन कानून को रद्द कर देगी।

रास्तां निकल रहा था। गांधी ने अपने मन की शंका जनरल स्मट्स के सामने रखी।

उसने उन शंकाओं का निवारण कर दिया। गवाह के रूप में थे—अलबर्ट कार्टराइट। वैसे सच्चाई को साक्षी की जरूरत नहीं होती। फिर भी, जनता के मन को समझाने में साक्षी की भूमिका से बल मिलता है। आशंकाओं की धुंध साफ होती है।

फिर क्या था—गांधी हुए आजाद। वे सीधे पहुँचे जनरल स्मट्स के सचिव के पास। उधार पैसे लेकर वे बस से रवाना हो गए जोहान्सबर्ग के लिए।

जोहान्सबर्ग में एक बैठक हुई। गांधी ने अनौपचारिक समझौते की बात बैठक में रखी। प्रश्न उठे—

स्वेच्छा से परवाना क्यों? पहले काला कानून रद्द क्यों नहीं? यदि ट्रांसवाल की सरकार का मन बदल गया और उसने समझौते को साफ मना कर दिया तो? लिखित में उनके पास क्या है? समझौता मौखिक नहीं होता।

बिगड़ उठी बैठक को गांधी ने धीरे-धीरे और शांति से समझाया कि सत्याग्रही को अपने विरोधी में आस्था बनाए रखनी होती है। सरकार मुकरेगी तो फिर सत्याग्रह।

"फिर कौन करेगा सत्याग्रह?..." कहते हुए एक पठान ने बोलना शुरू किया, "डर गया गांधी या 15 हजार पौंड में बिक गया गांधी। पहले सरकार को नचाया। उसके दंभ तोड़ने पर सैकड़ों स्वयंसेवकों को शस्त्रधारियों के सामने निहत्था खड़ा करवा दिया और फिर उनका दलाल बनकर समझाने आ गया, ताकि सरकार की भी हेठी न हो और दोनों का मान भी बना रहे, इसके लिए यह अलिखित समझौता है। अलिखित इसलिए कि इस पर जनरल स्मट्स के हस्ताक्षर नहीं हैं—पढ़ा-लिखा भी अनपढ़।"

अब क्या था। बैठक पर बादल छा गए। कौन माने गांधी की बात? कैसा समझौता? अंत में गांधी को कहना पड़ा, "मित्रो, मुझे तो जनरल स्मट्स पर विश्वास है, इसलिए मैं स्वेच्छा से परवाना लेने जाऊँगा, ताकि सनद रहे कि गांधी दूसरे को सुधारने के लिए अंत तक उसका साथ दे सकता है। वह बुराई के साथ भलाई का व्यवहार पूरे मन से कर सकता है और उसकी बात बिना किसी किंतु-परंतु के मानकर आगे बढ़ सकता है।"

गांधी के सत्य के प्रयोग अहिंसा की ओर बढ़ रहे थे। गांधी अनुभव कर लेना चाहते थे कि वे कहाँ तक सत्य के पालन में अहिंसक की भूमिका को बिना किसी शंका-व्यवधान और पूर्ण निष्ठा के साथ निभाने में अपने आपको तैयार कर सके हैं?

10 फरवरी, 1908। चल पड़े थे गांधी परवाना हासिल करने के लिए, परवाने कार्यालय। करके दिखाओ और करके देखते हुए दूसरे पर विश्वास करना सीखो। भलाई के लिए शिव शंभु बनो।

अविश्वास का ओर छोर नहीं। पठान मीर आलम अपने साथियों के साथ ब्रांडिस स्ट्रीट पर आ डटा। वह सोच गया, "गांधी तूने तो सिखलाया था कि डरो नहीं, डराओ भी नहीं। समझाओ-मनाओ कि स्वेच्छा से परवाना दफ्तर के सामने से हिंदुस्तानी भाई बिना

परवाना लिये लौट जाएँ। देखिए फिर, सरकार क्या करती है? कैसे अपनी गलती मानने के लिए तैयार होती है?"'और अब तू ही सारी कौम को आंदोलन की राह लगाकर स्वयं परवाना लेने जा रहा है? क्यों? है कोई जवाब तेरे पास?" इन विचारों से घिरकर पठान मीर आलम ने अपने साथियों सहित गांधी पर लाठियों से हमला कर दिया। यदि गांधी के साथियों ने कई वार अपने ऊपर न लिये होते तो वह वहीं ढेर हो जाते। राह चलते गोरे भी बीच बचाव में आ गए थे। उधर गांधी 'हे राम' के साथ वहीं जमीन पर ढेर हो गए।

गांधी अर्द्धचेत स्थिति में थे। खून बह रहा था। उनकी सेवा पादरी डोक कर रहे थे। चेत आने पर गांधी ने पहला प्रश्न यही किया था—"मीर आलम कहाँ है?"

पादरी डोक ने बताया, "वह अपने हमलावर साथियों के साथ गिरफ्तार हो गया है।"

पादरी डोक गांधी को अपने यहाँ ले आए। श्रीमती डोक और पादरी डोक ने उनकी सेवा की। उनके होंठ सिए और गाल से बह रहे खून को साफ कर मरहम पट्टी की। साथ ही गांधी के अनेक बार पूछने पर इतना ही कहा था कि आप उनकी चिंता छोड़े। उनको अपने किए की सजा अवश्य मिलेगी। आज नहीं तो कल।

"नहीं, मि. डोक, ऐसा नहीं होना चाहिए।"

"क्यों, गांधी?" मिसेज डोक ने पूछा।

"नहीं। उसे और उनके साथियों को सजा नहीं हो। सजा उसका निराकरण नहीं है। मनुष्य के भीतर एक देवता भी बसता है। उसे जगाया गया तो बुराइयाँ दूर होती जाएँगी।" उन्होंने उलटे उन अपराधियों की पैरवी की और कहा कि वे निर्दोष हैं। उन्हें छोड़ दिया जाए। इसका परिणाम यह निकला कि डोक परिवार न केवल प्रशंसक हुआ, अपितु उनका पहला जीवनी लेखक भी।

आखिर में मीर आलम ने गांधी से अपने दुष्कर्म के लिए क्षमा माँगी।

गांधी को जनरल स्मट्स का बदला हुआ व्यवहार अत्यंत कष्टदायक लगा। उन्होंने जनरल स्मट्स को पत्र लिखा और उनसे हुई वार्त्ता का उसमें उल्लेख किया। अलबर्ट कार्टराइट को भी जनरल स्मट्स से हुई बातचीत के बारे में बताया। फिर भी कानून रद्द नहीं हुआ।

पुनः सत्याग्रह

परवाना कुत्ते के गले का पट्टा लगने लगा। जनरल स्मट्स को कुछ याद नहीं आया। अब क्या किया जाए। उन्हें एक रास्ता सूझा। ऐच्छिक परवाने एकत्र कर फिर

उनकी होली जला दें। ऐसा ही हुआ। उन परवानों की होली क्या जली कि स्थानीय तथा अन्य अखबारों ने इसे सुर्खी में छापा। 'हेली मेल' के संवाददाता ने इस होली की तुलना बोस्टन की चाय पार्टी से कर दी।

तब ऐसा हुआ था कि इंग्लैंड से चाय की पेटियाँ अमेरिका भेजी गई थीं, उन्हें अमेरिकनों ने बोस्टन के बंदरगाह में डुबो दिया था और उन्होंने यह घोषणा भी कर दी कि वह इंग्लैंड के अधीन नहीं रहेंगे। इन परवानों के पीछे भी यही मंत्र काम कर रहा था।

इससे जनरल स्मट्स घबरा उठे। फिर आंदोलन। पुनः सत्याग्रह। इस होली में मीर आलम ने भी भाग लिया। उसने अपना असली-परवाना भी राख कर डाला था।

सरकार की ओर से यह प्रयास हो रहा था कि भारतीयों को ट्रांसवाल में घुसने न दिया जाए और इसके लिए नवनी बस्ती पर रोकने वाला कानून भी पास कर दिया, ताकि भारतीयों का ट्रांसवाल में प्रवेश गैरकानूनी हो जाए।

सत्याग्रह गांधी का सुदर्शन चक्र था। जनरल स्मट्स सत्य की इस लड़ाई से बहुत घबरा उठा था। उसकी समझ में नहीं आ रहा था कि वह सत्याग्रह की आँधी को कैसे रोके? लड़नेवाले के हाथ में कोई अस्त्र-शस्त्र नहीं है और वह निहत्था सारी ज्यादतियों को सहने के लिए सहर्ष तैयार था। दुनिया की आँखें सत्याग्रह पर आ टिकी थीं। बदनामी अलग। उसने प्रयत्न किया कि गांधी के विरुद्ध अफवाहें खड़ी की जाएँ, ताकि उसको मिलनेवाली सहानुभूति और भारतीयों को अपनी ओर विश्वास से मोड़नेवाले आकर्षण पर संशय फन फैला उठे। कहा जाने लगा कि गांधी पाँव रखने की जगह चाहते-चाहते उनको ले डूबेगा। उसके साथ भारतीय ऐसी नौका में सवार थे, जिसमें छेद हैं।

उनके इस सत्याग्रह ने न केवल ट्रांसवाल को अपनी चपेट में लिया था, बल्कि दक्षिण अफ्रीका के दूसरे उपनिवेशों में रहनेवाले भारतीय भी ट्रांसवाल के प्रवासी भारतीयों की सहानुभूति में सत्याग्रह आंदोलन छेड़ने की योजना को कार्यरूप में परिणति करने की तैयारी में थे। उन्हें इंतजार था गांधी की अनुमति का।

जनरल स्मट्स पठान मीर आलम द्वारा हुए गांधी पर हमले से अंदर-ही-अंदर प्रसन्न था। मीर आलम कारागार में था। मीर आलम का प्रभाव दूसरे पठानों पर भी था। सरकार चाहती थी कि गांधी के द्वारा उस पर से मुकदमा उठाने से पठानों की सहानुभूति गांधी की झोली में न आ पड़े। जनरल स्मट्स मीर आलम तथा पठानों को गांधी के विरुद्ध हवा देना चाह रहा था। उसे यह जानकर हैरानी हुई कि मीर आलम ने अपने भाइयों के साथ लिये गए परवाने को आग की ज्वाला के हवाले करने में पल भर की देर नहीं की और वह गांधी का पक्का फॉलोवर बन गया। वह क्या जादू है गांधी के पास जिससे न केवल भारतीय, बल्कि गोरे भी उसके प्रति सहानुभूति रखते हैं। उसके साथ रहने भी लगते हैं।

गांधी सत्याग्रह के प्रति बहुत सावधान थे। वे समझ रहे थे कि आग और घी को

पास लाने का क्या परिणाम हो सकता है। दरअसल उनके लिए भी यह नया प्रयोग था। जरा सी चूक सारे किए कराए पर पानी फेर सकती है और सबकुछ गुड़ गोबर हो सकता है। सत्य से आग्रह के लिए ठोस आत्मबल चाहिए। दृढ़ चरित्र चाहिए। जेल जाओ, पिटो, मुकदमों में फँसो, आर्थिक हानि उठाओ। सम्मान की परवाह नहीं करो। मारनेवाले के सामने विनम्र बने रहो। ये ऐसी बातें थीं, जिनके लिए सच्चे तथा पक्के सत्याग्रही चाहिए थे। जबकि सच यह था कि सत्याग्रही भी उतने अनभिज्ञ थे इस आंदोलन के आंतरिक शास्त्र से जितने गांधी। वे इस आंदोलन को सामने लाकर मानव जाति पर होनेवाले परिणामों का अत्यंत धैर्य तथा शांति से गहरा अध्ययन-मनन कर रहे थे। असैनिक सेना। निहत्थी सेना। अप्रशिक्षित सेना। सत्य के सिपाही। दूसरे का मन बदलने की तैयारी के साथ स्वयं पर शांति और प्रसन्नता से उनकी हिंसा को सहज लेना। प्रतिक्रिया नहीं। मारो कितना मार सकते हो। मार खाते रहेंगे, पर पलटकर कुछ नहीं कहेंगे और न मारेंगे। विचार मार खाने से नहीं मरते। कभी विचार मरे भी हैं क्या! यदि वह मर गए होते तो दुनिया जहाँ आ खड़ी है, वह आज वहाँ नजर नहीं आती।

सच न डूबता है, न मरता। वह सदा सच बना रहता है—जोश-होश से चुस्त और सदा जवान रहता है। वह कभी बूढ़ा नहीं होता। गांधी को उसमें दिन-पर-दिन दिलचस्पी बढ़ती जा रही थी, जो मरता नहीं या जो मरकर भी नहीं मरता, वह एकदम आजाद है। तय हुआ कि ट्रांसवाल की सीमा में वे भारतीय प्रवेश करेंगे, जिनके पास पुराना अधिकार पत्र था। उनकी मंशा वहाँ बसने की कतई नहीं थी। उनका एक मात्र ध्येय था उस काले कानून को तोड़ना, जिसके कारण उन्हें ट्रांसवाल में प्रवेश करने से वर्जित कर दिया गया? निस्संदेह इस प्रकार से ट्रांसवाल की सीमा पार कर भीतर आनेवाले भारतीयों को गिरफ्तार किया जाएगा। जिन फेरीवालों के पास परवाने नहीं होते थे, उन्हें गिरफ्तार कर कारागार में डाल दिया जाता था। जब जनरल स्मट्स को यह मालूम पड़ा कि जिन फेरीवालों पर परवाने हैं, वे भी परवाने दिखाने से नट रहे हैं और जेल जाने को वे अपना धर्म-कर्म मानने लगे हैं, तब वह घबरा उठा।

सन् 1907 की अपेक्षा इस बार सन् 1908 की अगस्त में उठा सत्याग्रह अधिक सुनियोजित, योजनाबद्ध और प्रभावशाली सिद्ध हो रहा था। अग्निकुंड में जलकर राख हुए परवानों की लौ देश से बाहर भी चर्चा का विषय बनने लगी थी। गांधी के मन में अग्निकुंड की ज्वाला तेजी से चमकने लगी। यह कितने विश्वास, साहस और निर्भीकता का सरेआम इजहार था कि उनके लिए ऐसे परवानों का कोई अर्थ नहीं, जिसे लेने से उनकी स्थिति कुत्ते के गले में पड़े पट्टे जैसी अनुभव हो। इस आंदोलन में व्यापारी तथा दूसरे भारतीय भी सम्मिलित थे, जो बिना परवाने के फेरीवाले बनकर सब्जी बेचते पकड़े जाते थे और जेल भेज दिए जाते थे। जेल में सत्याग्रहियों की संख्या बढ़ने लगी। यदि

ऐसा ही चलता रहा तो जेल छोटी पड़ जाएगी और उसका खर्च भी बहुत बढ़ जाएगा।

जनरल स्मट्स ने इसके लिए यह रास्ता चुना कि उसने सत्याग्रहियों को कैद की सजा कड़ी करवा दी। उनसे कठोर काम लिया जाने लगा। अब भारतीय कैदियों में तेरह-चौदह वर्ष के किशोर भी थे। अधिक उम्र वाले भी थे। सबको एक-सा काम। सबसे पत्थर तुड़वाते, तालाब खुदवाते, पत्थर उठवाते। किसी पर रहम नहीं, चाहे बीमार हो, बूढ़ा हो या कम उम्र का हो। कई मर भी गए, परंतु सरकार के सिर पर जूँ तक नहीं रेंगी।

गांधी ने जनरल स्मट्स को पत्र लिखा। उसमें लिखा कि वह इतनी दिलेरी का कार्य कर रहे हैं, फिर उन्होंने मुझे बाहर क्यों रहने दिया। गरीब गुरबों को पकड़कर उन पर जुल्म क्यों ढा रहे हो? पत्र पाते ही जनरल स्मट्स का माथा ठनका। गांधी उनसे कौन सा अलग है? गांधी के बाहर बने रहने से जनता में यह संदेश जाता है कि सरकार उनसे भय खाती है। जनता के मन पर से यह छाया हटानी जरूरी है। इस कारण गांधी को भी कैद करवा दिया और आम भारतीयों की तरह उनसे भी कठोर काम लेना शुरू कर दिया।

अब की बार सत्याग्रहियों पर कोड़े बरसाए गए, लात-घूँसों से पीटा गया, ताबड़तोड़ गालियों की बौछार भी की गई। पीटनेवाले होते थे नेटाल के वे जुलू विद्रोही, जिन्होंने नेटाल सरकार के खिलाफ हमला बोला था। और वे अब कैद से भाग रहे थे। गांधी ने उस वक्त अपने को नेटालवासी मानते हुए नेटाल सरकार को पत्र लिखा था कि यदि जरूरत हो तो वे अपने स्वयंसेवी दल को लेकर घायलों की सेवा कर सकते हैं। गांधी तब सार्जेंट मेजर से प्रसिद्ध हुए थे। वह चौबीस स्वयंसवेकों का छोटा सा दल था, परंतु था वह पूर्णतया समर्पित।

बात जरा सी थी। जुलू सरदार ने जुलुओं पर लगाए गए नए कर को न देने की अपील की थी। उसने उस सार्जेंट को मार भी डाला, जो उससे कर वसूली के लिए वहाँ आया था। गांधी वहाँ पहुँचे तो वहाँ शांत वातावरण था। विद्रोह जैसा नजारा तो दूर-दूर तक वहाँ देखने में नहीं आया।

बात उलटी निकली। जुलू घायल हुए सड़ रहे थे। गोरे उनका उपचार करने के लिए कतई तैयार नहीं थे। गांधी जुलुओं के प्रति सहानुभूति रखते थे। वहाँ डॉक्टर के कहने पर गांधी के साथ आए दल ने घायल जुलुओं की सेवा का काम प्रारंभ कर दिया। उनकी मरहम पट्टी की जाने लगी। जंतुनाशक जल आदि सामान भी उपलब्ध कराया गया। गोरे सिपाही उनकी सेवा करने से उन्हें रोक रहे थे। अचरज तो यह था कि ये घायल जुलू संदेह में नहीं, जनरल के कोड़ों की भयावह मार के शिकार हुए थे। उनमें अधिकांश जुलू संदेह के कारण पीटे गए थे और घायल हुए थे। गांधी ने गोरे सिपाहियों की भी सेवा की। यों कहा जाए तो अधिक ठीक होगा कि गांधी और उनके स्वयंसेवक घायल बीमार और हर व्यक्ति की मदद कर रहे थे। एक ही दिन में उन्हें चालीस मील के दायरे में काम

करना पड़ रहा था। वे शांतिपूर्वक और निष्ठा से सेवा कर रहे थे।

गांधी को दो माह की कड़ी सजा सुनाई गई। वे काल कोठरी में बंद हुए। वह कोठरी तीन साढ़े तीन फुट चौड़ी थी और छह फुट लंबी थी। उसमें कोई रोशनदान नहीं था। शौचालय परदे रहित थे। एक दिन जब वे शौच के लिए बैठे ही थे कि एक जुलू आया और आते ही उसने एक जोर का थप्पड़ ऐसा रसीद किया कि गांधी दीवार से जा टकराए। ईश्वर की कृपा रही कि उनका सिर नहीं फूटा।

गांधी को यह जानकर आश्चर्य नहीं हुआ कि उनको अपराधी किस्म के उन लोगों के बीच में क्यों रखा, जो अनेक बार सजा काट चुके थे। सत्याग्रह के प्रत्येक अहिंसक को सविनय अवज्ञा की रणनीति से परिचय कराया जाता था। उसका अभ्यास भी कराया जाता था। वे जान रहे थे कि सत्याग्रही को कठिन परीक्षा से गुजरना होता है। वह घबराकर कभी भी बीच में से भाग खड़ा हो सकता है। तब ? वे परीक्षाएँ बहुत कठोर हैं। फिर भी, गांधी और उनके सत्याग्रहियों के साथ जो निर्दय तथा निर्मम व्यवहार किया जा रहा था, उसकी उन्हें तनिक भी परवाह नहीं थी। वह सबको धैर्य बनाए रखने के लिए प्रत्यक्ष या अप्रत्यक्ष प्रयत्न कर रहे थे।

कस्तूरबा गंभीर बीमार हो गई। गांधी सत्याग्रहियों के साथ कारागार में थे। नवंबर, 1908 में फोक्सरुस्ट गाउल में। यदि वे जुर्माना भर देते तो उनको रिहा किया जा सकता था, परंतु ऐसा करना सत्याग्रह की आचार संहिता के खिलाफ होता। वे ऐसे संकट में फँसे हुए थे, जिससे वे मुक्ति पाने का कोई प्रयास नहीं कर सकते थे। उनका पत्नी के प्रति फर्ज बनता था। परदेश में कौन है उसका! गांधी को पत्नी की स्थिति का खयाल आता कि वह क्या सोच रही होगी। बहुत सोच-विचार कर गांधी ने अपनी पत्नी के नाम गुजराती में एक पत्र लिखा, पूरी तरह समझाते-बुझाते हुए। उस पत्र में लिखा—

"प्यारी कस्तूर।

श्री वेस्ट के तार से मुझे यह ज्ञात हो सका कि तुम सख्त बीमार हो। मेरा हदय टुकड़े-टुकड़े होता जा रहा है। यद्यपि मैं अत्यंत दु:खी हूँ, तथापि मैं ऐसी स्थिति में नहीं हूँ कि वहाँ आकर तुम्हारी सेवा-शुश्रूषा कर पाऊँ। मैंने अपना सबकुछ सत्याग्रह संघर्ष के नाम कर दिया है। फिर मैं वहाँ कैसे आ सकता हूँ, क्योंकि वहाँ आने के लिए मुझे जुर्माना भरना होगा, जो मुझे नहीं भरना चाहिए। यदि तुम साहस बनाए रखो और जरूरी भोजन लेती रहो तो तुम ठीक हो सकोगी। यदि मेरे दुर्भाग्य से तुम इस संसार में नहीं रही तो मैं यही कहूँगा कि तुमने मेरे जीते जी रत्ती भर भी कुछ गलत नहीं किया। मैं तुमसे इतना प्रेम करता हूँ कि यदि तुम जीवित नहीं भी रही तो भी तुम सदा मेरे लिए मेरे अंदर बनी रहोगी। तुम्हारी आत्मा अमर है। तुम उसका ही प्रतीक हो।

मैंने जो कुछ तुमसे भी बार-बार कहा है, उसे मैं पुन: दोहराता हूँ और तुम्हें यकीन

दिलाता हूँ कि यदि तुम बीमारी के कारण चल बसी तो मैं दूसरी शादी नहीं करूँगा। कई बार मैंने तुम्हें समझाया है कि ईश्वर में विश्वास रखकर तुम अंतिम साँसें शांति से ले सकती हो। यदि तुम मृत्यु को प्राप्त हो गई तो तुम्हारी मृत्यु भी सत्याग्रह के लक्ष्य के लिए बलिदानी मानी जाएगी। मेरा संघर्ष मात्र राजनीतिक नहीं है, वह धार्मिक भी है। इस तरह वह पूर्णतया शुद्ध भी है।"

गांधी ने कस्तूरबा को पत्र भेजकर ईश्वर से एक मूक प्रार्थना की थी कि एक वही है। फिर डर कैसा? डर तो अक्तूबर 1908 की पहली रात ही निकट आकर स्वत: कूच कर गया था, जब उन्हें ऐसे खतरनाक अपराधियों के बीच रात गुजारनी पड़ी थी, जिनको देखने मात्र से भीमकाय और बीभत्स राक्षसों का स्मरण हो आता था। बाद में भी जब भारत में वे कारागार में रखे गए, तब उन दिनों की कैद को याद कर वह काँप जाते थे। उनकी सोच शीत लहर की चपेट में आ जाती थी। वह उन राक्षसों के बीच सुबह सात बजे से दिन भर कुदाली से पथरीली जमीन की खुदाई करते रहते थे। फिर भी उन्हें गालियाँ मिलती थीं। कई कैदियों के हाथों में छाले पड़कर फूट जाते थे। उनकी कमर टूट जाती थी। कभी-कभी वे बेहोश तक हो जाते थे, परंतु गांधी के साथ ऐसा कभी नहीं हुआ। वे गीता, रस्किन, थोरो आदि के ग्रंथों को पढ़ते थे और घनघोर काली घटाओं के बीच अपने चित्त को स्थिर कर पूरे आत्मविश्वास से एक सर्वथा नवीन प्रकाश को पाते थे। वे समझ गए कि कठिनाइयाँ जितनी जटिल, पेचीदी और विकट होती जाती हैं, उतना ही एक सच्चा सत्याग्रही आनंद से परिपूर्ण होता जाता है और निडरता उसका कवच बनती जाती है।

अद्‌भुत। वहाँ था घोर अँधेरों में उजाला ही उजाला, पहाड़ सी कठिनाइयों के बीच निर्मल शीतल प्रपात, उबड़-खाबड़ और जनशून्य रास्तों में शांति और विश्वास के अमरफल और वासंती बयार के झोंके। सत्य के साथ जीने से व्यक्ति अनदेखे बैकुंठ के शाश्वत आनंद की अनंत अनुभूतियों से भरकर मालामाल हो जाता है। यों निरंतर उनमें अक्षय तथा अमर शक्तियों का उदय, विकास और प्रकाश फैलता चला गया।

वह लड़ाई शीघ्र किसी अंजाम पर पहुँचने वाली नहीं दीखती थी। अमीर व्यापारी इस लड़ाई से उदासीन होने लगे थे। सत्याग्रही भी कम होने लगे थे। फिर भी गांधी न थके थे और न हारे थे। वे निरंतर आलोकमय पथ पर अकेले ही बढ़ रहे थे। उनके विचार सुदृढ़ हो रहे थे और उनका व्यक्तित्व नवीन शक्तियों को अपने से प्रकट कर रहा था।

लंदन प्रवास

मई के अंत में गांधी को जेल से छोड़ दिया गया। उस समय ब्रिटिश सरकार दक्षिण अफ्रीका के उपनिवेशों पर विचार कर रही थी। वह उसका भावी रूप सुनिश्चित करने जा

रही थी, ताकि अभी तक वहाँ जो कुछ चलता रहा है, उससे उसे निजात मिले और एक हार्दिक दिशा की नवीन किरण फूटे। उससे ब्रिटिश साम्राज्य हर दृष्टि से दुनिया के जीने की आशा बने, शक्ति बने और नंबर वन बना रहे।

गांधी को यह अवसर सबसे अनुकूल लगा। वे लंदन जाने के लिए तैयार हुए। गांधी इस विश्वास के साथ चल रहे थे कि महारानी सरकार न्यायप्रिय है और खुशहाली का पैगाम देनेवाली भी है। गांधी को अंग्रेजों की न्यायप्रियता पर भी पूरा विश्वास था। सत्य को प्रकाश नहीं चाहिए, सत्य स्वयं कभी न बुझ सकने वाला सृष्टि के साथ उदय हुआ विराट् प्रकाश है। निश्चित इस विचार गोष्ठी में जनरल स्मट्स, जनरल बोथा जैसे दिग्गज वहाँ जरूर होंगे और गहन अंधकार को प्रकाश नाम देकर उन सबको आश्वस्त करने का कोई अवसर हाथ से नहीं जाने देंगे। तब तो गांधी का वहाँ होना और अपने अंग्रेज मित्रों की सहायता से दक्षिण अफ्रीका की सच्ची तसवीर सामने लाना निहायत जरूरी है।

गांधी के पास क्या था, मात्र सत्य के। वे यह जानते थे कि दक्षिण अफ्रीका की सरकार और जनरल गांधी को सबसे खतरनाक और सबसे घातक इनसान ही नहीं, बल्कि शैतान सिद्ध करने पर तुले हुए हैं। बड़े-बड़े साम्राज्य हिमालय सी ऊँचाई पाकर औंधे मुँह क्यों गिरे हैं। सोच की इस धारा में बहते हुए गांधी लंदन की चिर-परिचित यादों के साथ वहाँ पहुँच गए। उन्होंने ऐसा कोई कोना नहीं छोड़ा जहाँ से वे दक्षिण अफ्रीका के भारतीयों को न्याय दिलाने में तनिक से भी पीछे रह जाते। न उन्हें दिन उगने का पता होता और न दिन डूबने का। वे दिन-रात हर क्षण राजनेताओं से मिलते रहे और प्रेस से रू-ब-रू होते रहे, परंतु हुआ क्या? चर्बी चढ़ी आँखों का जो हश्र होता है, वही हुआ। अहंकार उजाले का शत्रु है। महारानी सरकार की निगाहें कुबेर बनते साम्राज्य पर थीं। उन्हें क्या मतलब कि उनके उपनिवेशों में क्यों आग जल उठती है और क्यों वह धुएँ के कसैलेपन को प्रकट करने लगती है?

फुरसत किसको है आत्मनिरीक्षण करने की? कैसा औचित्य! किसका न्याय? तराजू लटकाए आँख पर पट्टी बाँधे न्याय की देवी से कैसी आशा! कैसी समानता! और क्यों? जो है, वह चलता रहे। चमक खनखनाती रहे। मूकता बधिर बनी रहे। बोअर शत्रुओं को अंग्रेजों ने अपना दोस्त बनाकर नया गढ़ तैयार कर लिया था। रणनीति का यह नया पैंतरा था। एक नवीन व्यूह रचना का परिणाम था।

गांधी की कैसी हार! कैसी जीत! वे जीत-हार के जुए को अपने कंधे से उतार चुके थे। वे शांत पर जुझारू बनकर शांति के प्रदीप्त के अंतर्मन को खोलने की प्रतीक्षा में मौन पाठ कर रहे थे। तब लंदन में ब्रिटिश महिलाएँ पुरुषों के समान हक पाने की लड़ाई कर रही थीं। मर्दानी लड़ाई। लड़ाई में से लड़ाई। गांधी को वहाँ की स्त्रियों की इस लड़ाई में वह शक्ति और दृष्टि नजर नहीं आई, जो स्त्री को संपूर्ण बनाती है और उसके वजूद की

पहचान की सुगंध बिखेरती है। सिर्फ ल्यूकेमिया (अधि श्वेतरक्तता) और क्या!

गांधी के लंदन में चार मास के प्रवास में ऐसी घटनाएँ या दुर्घटनाएँ घटती रहीं, जिन्होंने सत्य के एक सर्वथा नए पक्ष को उजागर किया। उनमें से एक दुर्घटना उनके लंदन पहुँचने से कुछ दिन पहले घटी थी, जो उस समय चर्चा के शीर्ष पर थी और लंदन में रहनेवाले भारतीय क्रांतिकारियों का सिर ऊँचा कर रही थी। वह थी—सर कर्जन वाइली को, जो एक ब्रिटिश अधिकारी था, क्रांतिकारी मदनलाल धींगरा के द्वारा गोली मार देना और वह भी भारतीयों द्वारा उसे एक सामाजिक उत्सव में आमंत्रित करके! अतिथि की हत्या। वाह! वाह! क्या बहादुरी का काम किया। गांधी उसे समझने का प्रयत्न करते पर उनके हाथ सत्य का छोर नहीं आता।

हत्या का न्यायशास्त्र! न्याय दिलाने का कर्मकांड। विद्रोह की ज्वाला का शंखनाद। आखिर क्या है! और ऊपर से क्रांतिकारी मदनलाल धींगरा का जोशीला और गौरव से सिर उठाए वह बयान—देशभक्ति का सर्वोत्तम उदाहरण बन रहा था। धींगरा का अंग्रेज सर कर्जन वाइली को गोली से उड़ाना उसका जीवन धर्म था। भरी अदालत सुन रही थी। सारा विश्व जान रहा था उस महान् देशभक्त को, जिसने माँ की आजादी के लिए अपने प्राणों की परवाह नहीं की थी।

अदालत में क्रांतिकारी मदनलाल धींगरा के ये स्वर गूँज रहे थे कि उसे अपने किए पर गर्व है। उसने वही किया, जो एक सच्चे सपूत को अपनी माँ के लिए करना चाहिए था। माँ के प्रति पुत्र का जो कर्तव्य होना चाहिए, उसने उसे निभाया। जब उन्हें माँ को रोंदने, पदाक्रांत करने, बेइज्जत करने में शर्म महसूस नहीं होती तो उसे कैसी शर्म। उसने उन बददिमाग, जाहिल और खूँखार जाति के दुष्कर्म पर प्रश्नचिह्न लगाया और उसे यह सोचने के लिए विवश किया कि उस महान् देश के सपूत अभी निष्प्राण नहीं हुए हैं, जिंदा हैं। तब विस्टन चर्चिल, जो अपर उपनिदेशक थे, ने कहा था कि उन्होंने अब तक का सबसे श्रेष्ठ भाषण सुना है, धींगरा के गर्वीले, जोशीले और निर्भीक स्वर में। वह आग उगल रहा था।

गांधी सोचे जा रहे थे कि जब सारी दुनिया, यहाँ तक कि गोरा समाज धींगरा से प्रभावित हुए बिना नहीं रहा, तब वे क्या कहें। कहें या खामोश बने रहें, क्योंकि उनके सामने यह धर्म संकट था कि वे धींगरा के पक्षधर नहीं हो पा रहे थे और न उसके दुस्साहस को वे देशभक्ति के रूप में देख पा रहे थे। तब गांधी उनतालीस वर्ष के हो रहे थे और वैचारिक प्रौढ़ता की दहलीज पर आ खड़े हुए थे। उनके कहने का कोई अर्थ था और उससे जो संदेश जाता था, उसकी भी अहमीयत थी। देशवासी क्या सोचेंगे? और गैर हिंदुस्तानी, विशेषतया गोरी चमड़ी वाले क्या अर्थ निकालेंगे? सत्य की राह पकड़नेवाला न लोकनिंदा की परवाह करता है और न किसी डर से चुप रह जाने का मार्ग पकड़ता है।

देशभक्ति से बड़ा क्या है ? क्या धींगरा श्रेष्ठ देशभक्त नहीं है ? क्या उसका कार्य निंदनीय है ? गांधी अपने अंदर उठ चली आँधी के इस दौर से गुजर रहे थे कि तभी उन्होंने अपनी आत्मा के मंथन को वाणी में ढाला। वह कह उठे कि धींगरा ने यह दुष्कृत्य किया है। ऐसा कार्य कोई भीरु ही कर सकता है, देशभक्त नहीं। अपने घर में अतिथि को बुलाकर बिना चेतावनी दिए, मार डालना भीरुता नहीं है तो क्या है ? यह भी एक नशे की हालत का परिणाम था। वह मानकर चले थे कि मनुष्य को मात्र मदिरा या भाँग से नशा नहीं चढ़ता, बल्कि कोई भी पागल कर देनेवाला विचार भी नशे की हद पार करा सका है। गांधी कह तो गए पर उस तीखी आलोचना के घेरे से नहीं बच सके, जिसको उन्हें अपने वक्तव्य देने से पहले उम्मीद थी।

गांधी लंदन से खाली हाथ लौटे। उधर प्रवासी भारतीय पर सरकारी दमन ने गति पकड़ ली थी। सत्याग्रह मंडल जो सत्याग्रही कारागार में होते थे, उनके परिवारों की आर्थिक सहायता करता था। अब मंडल के पास धन चुक रहा था। व्यापारी वर्ग जो मंडल की आर्थिक सहायता करता था, वह भारी नुकसान में आ जाने के कारण तथा सरकारी भय से अब न केवल सत्याग्रही योजना से अलग होने लगा था, बल्कि उस वर्ग ने रुपया पैसा देने से भी हाथ खींच लिया था। गांधी भी अब पूरी तरह राजनीति में उतर आए थे। फलत: उनकी वकालत ठंडी पड़ने लगी थी और उनके पास जो जमा गूँजी थी, वह भी सत्याग्रह के खाते में चली गई थी।

इस लड़ाई का अंत किस के पक्ष में जाएगा, यह गांधी की समझ में आने लगा था। वे यह अनुभव कर रहे थे कि यह लड़ाई लंबी खिंचेगी। सरकार सामर्थ्यवान् है, शक्तिवान है और द्वंद्व-फंद रचने में सक्रिय है। उसे लड़ाई लंबी खींचने में अपना हित स्पष्ट नजर आने लगा। भूखा पेट भूख मिटाने को जुगत बैठाएगा या सत्य धर्म के निर्वाह की। वह अपने और अपने परिवार को भूखा नहीं मार सकता था। वह भी अभी तक सत्याग्रह को पूरी तरह से अपना नहीं सका था। उस पर भी कुछ समय तक वही नशा मँडराता रहा था, जो धींगरा पर मँडराया था। फर्क इतना सा था कि उसने जान ली थी और बदले में जान देकर ज्वालामुखी के लावे को जन्म दिया था। पर यहाँ तो भूखों मरने के हालात पैदा हो चले थे।

तब ? यह महाप्रश्न था गांधी के सामने। एक किरण फूटी। यह लड़ाई मद्धिम पड़ सकती है, पर बंद नहीं हो सकती। सवाल लड़ाई के बंद होने या चलने का उतना नहीं था, जितना कि व्यापक क्षेत्र में, सामूहिक नेतृत्व की जागृति के साथ के प्रयोग पर विश्वास लाने का था।

टाल्सटॉय फार्म की ओर

महाप्रश्न से अकेले गांधी जूझ रहे थे दिन-रात। जब यह प्रयोग शुरू किया था, तब उन्होंने इतनी लंबी लड़ाई की नहीं सोची थी। न तब यह वे सोच पाए थे कि उनके सामने इतनी विकट तथा पेचीदी समस्या मुँह बाए आ खड़ी होगी और वे चारों ओर से घिर जाएँगे। व्यापारी वर्ग भी हाथ खड़े कर उनसे कन्नी काटने लगेगा। और वे सब अपने को मुसीबत में पाएँगे। यह सच था कि उनमें हक की लड़ाई करने का मन तो आधा-अधूरा ही था और वह भी गांधी की वजह से, बिना यह जाने समझे कि इस रास्ते पर चल पड़ने पर वे किन-किन संकटों से घिर सकते हैं और उनके काम-धंधे पर क्या प्रतिकूल असर पड़ सकता है। संभवत: गांधी भी इस लड़ाई के ऐसे विकट खतरों का अनुमान नहीं लगा सके होंगे। उन्होंने सोचा था कि उनका चार माह का लंदन प्रवास कुछ रंग ला पाएगा, पर यह तीर भी खाली गया।

गांधी सत्य के सार्वजनिक प्रयोग करने की दिशा में आगे बढ़ रहे थे। यह बात सबके गले उतर पाना संभव नहीं थी, क्योंकि जन परिणाम पर दृष्टि रखता है, प्रयोग पर नहीं। फिर भी, उनके विश्वसनीय साथी हर स्थिति में उनके साथ बने हुए थे। उनमें विचार मंथन के स्थान पर श्रद्धा भक्ति प्रमुख थी। उनकी दृष्टि में विचार सतही था, परंतु उनमें आस्था भरपूर थी।

गांधी सोच-समझ रहे थे कि सत्य की सार्वजनिक स्थापना करना पानी को तलवार से दो टुकड़ों में बाँटने के समान है।

उनके मन में अचानक फिनिक्स आया। एक रास्ता। पर जोहान्सबर्ग से फिनिक्स पहुँचने में तीस घंटे लगते थे। कार्य क्षेत्र जोहान्सबर्ग था। आर्थिक समस्या वहाँ थी। सत्याग्रहियों के परिवार के लिए एक बड़ी जगह चाहिए थी और स्व रोजगार भी। ऐसे प्रतिकूल समय में गांधी को टाटा से बिना माँगे एक चेक मिला। उससे कुछ राहत मिली, परंतु वह स्थायी हल नहीं था। यह लड़ाई लंबी चलनी थी।

गांधी के प्रशंसक और टाल्सटॉय के भक्त हरमैन कालेनबाख (केलनबेक) आगे आए। उनसे गांधी की चर्चा हुई। यदि सत्याग्रही परिवार आत्मनिर्भर हो जाएँ तो सत्याग्रह लंबी लड़ाई के लिए तैयार हो सकता है और सरकार को तनाव में ला सकता है। एक दिन उनके जर्मन मित्र कालेनबाख गांधी को जोहनिस्बर्ग से कोई बीस-बाईस मील दूर लेकर आए। एक ऊँची जगह पर खड़े होकर गांधी से पूछा, "क्या सोचते हैं?"

"किस बारे में, कालेनबाख?"

"जहाँ तक दृष्टि जा रही है, उस जगह के बारे में?"

गांधी ने दूर-दूर तक देखा। वहाँ एक हजार से अधिक फलदार वृक्ष थे और एक छोटा सा मकान भी था। गांधी ने कहा, "अच्छा स्थान है।"

"ग्यारह सौ एकड़ जमीन है। क्या इस जमीन से आपको अपना काम निकलने में सहायता मिल सकती है?"

"परंतु पैसा।"

"काम तो चल जाएगा न।"

"हाँ, चल जाएगा पर···।"

"यह जमीन मेरी खरीदी हुई है। इसे मैं आपको दे रहा हूँ। आप सत्याग्रहियों के परिवारों को यहाँ लाकर स्वावलंबन की दिशा में आगे बढ़ा सकते हैं। नो रेंट। कुछ भी नहीं। आप अपने सत्याग्रह को जारी रखिए।" सत्य प्रेरित हरमैन कालेनबाख का मन प्रसन्न हो उठा था।

गांधी मन-ही-मन ईश्वर की अनुभूति से भर उठे। हरमैन कालेनबाख के वे शब्द गांधी के हृदय में गूँज रहे थे, "जो लोग सत्याग्रह में भाग लेने के कारण अपना रोजगार और घर खो बैठे हैं, वे यहाँ बसें, काम करें और रोजी-रोटी से नए उत्साह और नवीन शक्ति से जुड़ें।" गांधी ने कहा, "हरमैन कालेनबाख, मुझे आपका शुद्ध हृदय से दिया यह प्रस्ताव स्वीकार है। मैं किन शब्दों में आपका आभार व्यक्त करूँ, सगझ नहीं पड़ता।"

"कोई जरूरत नहीं, गांधी। आप उन्हें उनके हक और गौरव से जीने के लिए लड़ना सिखला रहे हैं और सरकार का ध्यान भी उस ओर मोड़ना चाह रहे हैं। वे मनमानी पर उतर आए हैं और मानव का मानव के प्रति अपने कर्तव्य को भुला बैठे हैं। उनकी आँखों पर आप चढ़े अहंकार के परदे को उठाना चाह रहे हैं। इसमें मेरी भी दिलचस्पी है। आपने एक सर्वथा नया तथा शक्तिशाली रास्ता चुना है। एक नवीन खोज की है। मैं भी यह जानना चाहता हूँ कि सत्याग्रह कैसे अहम्, घृणा, अन्याय, शोषण आदि को प्रेम, न्याय, सत्पथ आदि की ओर मोड़ सकता है। मैं यह तो समझ सका हूँ कि धंधा और घर खोकर मनुष्य जीवित नहीं रह सकता। उसे जीवित बनाए रखने के लिए इस ओर से बेफिक्र करना लाजिमी है और उसके लिए कड़ी मेहनत, आत्मविश्वास और स्व-आस्था में उसकी निष्ठा बनाए रखना अति आवश्यक है।"

"हाँ, कालेनबाख, आप सत्य सोच पाए हैं।···क्या यह ठीक रहेगा कि इस नई कॉलोनी का नाम टाल्सटॉय फार्म रखा जाए?"

"आपने मेरे मुँह की बात छीन ली, गांधी।" हरमैन कालेनबाख ने खुश होकर कहा। "आप भी टाल्सटॉय पर अपार श्रद्धा भक्ति रखते हैं और मैं भी उनके प्रति नत हूँ।"

इस प्रकार टाल्सटॉय फार्म सन् 1910 में कॉलोनी में बदलने लगा। जंगल में मंगल। वहाँ मानवता की चहल-पहल शुरू होने लगी, मानो वहाँ पहाड़ फोड़कर झरना झर उठा

हो। ठीक उसी प्रकार उन लोगों में आनंद तथा उत्साह का झरना झरने लगा।

न वहाँ रंगभेद था, न धर्म, न देश था, न जाति थी। वहाँ था सिर्फ मानव, उसका विश्वास और निस्स्वार्थ कर्म। वहाँ कठिन परिश्रम का स्रोत फूट पड़ा था और सृजन के विशुद्ध त्योहार आँखें खोल उठे थे, नवजात शिशु की तरह। अब गांधी को यह विश्वास हो गया था कि काले व्यक्ति का कर (टैक्स) के लिए तब तक संघर्ष चलता रहेगा, जब तक सरकार अपने लिये गए निर्णय को बदल नहीं देती।

अब कस्तूरबा के साथ और भारतीय महिलाएँ भी इस आंदोलन में कूद पड़ी थीं। क्यों न कूदतीं? अफ्रीका के एक न्यायालय ने यह फैसला दिया था कि भारतीय पद्धति से हुआ विवाह कानूनन मान्य नहीं है। यह कैसा फैसला था कि जिसने शादीशुदा जिंदगी में हड़कंप मचा दिया। सीधा भारतीय परिवारों के घरेलू रिश्तों पर प्रहार कर दिया। विवाह अमान्य तो जिंदगी का सारा खेल बेमतलब। सरकार ने निष्ठुरतापूर्वक ऐसे कदम उठाए थे, जिनका आम भारतीय से लेकर खास आदमी तक ने विरोध करना अपना नैतिक कर्तव्य माना।

टाल्सटॉय फार्म (आश्रम) रचनात्मक कार्यों में जुट गया। एक छोटा-सा जीने की राह तलाशता निरंतर आगे बढ़ने का श्रम अधिक सुखद अनुभव देने लगा था। इस तरह से साथ-साथ जीने का अर्थ भी कुछ अलग होता है।

आवश्यकता अनुभव हुई कि वहाँ रहनेवाले बालक-बालिकाओं के लिए सहशिक्षा का प्रबंध किया जाए। बाहर से वेतन पर शिक्षक रखने का प्रश्न ही नहीं उठता था। पैसा कहाँ से आएगा? पर उनके बच्चों के लिए शिक्षा बहुत जरूरी थी। लेकिन जोहान्सबर्ग से बीस-इक्कीस मील से कौन पढ़ाने आता? उसे लौटना भी तो होता।

गांधी ने निर्णय किया कि वह बालक-बालिकाओं को स्वयं पढ़ाएँगे। उन्होंने पढ़ाना शुरू किया। साथ ही उनकी समझ में पैसे की महत्ता भी आने लगी। वह मितव्ययी होते गए और यह समझते रहे कि मितव्ययी होना चाहिए, ताकि फिजूलखर्ची न हो और अर्थ का सद्प्रयोग होने लगे। रुपए पैसे की बचत की आदत पड़ने से कम-से-कम खर्च में काम चल सके। आर्थिक कठिनाइयों का भूत सिर पर सवार न हो सके और स्वावलंबन की अनुभूति उन्हें नई आशा तथा नए विश्वास पर खड़ा कर सके। आर्थिक तंगी से बचकर ऊपर उठने और उभरने का यह प्रयोग गांधी में नए अर्थशास्त्र को जन्म दे रहा था और उन्हें नई जमीन से जोड़ रहा था।

गांधी सत्याग्रहियों को संयम-व्रत का पालन कराते हुए और उस रास्ते पर चलने के लिए प्रेरित कर रहे थे और समझा रहे थे, "रुपया-पैसे की बचत हमारे सुंदर भविष्य की बुनियाद है। खर्च बढ़ाने से जिंदगी का विकास अवरुद्ध होने लगता है और धीरे-धीरे व्यक्ति स्वयं को वस्तु बनता अनुभव करने लगता है। यहीं से भौतिक विकास के पतन की कहानी शुरू होती है।"

गांधी इस निष्कर्ष पर पहुँचे थे कि हर व्यक्ति और हर बालक-बालिका को शारीरिक धंधे की शिक्षा और प्रशिक्षण लेना चाहिए, ताकि विचार गंगा के साथ-साथ अर्थ की स्वावलंबन शक्ति से जुड़कर वह अपने को एक समाजोपयोगी जन भी सिद्ध कर सके। अब पढ़े हुए अक्षर-शब्द उसके कार्य-व्यवहार से व्यक्त होने लगे। ऐसे शुरू हुआ वहाँ यज्ञ। कालेनबाख बढ़ईगीरी-काम को थोड़ा बहुत समझता था। यों उसकी देखरेख में बढ़ईगीरी का काम (प्रशिक्षण) शुरू हुआ। खेतीबारी तो शुरू हो ही चुकी थी। पाक शास्त्र का व्यावहारिक ज्ञान सबको दिया जा रहा था। रसोई की केमिस्ट्री सबको सिखलाई जा रही थी।

बालक-बालिकाओं को इस प्रकार की तालीम से आनंद आ रहा था। उनमें रुचि का विकास हो रहा था। वे करके सीख रहे थे और सीखे हुए को पुन: करके उसमें इजाफा भी करने लगे थे। गांधी को ये प्रयोग अत्यंत सार्थक लगे। उन्हें कागजी शिक्षा से यह प्रायोगिक और सीधी रोजगारोन्मुख शिक्षा पसंद आने लगी। यह ध्यान रखा गया कि बालकों को इन कामों से जोड़ते हुए शिक्षक उनके साथ रहे और उसकी देखरेख में आगे बढ़े। यह भी सच था तब उन बच्चों को प्राथमिक शिक्षा की रूपरेखा उपलब्ध साधनों को ध्यान में रखकर बनाई थी।

यों अन्य कार्यों के साथ शिक्षा का काम भी शुरू हो चुका था। प्रार्थना भी होती थी—सर्वधर्म प्रार्थना।

अब जिधर देखो, उधर कर्म-अक्षरों से की गई चिनाई नजर आने लगी थी। गांधी भी उनके साथ लकड़ी काटते, चीरते, मिट्टी खोदते, पलस्तर करते, छप्पर डालते, लकड़ी बीनते, गट्ठर बनाकर कंधे या सिर पर रखकर गंतव्य तक जाते थे। वह अपना ही मंजर था। एक खासी बस्ती बन गई थी टीन की चादरों की छत डालकर। लगभग साठ-सत्तर जन थे वहाँ उनके साथ। वहाँ हर व्यक्ति मेहनत मजदूरी कर रहा था। उद्योग पर्व वहाँ हर रोज सुबह से शाम तक मनाया जा रहा था। गांधी का कथन था, "हम सभी मजदूर बन गए हैं। फलत: हमने पहनावा भी मजदूरों जैसा चुना है। मजदूर बने योरोपीय जैसे अर्थात् पैंट-शर्ट के इस पहनावे में कारागार की नकल थी।"

अब वहाँ रहनेवाले जोहान्सबर्ग तक आने-जाने की यात्रा, जो करीब चालीस-बयालीस मील थी, पैदल करते नहीं थकते थे। गांधी कई बार पचास-पचपन मील की यात्रा कर लिया करते थे, परंतु उन्हें थकान का तनिक सा भी अनुभव नहीं होता था। वे मानने लगे थे कि साहस और श्रद्धा टाल्सटॉय फार्म को शिखर की ओर ले जाने लगी थी।

इस शिक्षा में गांधी सामाजिक, आर्थिक और राजनीतिक समन्वय का अनुभव कर रहे थे और जान रहे थे फर्ज निभाने के लिए एकमात्र सत्य से गुजरते रहने की जरूरत है। वे अपने को शिक्षक के रूप में पाकर लिखने लगे थे—

"मैं यदि सत्य बोलता रहूँ और अपने शिष्यों से सच्चा बनने का प्रयत्न करूँ तो उससे कोई लाभ नहीं। भीरु शिक्षक अपने शिष्य को निर्भीक नहीं बना सकता। व्यभिचारी शिक्षक शिष्यों को संयम कैसे सिखलाएगा? मैंने देखा कि मुझे अपने पास रहनेवाले युवकों तथा युवतियों के मध्य पदार्थ पाठ बनकर रहना चाहिए, ताकि मेरे शिष्य मेरे शिक्षक बनें। मैंने यह जाना कि मुझे अपने लिए नहीं, परंतु उनके लिए अच्छा बनना और रहना चाहिए। फलतः यह कहा जा सकता है कि टाल्सटॉय फार्म आश्रम का मेरा अधिकतर संयम इन युवक और युवतियों के कारण था।"

वहाँ एक युवक ऐसा भी था, जो प्रायः ऊधम मचाया करता था, झूठ बोलता था, दूसरों से लड़ता-झगड़ता था और किसी की नहीं सुनता। एक दिन पानी सिर पर से गुजर गया। उसने ऊधम मचाने के पिछले अपने सारे पूर्व रिकॉर्ड तोड़ दिए। गांधी उसके पास गए। उसे समझाया, परंतु उसको क्या समझना था। उसने ही उन्हें समझाने का प्रयास किया और वह उन्हें धोखा देने लगा।

फिर गांधी अपने आवेश-क्रोध को नहीं रोक पाए और उन्होंने पास पड़े रूल को उठाकर उसके हाथ पर दे मारा।

यह गांधी के जीवन में पहला उदाहरण बन रहा था। उनके हाथ काँप रहे थे। वह भी उनके काँपते हाथ को देख रहा था। वह रोने लगा। उसने गांधी से क्षमा माँगी।

वह सोलह-सत्रह वर्ष का था। हृष्ट-पुष्ट था। वह चाहता तो उनका मुकाबला कर सकता था, पर उसने ऐसा नहीं किया। सच यह था कि डंडे की चोट उसके लिए कोई अर्थ नहीं रखती थी। उसके रोने का कारण था कि उसने गांधी के काँपते हाथ ही नहीं देखे थे, बल्कि उसे उनके दुःख का अनुभव हुआ था, क्योंकि ऐसा उन्होंने कभी किसी के साथ नहीं किया था और ऐसा करते हुए अब उनका मन काँप उठा था। फिर तो वह सहज हो गया। गांधी को ऐसा करने पर अपनी पशुता का अनुभव सताने लगा।

गांधी में आत्ममंथन चला। वह लिखते हैं कि "मैं बालकों को मार-पीटकर पढ़ाने का सदा से विरोधी रहा हूँ। मुझे ऐसी एक ही घटना का स्मरण है कि जब मैंने अपने लड़कों में से एक को पीटा था।"

इस पर वे कोई निर्णय नहीं ले पाए, जबकि वे वकील थे और सत्य-अहिंसा के अनुयायी थे। वे लिखते हैं कि "रूल से पीटकर मैंने उचित कार्य किया या नहीं, इसका मैं आज तक निर्णय नहीं कर पाया हूँ। इस दंड देने के औचित्य के संदर्भ में मुझे शंका है, क्योंकि इसमें क्रोध के साथ दंड देने की भावना थी। यदि इसमें मात्र मेरे दुःख का प्रदर्शन होता तो मैं उस दंड को उचित मानता, परंतु उसमें मिश्र भावना सन्निहित थी। यह प्रसंग आज तक निर्णय की अपेक्षा रखता है।"

गांधी ने अपने विद्यार्थियों के गलत व्यवहार या रास्ता पकड़ने पर पश्चात्ताप शुरू

किया था—चौदह दिन तक उपवास किया मात्र फलाहार पर रहकर। चौदह दिन के उपवास के अंत में कठिनाई का अनुभव किया, परंतु उससे इस निर्णय पर पहुँचने में उन्हें सफलता मिली कि जहाँ शिक्षक को अपने शिष्य के दोष से वास्तविक आघात नहीं पहुँचता और जहाँ शिष्य में अपने गुरु के प्रति आदर भाव नहीं होता, वहाँ उपवास व्यर्थ है। साथ ही ऐसा प्रयास नुकसानदेह भी संभव है। निस्संदेह शिक्षक भी किसी सीमा तक इसके लिए दोषी है। यह विचार मंथन निरंतर चलते रहना चाहिए। ऐसा उनका मत बना।

इस प्रकार गांधी टाल्सटॉय फार्म में सात्त्विक प्रयोग कर सके और मानव मन तथा सभी के साथ रहने के व्यवहार, शैली और आदान-प्रदान को जानने की दिशा में आगे बढ़ सके। सत्य उस सबके केंद्र में बना रहा। उसी की अंत:प्रेरणा से वह छोटा सा समाज संयुक्त रूप से जिम्मेदारियाँ वहन करने में सक्षम होने लगा।

दक्षिण अफ्रीका से वापसी

गांधी ने सरकार की हठधर्मिता, अन्याय पोषक नीति और निष्ठुर व्यवहार को दिन-पर-दिन बढ़ते देखा तो वह जान गए कि उन्हें शीघ्र कोई अगला कदम उठाना होगा, वरना सारा किया कराया व्यर्थ हो जाएगा।

गांधी ने अक्तूबर, 1913 में एक वृहत् योजना पर कार्य करना प्रारंभ किया और उन्होंने नेटाल खदान क्षेत्र से छह हजार से अधिक मजदूरों को लेकर ट्रांसवाल में प्रवेश करने की ठानी। ट्रांसवाल में हिंदुस्तानी बिना आज्ञा पत्र के लिए प्रवेश नहीं कर सकते थे।

सरकार जान गई कि छह हजार से अधिक मजदूरों को रोकना, उन्हें जेल में डालना और उनको वहाँ रखना उसके लिए कठिन कार्य है। क्या करे वह ?

उधर गांधी ने तीन प्रतिज्ञाएँ लीं—

1. वह दिन में एक बार भोजन करेंगे।
2. व्यक्ति कर जब तक सरकार नहीं उठा लेती है, तब तक नंगे पाँव चलेंगे।
3. निर्धन मजदूरों की तरह कपड़े पहनेंगे।

इसका प्रभाव भारतीयों पर पड़ा। उन्होंने जो सुना था, उसे अब वे होता हुआ देख रहे थे।

गांधी ने सीमा में प्रवेश करने से पूर्व समझाया, "आप जान चुके हैं कि हम सब ट्रांसवाल की सीमा में प्रवेश करेंगे। ऐसा करना गैर कानूनी है। सरकार हमें ऐसा नहीं करने देगी। वह हमें जोर जबरदस्ती रोकेगी। डंडे मारेगी। पकड़ेगी। जेल में डाल देगी। वह यही कर सकती है, परंतु इस सबका हमें शांतिपूर्वक सामना करना है—एकदम शांति, विनय,

प्रेम और अहिंसा से। हमें तो सिर्फ काले कानून के विरुद्ध अपना शांतिपूर्वक प्रदर्शन करना है। दरअसल हम सरकार को यह बतलाना चाहते हैं कि हमारे पर जो कर लगाया है, भारतीय तरीके से हुए विवाहों को गैरकानूनी करार दिया है और हमारे पर जो कठोर कार्रवाई की जा रही है, वे गलत हैं। उन पर वह पुनः विचार करें, क्योंकि उससे वहाँ रहनेवाला भारतीय समाज न केवल कष्ट पा रहा है, अपितु वह अनादर और उपेक्षा का पात्र भी बन गया है। हमारी यह लड़ाई नेक काम के लिए शुरू होने जा रही है। हमारा इरादा किसी को नुकसान पहुँचाना नहीं है।"

सब शांत भाव से सुनते रहे। अंत में गांधी ने सबसे पूछा, "क्या आप इसके लिए तैयार हैं? इसका अर्थ है कि आप गिरफ्तारी देने और जेल जाने को तैयार हैं। कठोर-से-कठोर व्यवहार चुपचाप सहने के लिए तैयार हैं।"

सबने एक स्वर से कहा, "तैयार हैं। तैयार हैं।"

और आंदोलन शुरू। ट्रांसवाल में प्रवेश होने लगा। पुलिस ने पूरी कोशिश की। रात में आकर पुलिस ने गांधी को भी गिरफ्तार कर लिया। सत्याग्रह कर रहे भारतीयों पर लाठी चलाई। उन्हें लात-घूँसों से भी मारा। हरचंद यह प्रयत्न किया गया कि सत्याग्रही काम पर लौट आएँ। खदानों का काम रुक गया था। वह शुरू हो जाए, क्योंकि खदान के गोरे मालिकों को प्रतिदिन नुकसान उठाना पड़ रहा था।

सरकार घबरा गई और जनरल स्मट्स ने इस हेतु एक आयोग बैठा दिया। इस पर भी आंदोलनकारियों ने सत्याग्रह आंदोलन जारी रखा। हालाँकि गांधी को छोड़ दिया गया था। गांधी ने स्मट्स को चेतावनी दे डाली थी कि यदि उनकी माँगें नहीं मानी गईं तो वह सत्याग्रहियों के साथ पुनः ट्रांसवाल में प्रवेश करेंगे।

सरकार घबरा रही थी। दूसरी ओर यूरोप के केंद्रीय कर्मचारी भी हड़ताल पर चले गए थे। वह महासंकट का समय था। चारों ओर आग। वह बुझे तो कैसे?

सरकार डगमगा उठी।

गांधी नहीं चाहते थे कि संकट से गुजर रही सरकार के सामने सत्याग्रह के संकट को जारी रखें। सरकार वहाँ रहने वालों की है। उसमें भारतीय भी आते हैं। वे नहीं चाहते हैं कि ऐसे समय में जबकि सरकार नाजुक स्थिति से गुजर रही है, उसे और तोड़े। उन्होंने मजदूरों से अपील की कि वे काम पर लौट आएँ। केवल उस समय तक, जब तक यूरोप के केंद्रीय कर्मचारी हड़ताल वापस न ले लें।

गांधी समझा रहे थे, "हमारा आंदोलन किसी को मुसीबत में डालने के लिए नहीं है। सरकार हमारी है, हमारे लिए है। उसकी मुसीबत भी हमारी है।"

तभी जाँच आयोग की रिपोर्ट भी आ गई। जनरल स्मट्स ने गांधी के इस कदम को बहुत अच्छा माना। एकदम सरकार के पक्ष में और उसे संकट से उबारने वाला माना।

हालाँकि गांधी के इस कदम से मजदूरों को बुरा जरूर लगा। यही तो वह अवसर था, जब सरकार मजबूर हो सकती थी।

फलतः भारतीय राहत बिल पास कर दिया गया और गवर्नर के उस पर हस्ताक्षर भी हो गए। अब न भारतीय रीति से हुआ विवाह गैर कानूनी रहा, न अब अनुबंध पर आए मजदूरों को कर भरना पड़ेगा और न एक राज्य से दूसरे राज्य पर जाने पर उन्हें जुर्माना देना होगा।

अब गांधी के लिए कोई काम नहीं था। गोखले उन्हें बुला रहे थे। वे चाहते थे कि गांधी हिंदुस्तान इंग्लैंड होते हुए जाएँ।

18 जुलाई, सन् 1914 प्रथम विश्वयुद्ध शुरू। गांधी के साथ कालेनबाख और कस्तूरबा अब इंग्लैंड की यात्रा पर चलने को तैयार हुए। गांधी विदाई पार्टी में कह उठे कि वे सन् 1888 से 1914 तक के कार्यकाल में मात्र चार वर्ष भारत में रहे। इक्कीस वर्ष उनके बाहर बीते। जो कुछ हुआ, हो चुका उचित या अनुचित, अच्छा या बुरा। अब गोरे और भारतीय परस्पर एक सूत्र में बँध चुके हैं। अब इन दोनों को चाहिए कि वे स्वयं को बदलें, ताकि आनेवाली पीढ़ियों के लिए वे एक शानदार मिसाल कायम कर सकें। वैसे तो साम्राज्य बनते और नष्ट होते रहते हैं, परंतु यह साम्राज्य उसका अपवाद सिद्ध हो सकेगा। यह साम्राज्य भौतिक नहीं, नैतिक मूल्यों पर आधारित है। उनके मन में सत्य आ बैठा था। उनके सारे फैसले, सारे प्रयत्न और आंदोलन सत्य पर आधारित थे। वे सत्य से तनिक भी इतर नहीं थे। तब उन्होंने कालेनबाख के प्रश्न का तत्काल उत्तर न देकर बाद में जब शाम ढल चुकी थी और पूजा हो चुकी थी, दिया था, "बाख जानते हैं, यह सरकार क्या है और किसके लिए है? सरकार भी हम से और हमारे लिए है। जनरल स्मट्स ने हमारे साथ ज्यादतियाँ की हैं और जो मनुष्य होने के नाते उसे हमारे साथ नहीं करना चाहिए था, वह उसने किया, करवाया। वही जनरल यूरोपीय मूल के कर्मचारियों की हड़ताल से बेतरह घबरा गया था। निस्संदेह वह तब कमजोर पड़ गया था और ऐसे हालात में हम उस पर तेज हमला बोल देते, यानी ट्रांसवाल की सीमा के अंदर हजारों भारतीय लोगों को लेकर घुस जाते तो उसकी सारी व्यवस्था बिगड़ जाती। वह एक सीमा तक बेहद कमजोर पड़ जाता।···ना···ना बाख, सत्य यह करने की अनुमति किसी को नहीं देता है। नफरत नहीं, हराने की भावना नहीं, कुचलने का मन नहीं। आज उसे हमारी मदद चाहिए, हम से प्यार चाहिए। वह हम उसे दे रहे हैं। हमारा यही नैतिक बोध है, कर्तव्य है। मैं जिनका प्रतिनिधित्व कर रहा हूँ, वे यह नहीं जानते। मैं उन्हें सत्य-प्यार की अनुभूति कराना चाहता हूँ। सत्य की राह पर चलनेवाले नफरत करनेवाले से भी प्यार करते हैं। नफ़रत बुरी है, नफरत करनेवाला बुरा नहीं है। आप देख लेना, बाख, मुझे पूरा यकीन है कि अब जल्दी ही हमारी सारी माँगें मान ली जाएँगी, नफरत की उठी आँधी

राहत की साँस ले सकेगी और नए सूरज को अपने में प्रकाश फैलाता पाएगी।"

गांधी ने यह बात कई बार पहले अपने आप से कही थी। फिर अपने साथियों से कही। उन्हें समझाने की कोशिश भी की थी, ताकि वे भी इस दिशा में चाहे थोड़ा ही सोच पाएँ और चाहे हलके मन से ही कदम बढ़ाएँ, पर बढ़ाएँ अवश्य।

यह वही गांधी है, जो सन् 1893 में सामान्य युवक था, अपने को सोसाइटी में एडजस्ट नहीं कर पा रहा था, अपनी बैरिस्टरी की काबिलीयत पर संशय कर रहा था और मन-ही-मन अपने को कमजोर, भीरु और विवश पा रहा था। वह अब कहाँ आ खड़ा हुआ था, कैसे? किसके सहारे? खुद को प्रश्नों की नेजों पर खड़ा कर वह पूछ रहा था। उन्होंने विपक्षी को हराया नहीं, उन्हें अपना बनाया है। अपना बन जाने पर वैर कहाँ रहता है! मिश्री में खटास का क्या काम। वह अपनेपन का हार्दिक सौंदर्य था, जिसने उनके मन में अकाट्य विश्वास, अनंत प्यार और बेशुमार अहिंसा का आनंद बाहर-भीतर सब तरफ से भर दिया था।

और दक्षिण अफ्रीका से दूर गांधी, कालेनबाख तथा कस्तूरबा लंदन जा पहुँचे—उन्नीस दिन की समुद्री यात्रा के बाद। उनके लंदन पहुँचने से पहले प्रथम विश्वयुद्ध शुरू हो गया था। गोखले उनसे मिलना चाहते थे। वे स्वास्थ्य लाभ के लिए पेरिस में थे। युद्ध के कारण लंदन और पेरिस के बीच डाक तार व्यवस्था चरमरा गई थी। न गोखले से कोई समाचार मिल सका और न गांधी को लंदन में बिना काम पड़े रहना ठीक लग रहा था।

जैसे उनके मन में काम शब्द उभरा, वैसे ही गांधी का ध्यान लंदन में बसे और पढ़ रहे विद्यार्थियों की ओर गया। इंग्लैंड में बड़ी संख्या में युवक फौज में भरती हो रहे थे और वह भी स्वेच्छा से। अँधेरों में ही उजाले के नन्हे से दीये से बहुत सहारा मिलता है। तब कुछ लंदनवासी भारतीयों ने अपने देशवासियों की एक सभा बुला ली। गांधी ने उस सभा को संबोधित किया। कहा, "मित्रो, व्यक्ति जहाँ रहता है, जिस माटी का अन्न पानी लेता है, वह माटी उसके देश की माँ से कम महत्त्वपूर्ण नहीं होती। इंग्लैंड के सिर पर युद्ध आ पड़ा है। अंग्रेज युवा छात्र स्वेच्छा से फौज में भरती हो रहे हैं तो हमें भी इस अवसर पर ऐसा कुछ करना चाहिए, ताकि उन्हें लगे कि इंग्लैंड में रह रहे भारतीय प्रवासी भी उनके मित्र हैं और इंग्लैंड से प्यार करते हैं। देश कोई सा भी हो, सारी धरती एक है। जहाँ भी मानव रहता है, वहाँ की सारी धरती उसकी है।" उन्होंने केपटाउन में विदाई समारोह के वक्त दिए वक्तव्य का स्मरण करते हुए कहा था, "मैंने दक्षिण अफ्रीका में 15 जुलाई, 1914 को कहा था कि यह उपमहाद्वीप मेरे लिए एक पवित्र और प्रिय भूमि बन चुका है, जिसका स्थान मेरी मातृभूमि के पश्चात् है। मैं दक्षिण अफ्रीका को भारी मन से छोड़ रहा हूँ और जो दूरी मेरे और दक्षिण अफ्रीका के मध्य होगी, वह मुझे उसके

और नजदीक ले आएगी।...मेरे देशवासियों ने मुझे जो प्यार दिया है और वहाँ रह रहे यूरोपवासियों ने मेरे प्रति जो उदारता, सहिष्णुता और दयालुता दिखाई है, वह मेरी स्मृति में सर्वप्रिय धन की तरह सदैव सुरक्षित रहेगा। क्या आप लोगों को इससे कोई प्रेरणा मिल रही है? काश, आप भी इन उदाहरणों से कोई नया रास्ता तजवीज कर सके तो। खैर, आगे आपकी मरजी।"

हालाँकि उन युवकों के गले गांधी का सुझाव नहीं उतर पाया। फिर भी वे ऊपर से गांधी के प्रति विनम्र बने रहे। वे मान रहे थे, यही वह मौका है, जब भारत को आजादी मिल सकती है। फिर गांधी की बात पर कौन ध्यान देता? ध्यान देने के लिए वह आधार उनके पास कहाँ था, जिससे वह मानवीय कर्तव्य के अनुसार आगे बढ़ पाते?

इसी बीच गांधी को पोलाक का पत्र मिला। उसने पूछा था कि क्या यह सच है कि यह कार्य अहिंसा के सिद्धांत के खिलाफ नहीं है।

युद्ध तो अहिंसा के पक्ष में नहीं होता है। युद्ध की अनीति जगजाहिर है। फिर उन्होंने क्यों युद्ध में सेवा कार्य करने के लिए एक सूची ब्रिटिश सरकार के पास भेजी? बोअर युद्ध में किए गए उनके सेवा कार्य पर इसी तरह प्रश्न उठे थे। युद्ध हिंसा का खुला प्रयोग करने की अनुमति देता है, जबकि अहिंसा युद्ध के विरुद्ध है, परंतु कर्तव्य बोध का भी अपना स्थान है। वह सदैव दीये की भाँति स्पष्ट नहीं होता।

विपक्ष का मत था कि हिंदुस्तानी और अंग्रेजों की स्थिति में हाथी-घोड़े का फर्क है। एक गुलाम है, दूसरा सरदार है। ऐसी स्थिति में सरदार के संकट में गुलाम सरदार की सहायता स्वेच्छा से कैसे कर सकता है? क्या गुलामी से छुटकारा चाहनेवाले गुलाम का धर्म यह नहीं है कि वह सरदार के संकट का उपयोग अपनी आजादी के लिए करे?

गांधी के गले ये तर्क नहीं उतर सके। वे अपनी स्थिति गुलामों जैसे नहीं मान पाते थे। वे यह मानकर चल रहे थे कि अंग्रेजों की शासन पद्धति में उतना दोष नहीं है, जितना अंग्रेज अधिकारियों के काम करने के तरीके का। यदि हम अंग्रेजों की सहायता से अपनी स्थिति सुधारने का मन रखते हैं तो इस संकट में हम उनकी सहायता करके अपनी स्थिति सुधार पाने में सफल हो सकते हैं और इस विचार को कार्यरूप में लाने के लिए उन्होंने लॉर्ड क्रूको को पत्र लिखा था कि वह फौजियों की सेवा करने का प्रशिक्षण लेना चाहेंगे अपने साथियों सहित। डॉ. केंटली के नेतृत्व में सेवा-शुश्रूषा पाने का छह सप्ताह का प्रशिक्षण कार्यक्रम बना। अस्सी व्यक्तियों ने यह प्रशिक्षण प्राप्त किया। परीक्षा हुई। उसमें एक व्यक्ति पास नहीं हो सका, शेष सब पास हो गए। फिर कवायत सिखलाई गई, तब जाकर कर्नल बेकर के इस दल को उन्हें सौंप दिया। यों यह दल घायल सैनिकों की सेवा में जुट गया।

गांधी ने पोलाक को उत्तर दिया। उत्तर वही था, जो उन्होंने बोअर के युद्ध में घायल

फौजियों की सेवा-शुश्रूषा करते हुए पोलाक से कहा था कि युद्ध में शामिल होने का अहिंसा से कोई मेल नहीं बनता है। अहिंसा व्यापक वस्तु है। हम हिंसा की होली के मध्य घिरे अधम प्राणी हैं। यह वाक्य गलत नहीं है कि जीव जीव पर जीता है। मानव एक पल के लिए बाहरी हिंसा बिन नहीं जी सकता। खाते-पीते, उठते-बैठते, सभी क्रियाओं में इच्छा-अनिच्छा से वह कुछ-न-कुछ हिंसा तो करता ही है। अगर इस हिंसा से मुक्ति पाने के लिए वह महाप्रयत्न करता है, उसकी भावना में कृपा होती है, वह सूक्ष्म-से-सूक्ष्म जंतु का भी नाश नहीं चाहता है और यथाशक्ति उसे बचाने का प्रयत्न करता है, तो वह अहिंसा का पुजारी है। उसके कार्यों में लगातार संयम की वृद्धि होगी, उसमें लगातार करुणा बढ़ती जाएगी, किंतु कोई देहधारी बाहरी हिंसा से सर्वथा छुटकारा नहीं पा सकता। वह मानते थे कि अहिंसा में आस्था रखनेवाले मनुष्य का धर्म है कि वह उस युद्ध को रोके। यदि उसे युद्ध में सम्मिलित होने के लिए विवश होना पड़ता है तो उसे अपने राष्ट्र और शेष संसार को उबारने का प्रयत्न करना चाहिए।

गांधी पोलाक का तार मिलने से पूर्व और उसके बाद अब से इस दिशा में चिंतन कर रहे थे। अब गांधी को पसली के दर्द ने घेर लिया था। वह लाख इलाज करने पर भी मिट नहीं रहा था। कोई दवा काम नहीं कर रही थी। डॉ. एलिन्सन उनसे मिलने आए थे, लेकिन उस वक्त गांधी के चारों ओर खतरे बढ़ते जा रहे थे। तब भी ब्रिटिश साम्राज्य के प्रति उनके मन में कोई शिकायत नहीं थी। फिर भी वे युद्ध कार्य में भाग लेने के लिए तैयार थे। इसका उन्हें रत्ती भर भी दुःख नहीं था। वे युद्ध में शामिल होने में भी धर्म देखते थे। वे यह अंत तक मानते रहे कि वे उस वक्त भी यह सिद्ध नहीं कर सके कि उन विचारों में औचित्य क्या है? सत्य का आग्रही रूढ़ि से चिपटकर ही कोई काम न करे, यही उनका अंतिम निर्णय था।

दरअसल गांधी विभिन्न परिस्थितियों से गुजरते हुए सत्य का ही प्रयोग कर रहे थे। एक बार हॉब्हाउस ने गाधी को लिखा था कि सत्य के वास्ते यदि आपको कभी फाँसी पर भी चढ़ना पड़े तो मुझे ताज्जुब नहीं होगा। ईश्वर आपको सीधे रास्ते पर ले जाए और आपकी रक्षा करे। गांधी को अँधेरे में ये वाक्य सितारों की तरह चमकते नजर आते थे और वे मन-ही-मन मुसकराने लगते थे।

गांधी अपनी टोली के साथ युद्ध में शामिल हुए। कवायद सीखने लगे, परंतु कवायद सिखलाने वाला अधिकारी अपने को उस टीम का सर्वस्व मान बैठा। जबकि सबकी राय यह थी कि वह अधिकारी युद्ध की प्रशिक्षण प्रणाली से संबंधी ट्रेनिंग देने भर के लिए मुखिया है। सोराबजी ने स्पष्ट चेतावनी सबकी तरफ से दे दी थी कि कवायद के बाद उनके मुखिया गांधी ही होंगे, वह नायब अधिकारी नहीं है।

अभी तक गांधी को पसलियों की पीड़ा से मुक्ति नहीं मिली थी। फिर भी, वे

कवायद में भाग लेने दो मील पैदल जाते थे। पसलियों की सूजन से मुक्त होने के लिए वह चौदह दिन का उपवास रख चुके थे और मात्र फलाहार पर बने रहे थे, उन्होंने दूध भी नहीं लिया था।

उधर मुखिया को लेकर दल में मतभेद तेज हो गए। गांधी को ही उस नायब अधिकारी से सारी बात करनी पड़ी, परंतु वह नहीं माना। उसने साफ शब्दों में कह दिया कि मिलिट्री अनुशासन के लिए मुखिया का चुनाव दल के सदस्यों द्वारा नहीं किया जाता है। गांधी ने अपनी बात उच्च अधिकारी को पत्र लिखकर समझाई। बोअर युद्ध में कर्नल गेलवे के साथ काम करने का उदाहरण भी दिया, परंतु उच्च अधिकारी ने उस पत्र पर कोई गौर नहीं किया। भारत मंत्री तक यह प्रकरण गया, परंतु रहे वही ढाक के तीन पात।

सत्य के प्रयोग में गांधी को इस प्रकरण में अनेक असोची समस्याओं से जूझना पड़ा। दल में उसको लेकर फूट भी पड़ गई। मि. रॉबटले ने उन्हें बतलाया, उनकी टुकड़ी को नेटली अस्पताल भेजा जा रहा है। उसे वहाँ जाने दें, रोके नहीं, क्योंकि अस्पताल में पहुँचते ही इस टुकड़ी को अस्पताल के हैड के अनुसार चलना होगा। बड़ी संख्या में वहाँ घायल सैनिक आ पहुँचे हैं, वहाँ इस टुकड़ी की सख्त जरूरत हैं। गांधी मान गए। उन्हें अभी तक पसली की बढ़ती सूजन से निजात नहीं मिल पाई थी, अत: वे नहीं जा सके। उन्होंने तो खटिया पकड़ ली थी, पर वह टुकड़ी गई।

गांधी दु:खी हुए, क्योंकि उनकी बीमारी ठीक होने में नहीं आ रही थी। वे उस समय कच्चे और पक्के केले, मूँगफली, टमाटर, अंगूर, नींबू, जैतून का तेल आदि ले रहे थे। डॉ. जीवाराज मेहता का आग्रह था कि वह दाल, अनाज, दूध आदि जरूर लें। फलाहार के प्रति डॉ. मेहता आश्वस्त नहीं थे। तब गोखले लंदन आ चुके थे और गांधी कालेनबाख के साथ उनसे मिलने नेशनल क्लब में गए थे। गोखले का गांधी से पहला प्रश्न ही यही था कि क्या डॉ. मेहता के अनुसार दवाई लेने का निश्चय कर लिया है ?"

गांधी ने कहा, "मुझे डॉ. मेहता के सारे निर्देश स्वीकार हैं, परंतु दूध और मांसाहार मैं नहीं लूँगा।"

"पर क्यों, गांधी ?"

"धर्म की वजह से।"

"इसमें धर्म कहाँ से आ टपका, गांधी !"

"मैं विवश हूँ। पर मुझे अपनी निष्ठा और मर्यादा में बना रहने दीजिए।"

"क्या यह तुम्हारा अंतिम निर्णय है ?"

"मैं सोचता हूँ कि इसका मेरे पास कोई दूसरा उत्तर नहीं है ? मैं समझ सकता हूँ कि इसके लिए आपको दु:ख होगा, परंतु..."

गोखले मान गए।

अब डॉ. मेहता भी विवश थे। लेडी डॉ. सिसिलिया रॉबर्ट्स भी उन्हें देखने कभी-कभी आती थीं। अंत में उसी ने गांधी को यह सुझाव दे डाला, "इस हालत में आप नेटाल अभी नहीं जा सकते। आगे भयानक ठंडे दिन शुरू होनेवाले हैं। इस कारण मेरा आपसे यह विशेष आग्रह है कि आप लंदन छोड़कर अपने देश जाएँ और वहीं स्वास्थ्य लाभ करें। अभी यह युद्ध शुरू हुआ है। इसका अंत जल्दी होता नजर नहीं आ रहा है। इस युद्ध के चलते सेवा-शुश्रूषा के एक नहीं अनेक अवसर आएँगे, तब आप अपने को समर्पित कर सकेंगे। तब तक आप स्वास्थ्य लाभ प्राप्त करें।" गांधी ने सब कुछ शांति से लिया और वह डॉक्टर राबर्ट्स को जाते देखते रहे।

तदुपरांत पी. एंड ओ के जहाज से गांधी लंदन से कस्तूरबा के साथ भारत लौट रहे थे। उन्हें दुःख था कि उनके साथ कालेनबाख जर्मनी मूल का होने के कारण भारत जाने का आज्ञा पत्र नहीं पा सका, जबकि गांधी ने लॉर्ड हार्डिंग, वायसरॉय को लिखे अपने पत्र में कालेनबाख के संबंध में सबकुछ स्पष्ट कर दिया था कि वे सत्य-अहिंसा के साधक हैं और सेवा-शुश्रूषा में गहरा विश्वास रखते हैं। वे मानवता प्रेमी हैं, परंतु हार्डिंग ने उनको अनुमति नहीं दी। कारण स्पष्ट था कि वे जर्मनी के रहनेवाले थे और जर्मनी से इंग्लैड सहित मित्र राष्ट्रों की लड़ाई चल रही थी। हार्डिंग ने स्पष्ट कर दिया था कि इस समय वे कोई खतरा नहीं उठा सकते। भारी मन से गांधी बंबई जनवरी, 1915 में जा पहुँचे। गोखले के फोन करने पर बंदरगाह पर गांधी का स्वागत करने अनेक महानुभाव मौजूद थे।

पुनः हिंदुस्तान में

डॉ. मेहता ने लंदन में उनकी देह पर मीड्ज प्लास्टर की पट्टी बाँध दी थी और यह ताकीद कर दी कि रास्ते में उसे नहीं खोलें। गांधी को प्लास्टर की बँधी पट्टियाँ परेशान कर रही थीं। वे अपने को बँधा-बँधा पा रहे थे। इससे उनकी आजादी में खलल पड़ रहा था। उनसे नहीं रहा गया और उन्होंने उन पट्टियों को उतार फेंका। स्नान किया। उनको अच्छा लगा। स्वेज की खाड़ी पहुँचते-पहुँचते उनका स्वास्थ्य बहुत कुछ ठीक हो गया। वह गीले और सूखे मेवों पर ही रहे। उन्होंने दूध नहीं लिया। उनको लगा कि दिन-पर-दिन उनका स्वास्थ्य समशीतोष्ण हवा के कारण ठीक होता जा रहा है।

अब गांधी छियालिस वर्ष के हो रहे थे और उनका भारत में प्रवेश ऐसे समय हो रहा था, जब कांग्रेस पर सुरेंद्रनाथ बनर्जी, गोखले आदि जैसे नरम दल के नेताओं का अधिकार था। पंजाब केसरी लाला लाजपतराय देश से निष्कासित थे। तिलक को हाल ही में छह वर्ष बाद कारा से मुक्ति मिली थी। अरविंद राजनीति छोड़कर पांडिचेरी में

योगानुभव से लाभ उठाने का प्रयत्न कर रहे थे। विश्वयुद्ध में इंग्लैंड फँसा हुआ था। ऐसी सूरत में कुछ नया कर पाने की गुंजाइश नहीं थी।

गांधी परिपक्व हो चुके थे और उनकी धारणाएँ मजबूत हो चली थीं। वे जिन अनुभवों से गुजर चुके थे, उनसे उनकी राह सबसे अलग बन गई थी। वे किसी के नेतृत्व में, बिना उसके दिव्य प्रभाव के, काम करने की मानसिकता नहीं रखते थे।

सबसे पहले तो वे भारत दर्शन की बलवती जिज्ञासा मन में सँजोए हुए थे। कोई कदम उठाने से पहले वे यह जान लेना चाहते थे कि भारत क्या है? वहाँ की स्थिति क्या है? उसके कष्ट क्या हैं? उसकी जरूरतें क्या हैं?

गांधी को गोखले की पहचान का लाभ जरूर मिल रहा था। गोखले के साथ वे तत्काल कोई काम शुरू नहीं कर सकते थे। वे यह कहकर गोखले से विदा हुए थे कि वे एक वर्ष तक मुँह बंद और कान खुले रखेंगे। सच यह था कि उन्हें यह ज्ञात नहीं था कि वे क्या बोलें? बिना जाने-समझे और अनुभव से गुजरे वे कुछ बोल नहीं सकते थे।

गांधी के दिमाग पर गिरमिट की अर्द्ध गुलामी सक्रिय थी। वे अपने घर राजकोट गए। वहाँ से पोरबंदर।

एक सच यह भी था कि ईश्वर गांधी को निर्देशित कर रहा था—दूसरों के माध्यम से। लॉर्ड विलिंग्डन बंबई के गवर्नर थे। गोखले ने उन्हें बताया था कि वे उनसे मिलने के इच्छुक हैं।

गांधी उनसे मिले और उनसे दक्षिण अफ्रीका और इंग्लैंड पर हलकी सी चर्चा हुई। लॉर्ड विलिंग्डन ने सहृदयता का परिचय देते हुए गांधी से यह अपेक्षा की थी कि उनकी इच्छा है कि सरकार के संबंध में कोई कदम उठाने से पूर्व उनसे मिल लिया करें। उन्होंने गांधी से वादा माँगा और गांधी ने सहज उनसे वादा कर दिया। गांधी तो थे ही इस पक्ष के कि कुछ करने से पहले वह सरकार से बात कर कोई सहज रास्ता निकालने का प्रयत्न करें।

गोखले गांधी को भारत सेवक समाज का सदस्य बनाना चाहते थे बशर्ते भारत सेवक समाज के सदस्य मान जाएँ। गांधी भारत सेवक समाज के सदस्यों के साथ विचार-विमर्श करते रहे। सदस्यों को लगा कि गांधी उनके आदर्श तथा काम करने की रीति-नीति से हटकर काम करने में आस्था रखते हैं, अतः उनको सदस्य बनाना फिलहाल उचित नहीं है।

गोखले को वे अपना मन पढ़कर सुना चुके थे कि वे भी एक आश्रम खोलना चाहते हैं। इसमें फीनिक्स के साथी होंगे और वे होंगे। गोखले उनके विचार से सहमत हो गए और उन्होंने डॉक्टर देव को कह दिया कि गांधी को आश्रम खोलने और सार्वजनिक कार्यों के लिए जितना धन चाहिए देते रहें।

गांधी गोखले के प्रेम भाव को देखकर गद्गद हो गए, परंतु उनके सिद्धांत उनके थे और वह उनके लिए किसी से समझौता नहीं कर सकते थे। प्राय: वे चुप रहकर सत्य की खोज के अवसर की तलाश में रहते थे। इस प्रकार उनका भारत में काम करना सहज नहीं था, क्योंकि दक्षिण अफ्रीका हिंदुस्तान नहीं था। फलत: वह भारत की इस खोज में निकल पड़े कि भारत क्या है?

शांति निकेतन में

नोबेल पुरस्कार प्राप्त महाकवि रवींद्रनाथ ठाकुर का शांतिनिकेतन शिक्षा, कला, नृत्य, संगीत आदि का अद्‌भुत संगम था। वह समाजसेवियों, बुद्धिजीवियों आदि में समन्वय का प्रयत्न कर रहा था। वहाँ काका कालेलकर, केशवराय देशपांडे, स्वामी अनंदानंद, नगेन बाबू, क्षितिजमोहन, एंड्रयूज, पियर्सन आदि भी थे।

कलकत्ते से दूर और प्रकृति की गोद में बसा शांति निकेतन गांधी के मन पर चित्र उकेरने लगा था। गांधी और ठाकुर की सोच में अंतर था और कार्यशैली में भी। गांधी के साथ आए सेवियों को वहाँ अलग ठहराया गया था।

सब मिलते थे। चर्चा करते थे, परंतु किसी निष्कर्ष तक नहीं पहुँच पाते थे। जल्दी ही वे वहाँ के अध्यापकों और विद्यार्थियों से मेलजोल बनाने में सफल हो गए, तब एक दिन उन्होंने भोज के बाद कहा, "स्व परिश्रम एक सहज और आनंददायक माध्यम है, यदि शिक्षक और विद्यार्थी एकमएक होकर कुछ काम अपने हाथ में लें।"

सबका ध्यान उस ओर गया। पर क्या काम! गांधी ने बताया, "शिक्षक और विद्यार्थी मिलकर स्वपाकी भी हो सकते हैं और चाहें तो मिलकर यह काम कर सकते हैं। वेतनभोगी रसोइयों की छुट्टी तो हो जाएगी साथ में स्वावलंबन की दिशा में सब एक साथ आगे बढ़ सकेंगे।"

गांधी ने पाया कि उनमें से कुछ शिक्षकों ने इसके प्रति नकारात्मक रूप अपनाया। ठाकुर ने उनका उत्साह बढ़ाते हुए कहा, "इसमें स्वराज्य की चाबी है।"

यह कार्य शुरू हुआ। सब जुड़े परंतु उनमें से कुछ आधे-अधूरे मन से। अधिकांश विद्यार्थी और प्रियर्सन जैसे कर्मठ सेवक आगे आए और खासा कर्मयोग प्रारंभ हो गया, परंतु सौ सवा सौ विद्यार्थी-शिक्षक इस कार्य को एकदम नहीं अपना सकते थे। प्रतिदिन चर्चा होती। उत्साह बढ़ता। कुछ तटस्थ रहते। गांधी ने जान लिया कि इसके लिए उन्हें और प्रशिक्षण और कर्म व्रत की जरूरत है। फिर भी, उन्हें लग रहा था कि यदि वे वहाँ कुछ दिन और रुक सके तो यह स्वैच्छिक कार्य आनंद से गति पकड़ लेगा।

ईश्वर को यह मंजूर नहीं हुआ और अचानक गांधी को भारी मन से पूना जाना पड़ गया। गोखले नहीं रहे थे। गांधी पत्नी और मगनलाल गांधी को लेकर पूना चल दिए, शेष सदस्य वहीं बने रहे।

रेल का करिश्मा

शांति निकेतन से गांधी बर्दमान पहुँच गए। वहाँ से आगे की यात्रा तीसरे दरजे में करनी थी। वह गाड़ी आने से पूर्व स्टेशन आ गए। भीड़ थी। उन्होंने चाहा कि टिकिट पहले मिल जाए। ट्रेन आने पर टिकिट खिड़की पर बहुत भीड़ हो जाएगी और फिर गांधी जैसा आदमी उस भीड़ का सामना नहीं कर सकेगा।

गांधी ने स्टेशन मास्टर से आग्रह किया कि वह उन्हें पहले टिकिट दिलवा दें। स्टेशन मास्टर ने कहा, "मिस्टर, तीसरे दरजे के मुसाफिर को टिकिट पहले नहीं मिल सकता।"

इतने में गाड़ी आ गई। ट्रेन की ओर यात्री भागने लगे। धक्कम-धक्कम शुरू। उन तीनों में से कोई भी वहाँ से टिकिट नहीं ला सकता था।

जब गांधी स्टेशन पर इधर-से-उधर चक्कर काटकर थक गए, तब उन्होंने स्टेशन मास्टर के पास जाकर कहा, "साहब, कंपार्टमेंट में कहीं जगह नहीं है।"

"तो मैं क्या करूँ। चाहो तो कल आओ, अगली ट्रेन से। जो भी साधन और जैसा भी साधन मिले उससे जाओ। यह आप पर है।"

अब ? गांधी ने गाड़ी आने की एक झाँकी पहले ही अपने दिमाग में सँजो रखी थी। मगनलाल ने कहा, "इसी गाड़ी से चलें, जहाँ जगह मिल जाए, वहाँ बैठ जाएँ।"

"यह भी प्रयत्न कर लो, मगन।" गांधी के हृदय से आवाज उठी।

गाड़ी आई थी कि तभी भीड़ उस पर ऐसे टूट पड़ी थी, जैसे गुड़ की भेली पर चींटे। गांधी हक्के-बक्के रह गए। इतने में मगनलाल टिकिट लेकर आ गया।

फिर कुछ देर बाद उनके अंदर से आवाज उठी, "यही भारत है, गांधी। इसे जहाँ से शुरू करोगे, बहुत कुछ ऐसा या इससे बदतर पाओगे।"

अब गांधी इंटर क्लास के कंपार्टमेंट में पत्नी और मगनलाल सहित बैठ गए थे। प्रण तो उन्होंने तीसरे दरजे में सफर करने का किया था। लंदन से वे जिस जहाज से चले थे, उसमें तीसरे दरजे जैसी कोई व्यवस्था नहीं थी।

जैसे ही आसनसोल स्टेशन आया, वैसे ही उनके सामने गार्ड खड़ा हो गया। वह बोला, "टिकिट।" उसने तीनों टिकिट्स देखें और कहा, "यह इंटरक्लास है, महाशय। आपके पास थर्ड क्लास का टिकिट है।"

"हाँ है।"

"तो थर्ड क्लास और इंटरक्लास के टिकिट के भाड़े में जो अंतर है, वह निकालो।"

"मैं आपके पास आया था, गार्ड साहब। मैंने कहा था कि गाड़ी में जगह नहीं है। कृपया मुझे जगह बतलाइए। आपने जगह नहीं बतलाई। जगह बतलाना आपका धर्म है। जगह न मिलने के कारण हम ऊँचे दरजे में आ बैठे। कृपया अब तीसरे दरजे के कंपार्टमेंट में जगह दिलवा दीजिए। हम सब वहाँ चले जाएँगे।"

"क्या आप मुझे धर्म सिखलाने के लिए यात्रा कर रहे हैं? मुझे अपना धर्म अच्छी तरह मालूम है। आप अपने धर्म का पालन करें। भाड़े का अंतर निकाले वरना जुरमाना सहित रसीद बनानी पड़ेगी।" गार्ड का स्वर तीखा हो गया। उसने एक दृष्टि गांधी की काठियावाड़ी पोशाक पर डाली।

"वरना…।" गांधी इतना ही कहकर रह गए।

"कृपया बहस में अपना और मेरा समय नष्ट नहीं करें।"

"परंतु जगह।"

"नहीं थी तो वहीं उतर जाते। टिकिट लौटा देते। मेरे पास कोई जगह नहीं है। ऊँचे दरजे में बैठने का भाड़ा न देना चाहें तो गाड़ी से उतरना पड़ेगा।"

गांधी को दक्षिण अफ्रीका में प्रथम श्रेणी का टिकिट होते हुए भी उतार दिया गया था। यहाँ भी उनको भाड़े का अंतर नहीं भरने पर उतार दिया जाएगा।

गांधी अब क्या करें! पूना जाना जरूरी था। बहस का कोई अर्थ नहीं था। उन्होंने भाड़े में अंतर को भर दिया। उनका मन अशांत हो उठा। उनमें न्याय-अन्याय को लेकर द्वंद्व मचा। मुगलसराय आ गया। यहाँ ट्रेन कुछ ज्यादा देर खड़ी होती थी। मगनलाल उतरा। तीसरे दरजे के कंपार्टमेंट में जगह बनाकर लौट आया। अब गांधी तीसरे दरजे में सबके साथ आ बैठे।

जैसे गांधी की निगाहें टिकिट कलेक्टर पर पड़ी, वैसे उन्होंने उसे सारी कहानी सुनाकर कहा, "कृपया आप यह सर्टिफिकेट दीजिए कि हम लोग मुगलसराय से आगे की यात्रा थर्ड क्लास के कंपार्टमेंट में कर रहे हैं।"

"मैं कोई प्रमाण नहीं दे सकता।" यह कहकर वह वहाँ से आगे बढ़ गया।

गांधी में उलझन फाँस की तरह टीस दे रही थी। उनसे नहीं रहा गया। सत्य की दीमक उनके दिमाग को चाट रही थी। उन्होंने रेलवे के उच्च अधिकारी को पत्र लिखा। उनका जवाब मिला कि बिना प्रमाण-पत्र अतिरिक्त किराया नहीं लौटाया जा सकता है, परंतु उनके केस में बर्दवान से मुगलसराय तक का किराए का अंतर नहीं लौटाया जा सकेगा, शेष अंतर की राशि लौटवा रहा हूँ।

गांधी ने तीसरे दरजे की रेल यात्रा में भारत को जाना कि यात्री कैसे-कैसे हैं। उनका

ज्ञान क्या है? कोई चीज कहीं फेंक देते हैं। पान की पीक चारों ओर नजर आती है। यात्री यह नहीं जानते कि वे गंदगी फैला रहे हैं, अशिष्ट हैं। वे जो कर रहे हैं, वह उनकी तरफ से स्वाभाविक है और उचित है।

हे राम! यह कैसे होगा? कौन उनकी चेतना में गंदगी और अशिष्टता की ओर ध्यान लाने का प्रयास करेगा?

गांधी और मगनलाल तो जैसे-तैसे स्टेशन के नल से पानी लेकर नहा लिये पर पत्नी कैसे खुले में नहा सकती थी। उसके नहाने की व्यवस्था वे कैसे करें, यह उन्हें सूझ नहीं रहा था। तभी भारत सेवक समाज का एक व्यक्ति सामने आ गया। उसने उनकी समस्या का हल चुटकी में खोज निकाला। उसने कहा, "मैं उन्हें दूसरे दरजे के स्नानागार में स्नान करवा देता हूँ। यहाँ मेरी जान-पहचान है।"

गांधी में सत्य कुलबुलाया। टिकिट थर्ड क्लास का है और सुभीता दूसरे क्लास का क्यों? क्या यह वही स्वार्थवृति नहीं है, जिसके लिए अभी-अभी भारतीय यात्रियों को वह बुरा भला कह रहे थे। पर उपाय क्या? कैसे कस्तूरबा स्नान करें। उन्होंने गहरी साँस ली और इस नग्न सत्य की ओर से निगाहें फेर लीं। उन्होंने यह भी नहीं सोचा कि भारत सेवक समाज का वह सदस्य क्या सोचेगा?

कस्तूरबा नहाकर आ गईं। गांधी पूना भी पहुँच गए, परंतु उस टीस से मुक्ति नहीं पा सके, जिसके कारण वे यह निर्णय नहीं ले पाए थे कि कस्तूरबा पूना जाकर नहाएँगी। सत्य की खोज खबर से उन्होंने आँखें क्यों फेर लीं? क्या वह इतनी जल्दी हार गए? इसका उत्तर उनके पास नहीं था। उन्होंने वह कड़वा घूँट क्यों पीया?

होमरूल लीग

श्रीमती एनी बेसेंट आयरिश थीं। वह भारत आईं और यहीं बस गईं। वह लेखिका और दक्ष वक्ता के अतिरिक्त संगठन करने की अद्‌भुत शक्ति रखती थीं। उनका पारदर्शी चरित्र था। वह थियोसोफिस्ट प्रमुख थीं। उन्होंने सामाजिक व सांस्कृतिक क्षेत्र में कार्य करने के साथ-साथ राजनैतिक क्षेत्र में भी अपनी उपस्थिति दर्ज कराई थी। गांधी को उनका कुछ-कुछ आभास जार्ज बर्नार्ड शा के मित्र से मिला था। वह उनका नोटिस लेना चाह रहे थे कि वहाँ यह चर्चा तेज हुई कि अब सर्वेंट्स ऑफ इंडिया सोसाइटी (भारत सेवक समाज) का संचालन कैसे किया जाए?

गांधी को लगा कि उन्हें भारत सेवक समाज में प्रवेश ले लेना चाहिए। गोखले भी यही चाहते थे, परंतु तब भी उसके सदस्य गांधी को सदस्य बनाने के पक्ष में नहीं थे।

इस बारे में गांधी ने अपनी ओर से उसके सदस्यों को भरोसा दिलाने की भरसक कोशिश की थी। अनेक बैठकों में चर्चा भी चली थी। लेकिन वही ढाक के तीन पात। अधिकांश सदस्यों के मन में आशंका थी कि गांधी के प्रवेश से उनकी सोसाइटी में संकट पैदा हो जाएगा, क्योंकि गांधी उसमें अपनी नीति-रीति चलाना चाहेंगे। उत्तर-दक्षिण कभी नहीं मिल सकते।

गांधी के मन में था कि वे अपने राजनीतिक गुरु के प्रति अपनी निष्ठा भक्ति कैसे दरशाए? वह भारत सेवक समाज के सदस्यों के विरुद्ध नहीं जाना चाहते थे, उन्होंने अपनी ओर से भरसक प्रयत्न करके देख लिया था, लेकिन वह सफल नहीं हो सके।

तब उन्होंने वहाँ से विदा होते हुए कहा था कि उनकी सदस्यता को लेकर वे लोग आपस में नहीं उलझें। आगामी बैठक तक इस चर्चा को मुलतवी कर दें।

वही हुआ। सबको यह सुझाव पसंद आया। गांधी लौट आए। उस विषय पर सोचते रहे कि आगे उन्हें क्या करना चाहिए। उन्हें यही सोचना ठीक लगा कि वह उससे नहीं जुड़े, ताकि उन्हें लेकर उनमें आपस में मतभेद और झगड़ा न बने।

गांधी नहीं चाहते थे कि उनके कारण भारत सेवक समाज कमजोर स्थिति में आ जाए। यह विचार कर उन्होंने सोसाइटी को पत्र लिख दिया कि वह सोसाइटी के सदस्य हेतु दिए गए प्रार्थना-पत्र को लौटाने का आग्रह करते हैं। उनके प्रवेश के लिए सभा बुलाने की कोई जरूरत नहीं है। इसका लाभ यह हुआ कि उनकी सदस्यता को लेकर जो रस्साकशी चल रही थी, वह खतम हो गई और उन्हें लगा कि गोखले की आत्मा उनके इस निर्णय से प्रसन्न होगी।

पूना से मुक्ति पाकर गांधी का ध्यान सन् 1916 के सितंबर में श्रीमती एनी बेसेंट द्वारा स्थापित होमरूल लीग की ओर गया, क्योंकि उनसे पूर्व 22 अप्रैल, 1916 में तिलक भी होमरूल लीग की स्थापना कर चुके थे। साथ ही कारागार से मुक्त होने पर उन्हें एक लाख रुपए की थैली जनता ने भेंट की थी, उसे उन्होंने लीग को सौंप दिया था।

श्रीमती एनी बेसेंट इस मत की थीं कि जब तक इंग्लैंड मुसीबत में फँसा हुआ है, उसी दरम्यान उसे हिंदुस्तान को स्वाधीन कराने के लिए बाध्य किया जा सकता है। उनका निमंत्रण गांधी को भी मिला था कि वह होमरूल लीग के संस्थापकों में सम्मिलित हो जाएँगे। उसी संदर्भ में एनी बेसेंट ने गांधी को लिखे पत्र में अपने इस मत का उल्लेख किया था, जिसका प्रत्युत्तर गांधी ने दिया था कि उन्हें अंग्रेजों पर अविश्वास नहीं है। वे ऐसे किसी भी आंदोलन अथवा कार्यक्रम में भाग नहीं ले सकते, जिसका उद्देश्य युद्ध काल में अंग्रेजों की खिलाफत करना हो।

तब श्रीमती एनी बेसेंट के होमरूल लीग का चहुँ ओर जबरदस्त स्वागत हो रहा था, क्योंकि उन्होंने ब्रिटिश साम्राज्य के अंतर्गत स्वराज्य पाने का लक्ष्य निर्धारित किया था।

जनमत, विशेषतया शिक्षित वर्ग इसके पक्ष में था।

व्यापक जन समर्थन से तत्कालीन भारत सरकार और ब्रिटिश शासन घबरा उठा था। इस जागृति की लहर ने जन मन में अदमित जोश भर दिया था। श्रीमती एनी बेसेंट और गरम दल के नेता तिलक के पीछे सारा देश चल पड़ा था।

गांधी देख रहे थे कि होमरूल लीग की गतिविधियों ने राजनीतिक सुस्ती को देश से एकदम उड़ा दिया था और लगने लगा था कि संकट में फँसी ब्रिटिश सरकार से अवश्य कुछ-न-कुछ मिल जाएगा।

सारे देश के कार्यकर्ताओं की रगों में बिजली दौड़ गई थी। दिसंबर 1916 में हुए कांग्रेस अधिवेशन की सबसे बड़ी उपलब्धि यही रही थी कि गरम और नरम दल एक हो गए। इसके साथ मुसलिम लीग और कांग्रेस में समझौता हो गया। मुसलिम लीग की राय से कांग्रेस ने जो मसविदा तैयार किया था, वह पास हो गया।

गांधी देख रहे थे कि उस अधिवेशन में कांग्रेस अध्यक्ष अंबिकाचरण मजूमदार के दोनों ओर सुरेंद्रनाथ बैनर्जी, एनी बेसेंट, लाला लाजपतराय आदि विराजमान थे। तब लोकमान्य तिलक ने कहा था, "कांग्रेस के दोनों पक्षों में एकता स्थापित करने कराने का सौभाग्य लखनऊ को प्राप्त हुआ है।"

गांधी सन् 1915 में कांग्रेस में विषय समिति के चुनाव में हार गए थे। वह तो तत्कालीन अध्यक्ष सर सत्येंद्र प्रसन्न सिन्हा ने उन्हें मनोनीत कर दिया था। इस बार भी गांधी की हार निश्चित थी। वो तो तिलक ने उनको विजेता घोषित कर दिया था।

इस समय गदर पार्टी सशक्त थी और वह सशस्त्र क्रांति में गहरी आस्था रखती थी। ब्रिटिश सरकार इस पार्टी की गतिविधियों से अधिक चिंतित थी। 21 फरवरी, 1915 में इस पार्टी ने गदर की योजना पर उत्तरी भारत की ब्रिटिश सत्ता को बेतरह से झुलसा दिया था। सरकार ने इस क्रांति में सम्मिलित हुए 66 व्यक्तियों को मृत्युदंड दिया था और शेष को कालेपानी की सजा। कर्तारसिंह गदर पार्टी के प्रमुखों में थे। वह पकड़ा गया था। उसे मृत्युदंड मिला था। उसने भारत माँ की जय से सारे कारागार को गुंजायमान किया था। उसे मृत्युदंड की इतनी अधिक प्रसन्नता हुई थी कि उसका दस पौंड वजन बढ़ गया था।

तभी एनी बेसेंट की पुस्तक 'भारत एक राष्ट्र' ने क्रांति मचा दी। गांधी ने भी वह पुस्तक पढ़ी थी और उनका ध्यान निम्नलिखित उद्धरणों पर गया था—

"होमरूल भारतीय युवकों के लिए अपरिहार्य है। उसकी वजह है कि भारतीय युवा समाज उस शिक्षा के अंतर्गत जो कुछ प्राप्त कर रहा है, वह गलत तरीके से। उससे वह दिशा भ्रमित हुआ है।...इस समय भारतीय विद्यार्थी निराश हैं। उनमें से अधिकांश क्षणिक आवेग उन्माद की वजह से अपना समग्र जीवन नष्ट किए जा रहे हैं। मेरा यह फर्ज है

कि मैं सोते हुए भारतीयों को जाग्रत् कर उन्हें मातृभूमि की सेवा करने की उत्प्रेरणा दूँ।"

होमरूल के चार प्रमुख सिद्धांत थे—

1. स्वदेशी वस्तुओं से प्यार तथा उनका आदर।
2. विदेशी वस्तुओं का बहिष्कार।
3. राष्ट्रीय स्तर पर शिक्षा का संचालन।
4. स्वतंत्र राष्ट्र की स्थापना।

गांधी ने पाया कि होमरूल लीग का प्रभाव ब्रिटिश सरकार पर पड़ा है। उसने प्रशासन के प्रत्येक विभाग में हिंदुस्तानियों को अधिक-से-अधिक स्थान देना शुरू कर दिया है। उसके मन में उत्तरदायित्व सौंपने का मंथन सक्रिय हो उठा है।

गांधी अभी तक भारतीय राजनीति के मंच पर नहीं आ सके थे। वे अब तक द्रष्टा की भूमिका निभा रहे थे। इस समय सरकार में एनी बेसेंट और तिलक की ही भूमिका को सर्वाधिक महत्त्व मिल पाया था। गांधी कहीं नहीं थे। गांधी को मात्र समाज सुधारक माना था। मांटेग्यू का गांधी के बारे में यह कथन विचारणीय है। वह मान रहे थे कि "गांधी जनता को कष्टमुक्त कराने में गहरी रुचि रखते हैं। यह कार्य वे अपनी ख्याति के लिए नहीं, भारतीयों की हालत सुधारने के लिए करते हैं। वे कुलियों जैसे कपड़े पहनते हैं। नेतृत्व का भार लेने से कन्नी काटते हैं और संपन्नता की ओर ध्यान नहीं देते हैं।"

गांधी आगे आते तो कैसे! न उन्हें नरम दल की कार्य प्रणाली पसंद थी और न गरम दल की। युद्धकाल में वे ब्रिटेनिया सरकार के खिलाफ कोई आंदोलन खड़ा नहीं करना चाहते थे। लेकिन अंदर-ही-अंदर गांधी में नव राजनीतिक चेतना, नीतियाँ और करने के तरीकों के चुनाव का कार्य तेजी से दिशा पकड़ रहा था। अब तक वे अपने को इतना सक्षम मानने लगे थे कि वे किसी लीग या संगठन में प्रभाव बनाने के लिए आ सकते हैं, परंतु वे उस लीग या संगठन के अनुसार चलने को तैयार नहीं थे। वे उस आकर्षण से बचना कतई नहीं चाहते थे, जो देश की स्थिति सुधारने में कारगर सिद्ध हो सके। वे इस प्रतीक्षा में भी थे कि उनके हाथ कोई ऐसा अवसर आए, जिससे वे अपने अंतर्प्रकाश से अँधेरे में पड़ी जनता को उबार सकें और जनता सत्य की ताकत का अपने में अनुभव कर सके।

गांधी के मन में अभी तक गिरमिटिया कुप्रथा गहरे में बैठी हुई थी। 25 फरवरी, 1910 में गोखले ने काउंसिल से यह प्रस्ताव पास भी करवा लिया था, परंतु उसके बाद भी वह प्रथा बराबर बनी रही। गांधी ऐसी ही किसी प्रथा से राजनीति में उतरने का इंतजार कर रहे थे।

आश्रम की स्थापना

गांधी भारत के तीर्थ स्थानों में घूमते रहे। उनके मन में फीनिक्स बसा हुआ था। टाल्सटॉय फार्म उनके स्वभाव में उतर चुका था। वे आश्रम बनाने के लिए हरिद्वार, हृषीकेष, लक्ष्मन झूला आदि स्थानों पर जा चुके थे। हरिद्वार में आश्रम बनाने का उन्हें आमंत्रण भी मिल चुका था। जैसे ही वे अहमदाबाद आए तो उन्हें लगा कि उनकी आत्मा में बसा शहर वही है! वहाँ चरखे का काम कुछ ज्यादा ही हो रहा था। मजदूर भी थे। हथकरघे भी थे। गरीबी भी थी। सेठ-साहूकारों की भी कमी नहीं थी। वह उनकी मातृभाषा का भी गढ़ था। वहाँ कपड़ा मिलें भी थीं।

जगह कहाँ मिले? पैसा कहाँ से आए? आश्रमवासी कौन बनें। तब किराए का मकान लिया गया। वह मकान बैरिस्टर जीवणलाल का था।

नामकरण का प्रश्न उठा। कई नाम सामने आए जैसे तपोवन, सेवाश्रम आदि, परंतु सबने उसका नाम सत्याग्रह आश्रम पसंद किया, क्योंकि गांधी सत्य की तलाश में रहते थे।

नियमावली बनी। उस समय गांधी के साथ तेरह तमिल भाई थे। उनमें पाँच तमिल बालक उनके साथ आए थे। कुल पच्चीस स्त्री-पुरुष थे। वह एक साथ भोजन करते, पूजा करते, उठते बैठते, बातचीत करते थे। यों स्वावलंबन की ओर बढ़ रहे थे वे सब।

आश्रम में भाई अमृतलाल ठक्करबापा का पत्र आया कि एक निर्धन तथा प्रामाणिक अन्त्यज परिवार उनके आश्रम में आने का मन रखता है। क्या उसे स्वीकार किया जाएगा?

गांधी ने स्वप्न में भी नहीं सोचा था कि आश्रम बनते-बनते ही उनकी परीक्षा शुरू हो जाएगी। उन्होंने ठक्ककरबापा का पत्र आश्रमवासियों को पढ़वाया। सोचने का समय दिया। सबकी राय बनी कि यदि वह आश्रम के नियम कायदे पर चलने को तैयार हो तो उसे बुलवा लिया जाए।

पत्र गया। उत्तर में वह अन्त्यज परिवार सामने था—दूदाभाई, उसकी पत्नी दानी बहन और उनकी दूध पीती बच्ची लक्ष्मी।

समस्या उनके आते ही मुँह बाए आ खड़ी हुई। बँगले का मालिक वहीं रहता था। पानी कैसे ले? जहाँ से पानी लिया जाता था, उसका एक हिस्सा मालिक का बनता था। इस कारण पानी लेने में नए-नए बवाल खड़े होने लगे। चरसवाला उनके लिए पानी के छीटें पड़ने पर गालियाँ बकता था, परंतु प्रतिक्रिया कुछ होती न पाकर वह चकित रह गया। उसने गालियाँ देना बंद कर दिया। सहनशक्ति का था यह चमत्कार।

अन्त्यज परिवार को आश्रम में स्थान देने पर आर्थिक सहायता लगभग बंद हो गई। यहाँ तक कि आश्रमवासियों ने तय कर लिया था कि यदि समाज ने उनका बहिष्कार कर दिया तो वे सब अन्त्यजों के साथ रहने चले जाएँगे।

धन नहीं रहा। आश्रम का खर्च कहाँ से चले? संकट! तभी एक सेठ आश्रम के बाहर आया। गांधी को बुलवाया और स्वेच्छा से तेरह हजार रुपए देकर कार में बैठा और चला गया। इस धन से एक वर्ष आश्रम चल सकता था।

गांधी तो अस्पृश्यता को समाज से मिटाना चाहते थे। जिन सेठों ने आश्रम को आर्थिक सहायता देना बंद किया था, वे सेठ पुन: आर्थिक सहायता देने लगे। एक चुप हजारों हजार पर भारी पड़ता है। अन्त्यजों को समाज स्वीकार करने के लिए तैयार हो सकता है बशर्ते कि आश्रम जैसी दृढ़ता हो, अनुशासन हो और विराट् हृदय हो।

नील की पीड़ा

चंपारन बिहार का जिला। आम के बागों के लिए भी वह जाना जाता था। सन् 1916 के दिसंबर माह में कलकत्ता में कांग्रेस का अधिवेशन हुआ। चंपारन की पुकार! चंपारन ही क्यों बना सारे भारत की पुकार?

चंपारन के किसानों में नील की खेती को लेकर बराबर तकरार बनी रहती थी। गांधी देश में भ्रमण करते आ रहे थे। चंपारन के कृषक के पास धन नहीं था और कार्य करनेवालों में कोई अनुभवी और दक्ष नहीं था, जिसे आगे लाया जा सके। समस्या यहाँ से शुरू हुई।

चंपारन में किसानों को 3 बटा 20वें भाग में नील की खेती करना जरूरी था। इस संबंध में कांग्रेस अधिवेशन में चर्चा गरमाई भी थी।

चंपारन के एक किसान परिवार से था राजकुमार शुक्ल। वह नील की खेती करने के पक्ष में नहीं था। ब्रजकिशोर बाबू ने कांग्रेस अधिवेशन में नील की खेती की मार्मिक कहानी गांधी को सुनाई। गांधी चंपारन जाए बिना चंपारन के बारे में कुछ कर सकने के लिए तैयार नहीं थे। वे स्वयं देखेंगे, समझेंगे और मंथन करेंगे, फिर अपना करणीय तय करेंगे।

गांधी अर्द्ध गुलामी के सख्त खिलाफ थे। सन् 1894 में अर्द्ध गुलामी के विरोध में सर्वप्रथम प्रार्थना-पत्र उन्होंने ही तैयार किया था। फरवरी 1917 में मदनमोहन मालवीय ने बड़ी काउंसिल में इस प्रथा को तत्काल हटाने से संबंधित कानून पेश करने हेतु तत्कालीन वायसरॉय से इजाजत माँगी थी, परंतु वायसरॉय ने इजाजत नहीं दी। इस पर गांधी ने लोक जागृति हेतु हिंदुस्तान के हर बड़े शहर जैसे कलकत्ता, बंबई, कराची में जन सभाएँ कीं।

सारी वास्तविकता बतलाई। जन सैलाब हिलोरें लेने लगा। वायसरॉय घबराया। इसके फलस्वरूप 12 अप्रैल, 1917 को वायसरॉय ने गिरमिटियों की भरती बंद करने का ऐलान किया।

राजकुमार शुक्ल गांधी के साथ-साथ सब जगह गया और अंत में वह उन्हें चंपारन लाकर ही माना। गांधी चंपारन के सदर मुकाम मोतीहारी पहुँचे। गांधी की आँधी का सबको आभास होने लगा था। गांधी के वहाँ रहने से अधिकारियों के मन-मस्तिष्क में खतरे की घंटियाँ बज उठीं और उन्होंने शांति भंग होने के अंदेशे की आड़ में गांधी को तत्काल जिले से बाहर जाने का सरकारी आदेश उनके हाथ में थमा दिया।

गांधी पटना और मुजफ्फरपुर होते हुए चंपारन से मोतीहारी पहुँचे थे। मुजफ्फरपुर में आचार्य कृपलानी थे। वे पहले प्रोफेसर थे। जब गांधी उनसे मिल रहे थे, तब वे नौकरी से अलग हो चुके थे। आचार्य कृपलानी आधी रात को उन्हें स्टेशन लेने आए थे।

गांधी को धीरे-धीरे पता चलता गया कि अशिक्षित राजकुमार शुक्ल ने जो कुछ गांधी को बताया था, वह एकदम सत्य था। वहाँ रामनमीप्रसाद ने बताया था कि यह काम कठिन है और इसके करने में एडवाकेट गयाबाबू से मदद मिल सकेगी।

वास्तव में गयाबाबू के घर जाना गांधी के लिए सार्थक रहा। वहीं राजेंद्रबाबू पुरी से आ पहुँचे थे और दरभंगा से ब्रजकिशोर बाबू। यों वहाँ वकीलों के मंडल के बीच गांधी आ पहुँचे। सारी हकीकत गांधी के सामने आई। अत्यंत दीन हीन किसान, सरकारी भय से कुचली किसानों की वह जमात! मुकदमेबाजी अलग। पुलिस की ज्यादती अलग।

गांधी को वहाँ साक्षात् नरक के दर्शन होने लगे। ब्रजकिशोर बाबू को गांधी ने दुभाषिए के रूप में प्रयोग किया। वहाँ कागज पत्र कैथी या उर्दू में बनते थे। वहाँ की हिंदी गांधी के पल्ले नहीं पड़ रही थी। उस वकील मंडली की सहायता भी उन्हें चाहिए थी, वह उन्हें मिली।

यह तय हुआ कि वे लोग गांधी द्वारा सौंपे गए हर काम को करेंगे। पूरा समय भी वे दे सकेंगे। आंदोलन करना उनसे बनेगा और जेल जाने से उन्हें कोई भय-संकोच नहीं है।

गांधी ने रणनीति तैयार की। पहले नील के मालिकों के खिलाफ शिकायतें सुनेंगे, उनकी जाँच-पड़ताल करेंगे। फिर वे नील के मालिकों से भी मिलेंगे। उनकी सुनेंगे। तब रास्ता बनाएँगे।

सिर मुँडाते ही ओले पड़ना शुरू। गांधी वहाँ के मालिकों की दृष्टि में परदेशी हो गए और कमिश्नर तो गांधी को देखते ही आग बबूला होने लगा और वह यह सलाह दे बैठा कि उन्हें तिरहुत छोड़कर लौट जाना चाहिए। चंपारन तिरहुत का एक जिला है और मोतीहारी उसका प्रमुख शहर।

मोतीहारी में गांधी गोरखबाबू के यहाँ रुके थे। पहुँचते ही गांधी जान सके कि वहाँ

पाँच मील की दूरी पर एक किसान के साथ ज्यादती हुई है। तय हुआ कि सुबह धरणीधर प्रसाद के साथ वे वहाँ जाएँगे। धरणीधर प्रसाद वकील थे।

सुबह गांधी हाथी पर बैठे। वहाँ हाथी का प्रयोग गुजरात में चलनेवाली बैलगाड़ियों की तरह ही होता था। अभी गांधी आधे रास्ते ही पहुँचे थे कि पुलिस सुपरिंटेंडेंट का आदमी पहुँचा। वह उनसे बोला—"साहब ने आपको सलाम भेजा है।" यानी उसके साथ वे चलें। वह घर लाया और चंपारन छोड़ने का नोटिस थमा दिया।

"नहीं मैं चंपारन से नहीं जाऊँगा। मैं यहाँ सत्य की तलाश में आया हूँ। जाँच शुरू करनी है। फिर जाना कैसा?"

फिर क्या था कि अगले दिन गांधी को कोर्ट में हाजिर होने का समन मिला।

चंपारन के लिए गांधी नए थे। चंपारन गंगा के पार था। हिमालय की तराई में बसा हुआ था। नेपाल से लगा। शायद ही वहाँ किसी ने कांग्रेस का नाम सुना था। और जिसने सुना था, उसके मन में उसका नाम लेने से भी भय था।

गांधी नहीं वहाँ कांग्रेस आई है की लहर मचल उठी। इसके साथ ही कलेक्टर और मजिस्ट्रेट और पुलिस सुपरिंटेंडेंट से उनके संबंध सहज हो गए। गांधी ने मधुर भाषा में विनम्रता के साथ अपने वहाँ ठहरने का इरादा व्यक्त किया था, जिससे अधिकारी वर्ग आश्वस्त हो सका था कि गांधी उनकी आज्ञा का उल्लंघन विनय- आदर के साथ एक सीमा तक करेंगे।

28 अप्रैल, 1917 गांधी ने मजिस्ट्रेट के सामने जो बयान दिया था, उसमें उन्होंने सादर अपनी स्थिति स्पष्ट कर दी थी कि "कानून का सम्मान करनेवाले नागरिक की हैसियत से मुझे जो आदेश मिला है उसका पालन करने की मेरी स्वाभाविक इच्छा रहती है और रहनी भी चाहिए, परंतु मुझे लगा कि वैसा करने से मैं उनके प्रति कर्तव्य का पालन नहीं कर पाऊँगा, जिनके लिए मैं यहाँ आया हूँ। यह बात मैं भली प्रकार जानता हूँ कि मुझ जैसी प्रतिष्ठा रखनेवाले इनसान को कोई कदम उठाकर उदाहरण पेश करने में अत्यंत सावधान और सचेत रहने की आवश्यकता है…आज्ञा का उल्लंघन करने के पीछे मेरा उद्‌देश्य कानून से स्थापित सरकार का अनादर करना कतई नहीं है, बल्कि मेरा हृदय जिस महान् कानून को मानता है, यानी अंतरात्मा की आवाज को, उसका अनुसरण करेगा। तिरहुत संभाग के कमिश्नर ने यह निर्णय स्व विवेक से, बिना अपने वरिष्ठ अधिकारियों से राय मिलाए ले लिया था, अत: भारत सरकर ने उस आदेश को अमान्य कर दिया। यों उन पर से मुकदमा उठ गया।

यह बहुत बड़ी घटना हो गई। इससे गांधी की ख्याति चारों ओर फैल गई और वहाँ की जनता, विशेषतया किसानों को उनसे बहुत उम्मीद हो गई। गांधी अपनी जाँच पड़ताल में जुट गए।

गांधी का काम करने का तरीका बहुत स्पष्ट था। सत्य जानने का उनका तरीका इतना पारदर्शी और प्रभावशाली था कि एक अंग्रेज आई.सी.एस. अधिकारी डब्ल्यू.ए. लूइस ने मजिस्ट्रेट डब्ल्यू.एच. हिकाक को लिखे पत्र में उसका वर्णन इन शब्दों में किया है—"मिस्टर गांधी कल, रविवार की संध्या, यहाँ पहुँचे और आज, सोमवार की सुबह मुझसे मिलने आए। उनका कहना था कि प्रजा पर वास्तव में ज्यादतियाँ हो रही हैं। मिस्टर गांधी की छानबीन का उद्देश्य जैसा उन्होंने मुझे बतलाया था, प्रजा को उनके कष्टों और उन पर की जानेवाली ज्यादतियों से छुटकारा दिलवाना है।" आगे मि. लुईस ने चश्मदीद गवाह की हैसियत से लिखा कि "अगले दिन बुधवार की दुपहर के बाद मैं स्वयं उस गाँव गया जहाँ मि. गांधी लोगों के बयान दर्ज कर रहे थे। मैंने कुछ समय उनके साथ बिताया था। मि. गांधी हर बयान देनेवाले से सख्त जाँच करते। उससे खूब जिरह करते। इसका कारण था कि वह कोई बात ऐसी दर्ज नहीं करना चाहते थे, जो असत्य हो और बाद में जिसे काटा जा सके।"

जिला मजिस्ट्रेट डब्ल्यू.एच. हिकाक ने पत्र में आगे पढ़ना बंद कर सोचना शुरू किया कि ऐसा काम तो सरकार के बूते का भी नहीं है। वह जजों का जज है। न्याय का पक्षधर है। आगे लुइस ने लिखा था कि यह सच है कि निलहे साहब की यहाँ तूती बोलती है।

निस्संदेह वहाँ गांधी ने इतने कम समय में जबरदस्त ख्याति और विश्वास प्राप्त कर लिया था। वह हिसाब-किताब जो अब तक सर्वाधिक सही समझा जा रहा था, उसे मि. गांधी ने गलत सिद्ध कर दिया।

गांधी घर-घर गए। खुद देखा-समझा कि यथार्थ क्या है ? सच क्या है ? गांधी सत्य की तलाश कर उसे सबके सामने ला रहे थे। इससे भारत सरकार चिंतित हो उठी। उसे यह डर सताने लगा कि कहीं गांधी अपने प्रयोग यानी सत्याग्रह को वहाँ आजमाना शुरू न कर दें।

चंपारन की कहानी बहुत लंबी होती गई। वहाँ की जनता आपबीती लिखा रही थी। छह-सात व्यक्ति उन लोगों की कहानी लिख रहे थे। गांधी भी एक दो बार आकर उनसे भेंट कर लेते थे। गांधी ने खुफिया पुलिस के आदमियों को वहाँ बेरोक टोक बना रहने दिया। उसे भी जानने दिया कि सच क्या है ? इससे पारदर्शिता बढ़ी और यकीन का माहौल तैयार हुआ। शंकाएँ दूर होती गईं।

गांधी निलहे साहबों के भी मित्र बनना चाह रहे थे, जबकि वे अफसर गांधी को अपना शत्रु मान रहे थे। गांधी उन निलहे साहबों को पत्र लिखते, जिनके विरुद्ध शिकायतें आतीं। गांधी उनसे मिलने का आग्रह भी करते। गांधी उनसे मिले। उन्होंने उनके तिरस्कार को भी आदर दिया। उनमें जो उदासीन थे, उन्होंने भी स्वीकारा कि उसका नतीजा यह

निकला कि कुछ निलहे साहब गांधी के प्रति विनम्र हो गए। दरअसल गांधी उनके बीच फैली घृणा की खाई को पाटना चाहते थे।

गांधी को राजेंद्रप्रसाद, ब्रजकिशोर बाबू, अनुग्रह बाबू, जानकीधर बाबू आदि ऐसे साथी मिले थे कि वे जिस कार्य के लिए आए थे, उसमें भी उन्हें लगा कि वहाँ के किसानों के दिमाग पर जड़े ताले खोले जाएँ। अशिक्षा मनुष्य जाति के लिए सबसे बड़ा अभिशाप है। प्राध्यापक आचार्य कृपलानी गांधी के साथ हो लिये थे और बिना उनकी आज्ञा के कोई गांधी से मिल नहीं सकता था। उनकी रात में अध्यापक की भूमिका बहुत प्रभावी हुआ करती थी—सबको हँसने-हँसाने से लेकर बुजदिलों में जान फूँकने तक की।

गांधी ने वहाँ के गाँवों में पाया था कि वहाँ के बालक-बालिकाओं का रत्ती भर भी रुझान शिक्षा की ओर नहीं है—दो-तीन पैसे के लिए उनके माता-पिता नील की खेती में उनसे काम करवा रहे थे।

गांधी ने आचार्य कृपलानी से सलाह मशविरा किया। फिर अन्य सभी साथियों से। छह गाँव चुने गए पहले दौर में जहाँ-जहाँ पाठशाला खोलना तय हुआ वहाँ-वहाँ गाँववालों से चर्चा की गई और यह तय हुआ कि मुखिया पाठशाला को घर देगा और शिक्षक को भोजन खर्च। इतनी कम सुविधा में बिहार में शिक्षक पा लेना कठिन था। इसलिए गांधी ने बाहर से टीम बुलवाई। यों वह टीम बनी अध्यापकों की—

दक्षिण से, आनंदी बाई आईं।

गुजरात से सुरेंद्रनाथ, देवदास, छोटेलाल आए।

बंबई से अवंतिकाबाई आईं।

गांधी के प्रयत्नों से अध्यापकों की यह समर्पित टीम बन गई, जिसमें महादेव देसाई, नरहरि पारीख आदि और जुड़ गए। इनमें मणि बहन पारीख, दुर्गाबहन देसाई और कस्तूरबाई नहीं के बराबर शिक्षित थीं। गांधी ने उन्हें भी शिक्षिका बना डाला और उन्हें काम सौंपा कि वे बालक-बालिकाओं को रहन-सहन, काम करने का ढंग, अदब-कायदे, साफ-सफाई, बातचीत करने का ढंग आदि सिखलाएँगी। आनंदी बाई और अवंतिकाबाई शिक्षित थीं। उनमें शिक्षा का वातावरण तैयार करने की खासी सूझबूझ थी। उनका प्रवेश घर की औरतों के बीच तक सहज हो सका।

चंपारन गंदगी के मामले में सबसे आगे था। जिधर देखो उधर कूड़ा, बिखरा हुआ पानी, कीचड़, आँगन गंदे, रास्ते बदबूदार, कपड़े भी मैले-कुचैले और रोगियों की भरमार। एक अच्छे समाज के लिए जिन बातों की प्राथमिक जरूरतें होती हैं, गांधी ने उस ओर ध्यान दिया और इसके लिए उन्होंने गोखले की सोसाइटी से डॉ. देव को बुलवा लिया।

सेवा में भक्ति है। प्यार में अपार शक्ति है। आदर अनुग्रह में विनम्रता निवास करती

है। अच्छे व्यवहार की आदत डाली जाए तो व्यक्ति बुराइयों में से अच्छाइयाँ चुनने लगता है। इसी का फल यह हुआ कि भारत सरकार ने एक आयोग का गठन किया, जो चंपारन के किसानों की शिकायतों की जाँच करेगा और अपनी रिपार्ट गवर्नर सर एडवर्ट गेटे को देगा। उसमें गांधी को भी एक सदस्य बनाया गया था। गांधी ने इस शर्त के साथ जाँच आयोग का सदस्य बनना स्वीकार किया था कि वह आयोग के सदस्य बन जाने से किसानों के हितों की रक्षा करना नही छोड़ेंगे। गवर्नर गेटे ने गांधी की शर्त मान ली।

आयोग के अध्यक्ष सर फ्रेंच स्लाई हुए। जाँच समिति ने किसानों की समस्त शिकायतों को उचित माना। निलहों ने किसानों से जो अनुचित राशि वसूल की थी, उसका कुछ अंश लौटाने और तीन बठिया के कानून को रद्द करने की उसने सलाह दी।

निलहों का हुकूमत में खासा दखल था। उसने रिपोर्ट का विरोध भी किया, परंतु गवर्नर ने उनकी एक नहीं सुनी और आयोग की रिपोर्ट की सिफारिशों को ज्यों-का-त्यों मान लिया। उस पर अमल भी करवाया। जैसे ही तीन बठिया कानून रद्द हुआ, वैसे ही निलहे गोरों के राज्य का सूरज डूब गया। गांधी की इस भूमिका को सम्मान देते हुए उस आयोग के एक सदस्य सर जार्ज रेनी ने गांधी की तुलना संत पॉल से की।

गांधी की योजना थी कि वह चंपारन को हर दृष्टि से संपन्न बनाएँ। अभी तो उन्हें रचनात्मक कार्य करने का मौका मिला था कि उनकी माँग अहमदाबाद हो गई। कपड़ा मिलों में काम करनेवालों और उनके मालिकों के बीच तगड़े मतभेद पैदा हो गए। वह चंपारन में अपने रचनात्मक कार्यों को बाल्यावस्था में छोड़कर अहमदाबाद चले आए।

मजदूरों के बीच में

गांधी को अनसूयाबाई का पत्र आया था कि वे तुरंत चले आएँ। मजदूरों के प्रति मिल मालिकों की कोई सहानुभूति नहीं है। वहाँ उलटा चोर कोतवाल को डाँट रहा था। पं. जवाहरलाल नेहरू ने चंपारन की सफलता से प्रभावित होकर लिखा था कि "उन्होंने चंपारन में किसानों की तरफ से जो साहसिक कार्य किए और उन कार्यों में उन्हें जो सफलता मिली, उससे हम में उत्साह की लहर दौड़ गई। हमने देखा कि वे अपने तरीकों का भारत में भी प्रयोग करने के लिए तत्पर हैं और उन तरीकों में हमें सफलता की आशा नजर आई।" यह अद्भुत चमत्कार था, जो युवा पीढ़ी को अपनी ओर खींचने लगा था।

परंतु गांधी चाहते थे कि जो काम वे हाथ में लें और जो लोगों में उत्साह से करने की गति को जन्म दे, वह काम किसी भी सूरत में मद्धिम नहीं पड़ने पाए। रुकने का तो प्रश्न ही पैदा न हो। वे हर काम को लोगों से इस तरह जोड़ना चाहते थे कि फिर वह काम उनके अभ्यास में आ जाए और वह उनकी आदत में शुमार होने लगे। उनके बिना भी वे

उस काम को स्वत: ही करने लगें।

हुआ यह कि गांधी चंपारन छोड़कर अहमदाबाद क्या लौटे कि वहाँ वे ऐसे फँस गए कि वहाँ से निकलने का उन्हें रास्ता ही नजर नहीं आ रहा था।

उधर खेड़ा में फसल नष्ट हो गई थीं। वहाँ लगान मुआफी कराना जरूरी था। मोहनलाल पंड्या ने जोर दिया था कि वे तत्काल वहाँ आ जाएँ। अनसूयाबाई के पत्र में मजदूरों की समस्या ने उनको चिंतित कर दिया था। एक साथ दो-दो काम और चंपारन की चिंता अलग। इधर कहीं पाठशाला, ग्राम सुधार, गोरक्षा, गोशाला, गोजाति का सुधार, आदर्श दुग्धशाला आदि काम धरे-के-धरे न रह जाएँ। यों तब अनेक प्राथमिक कार्यों और अनेक चिंताओं से घिरे थे गांधी।

वहाँ के लोग अपने लिए आवश्यक समझे जानेवाले, उनकी भलाई, उन्नति और सार के कामों में एक बार जुट जाने के बाद उनके प्रति उदासीन क्यों होने लगते हैं? क्यों उनमें ललक, काम करने का माद्दा और काम करने से मिलनेवाला आनंद कम होने लगता है? क्यों वे कोई प्रेरक अपने बीच बराबर बनाए रखना चाहते हैं? क्यों नहीं अँधेरों को दूर करने के लिए वे अपना दीया बनना चाहते हैं? चंपारन से पत्र पर पत्र आ रहे थे। चंपारन में एक टीम सक्रिय हो चुकी थी। फिर वहाँ कार्य करते रहने की निरंतरता में कमी क्यों आने लगी?

माना कि उनका वहाँ होना इसलिए भी जरूरी है कि दक्षिण अफ्रीका में वे अनुभव ले चुके थे कि कमजोर, शोषित और पिछड़े समाज की स्थिति वही होती है, जो कुछ दिन पाठशाला चला देने के बाद वहाँ के अध्यापक-प्रेरक के चले जाने के बाद उस पाठशाला की। स्वावलंबन कहना-सोचना सहज है, परंतु उस राह पर आनंद से चल पड़ने की आदत बना लेना कठिन है। ऐसा कतई नहीं होना चाहिए। क्या देवता की पूजा मनुष्य को कमजोरी में जीने की आदत का अनुयायी बनाती है?

नहीं तो क्या कारण है कि चंपारन में एक-एक करके अभ्यासमूलक विचारों के प्रति वहाँ उदासी छाती गई? पाठशालाएँ ठप हो गईं? गोवंश की वृद्धि, गोजाति का सुधार आदि काम लगभग बंद हो गए। और तो और आदर्श दुग्धशाला जैसी चेतना का दीया बुझ गया। क्या हुआ चंपारन जाने से लाभ? सिवा कानून बनवाकर लौटने के? गांधी का मन इस छटपटाहट से कुछ समय के लिए अस्थिर हो गया। छोटे सत्य से बड़े सत्य के लिए अकेले गांधी नहीं, बल्कि हर एक को अपने आपको सहर्ष तैयार कर उसे पूरे समाज की इकाई बनाना जरूरी है। सत्य एकांत पोषक नहीं है। सत्य जितना अपने साथ है उतना ही दूसरे के भी। सत्य होता ही तभी पूर्ण है, जब वह दूसरों को जितने व्यापक स्तर पर अपनाने के लिए अपनों को सौंपता जाता है। उन अपनों को जो पहले दूसरे थे फिर दूसरा कोई नहीं रहता। यहाँ से शुरू होती है सत्य की यात्रा अहिंसा के नाम से।

गांधी के सामने मजदूरों के अस्तित्व की लड़ाई में सच्चाई मालूम हुई। गांधी सच के साथ हैं। वह सच के साथ चलते रहने की तीव्र इच्छा रखते हैं। वे सत्य को शास्त्र से बाहर लाकर उसको जीवन-व्यवहार में इस्तेमाल होते देखना चाहते हैं।

तब अजीब स्थिति पैदा हुई जब अनसूयाबाई को अपने सगे भाई के सामने खड़ा होना था। गांधी के संबंध मिल मालिकों से मधुर थे। उनके सामने भी वह पहला अवसर था, जब मजदूर और मिल मालिकों की लड़ाई में सामने आ रहे थे और वह भी मजदूरों के पक्ष को मजबूत मानते हुए।

क्यों मालिक अपने ही मजदूरों पर या किसानों पर जुल्म करने पर उतारू हो जाता है? निलहे तो अंग्रेज थे और सन् 1817 से वे वहाँ के किसानों पर जुल्म करते आ रहे थे। बिहार में हर बीस कट्ठे (अर्थात् एक एकड़) में से तीन कट्ठे में वहाँ के किसानों को निलहों के लिए नील की खेती करनी पड़ती थी। वहाँ के किसानों को इस कानून से मुक्त कराया था उन्होंने। अहमदाबाद के कपड़ा मिल मालिक अगस्त, सन् 1917 से मिल में काम करनेवाले मजदूरों को उनके वेतन का अस्सी प्रतिशत तक बोनस दे रहे थे। कारण वहाँ तब प्लेग फैला हुआ था और मिल मालिकों को भय था कि कहीं मजदूर प्लेग के भय से अहमदाबाद न छोड़ जाएँ।

स्वार्थ मिल मालिकों का था, परंतु प्लेग का खतरा जैसे ही मिटा वैसे ही कपड़ा मिल मालिकों की नीयत भी बदलने लगी। अब उन्हें प्लेग बोनस किसलिए?

मजदूर का मत था कि महायुद्ध हो रहा था। महँगाई आसमान छूने लगी है। इस कारण उनको दोगुना वेतन मिलना भी न्यायसंगत है। यदि यह बोनस बंद कर दिया तो उनका जीना दुश्वार हो उठेगा।

अहमदाबाद में अंग्रेज कलेक्टर था। उसे लग रहा था कि कपड़ा मिल मालिकों और मजदूरों में ठनने वाली है। ऐसी सूरत में वहाँ झगड़ा शुरू होना स्वाभाविक है। क्या भारतीय कपड़ा मिल मालिक भारतीय मजदूरों के शोषण करने पर नहीं तुले हुए हैं? निलहे तो अंग्रेज थे। कलेक्टर ने गांधी के बारे में जानकारी प्राप्त कर ली थी। वह जानता था कि जो इनसान निलहों (अंग्रेजों) के शोषण से बिहार के किसानों को मुक्त करा सकता है, और वह भी ऐसी सूरत में जब कानून निलहों (अंग्रेजों) के पक्ष में था तो फिर वह क्यों नहीं उनके यहाँ शोषण की प्रक्रिया से जिसे अभी तक कानून का जामा नहीं पहनाया जा सका है, मजदूरों को मुक्ति नहीं दिला सकता? गांधी भी इसी मत के थे कि मजदूरों के साथ मिल मालिक अन्याय करने का मन बना चुके हैं। उन्हें रोकना गांधी अपना फर्ज मानने लगे। सत्य पर सदा अन्याय, असत्य, शोषण, अंध स्वार्थ, लिप्सा आदि ने घटाघोप अंधकार बनाया है। वे सहज होकर न जीना चाहते हैं और न जीने देना चाहते हैं। वे मानव आचरण की इस दुर्बलता और पाशविक वृत्ति के रचाव में संलग्न

सेठ-साहूकारों की भूमिका को कैसे स्वाभाविक धरातल पर ला सकेंगे? यह आज का प्रश्न नहीं है। रामायण-महाभारत से लेकर यही दुरभिसंधियों का खेल चला आ रहा है। राम-कृष्ण के अवतार लेने की प्रतीक्षा कब खतम होगी?

वहाँ के मुख्य कपड़ा मिल मालिक अंबालाल साराभाई थे। उन्होंने ही गांधी के आश्रम पर आए संकट से गुमनामी की चादर ओढ़कर उबारा था। गांधी दोनों से मिले। दोनों की शर्तें सुनीं। गांधी को एक ही रास्ता उस महाअंधकार में प्रकाश की किरण बनता नजर आया—पंच फैसला हो। दोनों मान भी गए। कलेक्टर को अध्यक्ष बनाया और दोनों की ओर से तीन-तीन प्रतिनिधि तय हुए।

पता नहीं कैसे हड़ताल का स्वर उभरा। उसका कारण पता करने का प्रयत्न हो ही रहा था कि कपड़ा मिल मालिकों ने इसे मजदूरों की वादाखिलाफी माना और पंच फैसले के लिए की जा रही कार्रवाई से वे अलग हो गए।

कपड़ा मिल मालिकों ने एक तरफा घोषणा कर दी कि जो मजदूर बीस सैकड़ा बोनस स्वीकार नहीं करना चाहेगा, उसकी सेवाएँ तत्काल समाप्त कर दी जाएँगी।

फिर भी गांधी ने प्रयास किए, परंतु उनका कोई लाभ नहीं हुआ। गांधी को लगा कि अब वह सत्य का प्रयोग करें—यानी सत्याग्रह। आग्रह में किसी को नुकसान नहीं पहुँचेगा और न कोई लड़ाई होगी। एकदम अहिंसात्मक कार्रवाई तब तक चलेगी, जब तक मालिक लोगों का मन सत्य अनुप्रेरित होकर आगे आने को तैयार न हो जाएगा।

गांधी ने साथियों से मिलकर गणित फैलाया। नतीजा यह निकला कि यदि मजदूरों को मालिक लोग पैंतीस प्रतिशत देने के लिए तैयार हो जाएँ तो समझौता बन सकता है और हड़ताल की स्थिति टाली जा सकती है।

अभी भी कुछ नहीं बिगड़ा था। हड़ताल तो पहले भी होती रही थी, परंतु यह हड़ताल पहले वाली हड़तालों से एकदम भिन्न थी। इसमें जोश के लिए कोई स्थान नहीं था और न घृणा फैलाने के लिए कोई गुंजाइश। न आज की हड़तालों की तरह हाय-हाय, नाश हो या जो हम से टकराएगा, चूर-चूर हो जाएगा या गली-गली में शोर है...अमुक चोर है। तोड़-फोड़ का नाम नहीं था। लाठी झेलने का दम हो और आग्रह करने की निरंतर हार्दिक आकांक्षा हो तो लो सत्याग्रह का व्रत।

सत्य का अर्थ था—न आधारहीन आरोप-प्रत्यारोप, न बेबुनियादी दावे, न तनिक सी भी निष्क्रियता, आलस्य और न बढ़-चढ़कर बातें। न हार-जीत की भावना।

मजदूर हड़ताल के वक्त श्रम से दूर नहीं रहेंगे। उनका श्रम का अभ्यास विराम नहीं पाएगा, वे श्रम करते रहेंगे। कौशल बढ़ाते रहेंगे। नए कार्य-उद्योगों का प्रशिक्षण पाने की दिशा में आगे बढ़ते रहेंगे। वे अपने सोच और कर्म को यथाशक्ति उच्च स्तरीय बनाए रखेंगे। पर कब तक?

मजदूरों के पास है क्या—किराए की खोली, रोज कुआँ खोदो और पानी पीओ का मंत्र और जमा पूँजी के नाम पर कंगाली। गांधी समझ रहे थे कि कपड़ा मिल मालिक संपन्न हैं और वे लंबी लड़ाई के लिए हर दृष्टि से तैयार भी हैं, परंतु मजदूर का सवाल है। पेट की धधकती आग से मनुष्य कब तक जूझ सकता है ? अब क्या होगा ?

अनसूयाबाई मजदूरों की नेता थी और प्रसिद्ध कपड़ा मिल मालिक अंबालाल साराभाई की सगी बहन थी। भाई-बहन के बीच थी यह लड़ाई। बहन की आशंका उचित थी कि मजदूर लंबी हड़ताल पर नहीं जा सकते ?

"मिल मालिक अब कुछ नहीं सुनेंगे और मजदूरों की संगठन रूपी ताकत लंबे अरसे तक सिर उठाने की सोचने लायक भी नहीं रहेगी।" गांधी सोच के फंदों को डालते हुए कहते।

"मजदूर हार जाएँगे।"

"सत्याग्रही, अनसूया, न कभी जीतता है और न कभी हारता है। वह मात्र सत्य का आचरण बनाए रखकर अहिंसा का व्रत निभाता है।"

अनसूयाबाई ठीक से नहीं समझ पाई। वह बोली, "मजदूर बेकारी का अभिशाप भोगता रहा है और पैसे खतम हो जाने के कारण वह घर चलाने के लिए अब क्या करे, यह सोच रहा है। यानी वह हथियार डालने का मन बना रहा है।"

"भूख मजदूर को विवश बनाती है।"

"तब ?"

"मुझे सत्याग्रह के प्रयोग में यह आशंका थी। मजदूर से यह अपेक्षा करना उचित नहीं था कि वह सत्य के लिए इतनी लंबी लड़ाई जारी रखे कि वह अपने सहित अपने बीवी बच्चों को भी इस लड़ाई में झोंक दे। यह एकदम, उसूलन, नैतिकता की दृष्टि से और सत्य की मर्यादा से परे की बात है।"

"परंतु अब ?"

"तुम डरती हो, अनसूया।"

"किससे ?"

"संपन्न हो। रोटी की चिंता नहीं है। भूख की हिंसा का एहसास नहीं है।"

अनसूया चुप।

"पर मैं भूख का एहसास अपने तन-मन और आत्मा को अवश्य कराऊँगा और उनकी भूख की पीड़ा को स्वयं भुगतूँगा। मुझे चिंता नहीं कि मैं भूख से मर भी जाऊँ। सत्याग्रही वो जो सत्य के लिए अपने प्राणों का उत्सर्ग करने में नहीं चूके।" गांधी कह रहे थे।

"फिर ?" अनसूया अवाक् होकर पूछ रही थी।

''मैं उपवास रखूँगा।''

"पर कब तक?"

"मैं भूख से मरने वाला पहला आदमी बनूँगा।" गांधी की यह बात जंगल में आग की तरह फैल गई।

चहुँ ओर से अचरज की लहरें उठने लगीं। मजदूरों में हिम्मत लौटी। कोई उनके हितों की रक्षा के लिए अपने आपको निछावर करने के लिए तत्पर हो उठा है।

कपड़ा मिल मालिक भी धर्मसंकट में पड़ गए। गांधी से उनके संबंध मधुर थे। उनमें रास्ता बना। वे तैयार हो गए पंच फैसले की कार्रवाई के लिए। फिर से पंच बैठे। कलेक्टर ने निर्णय सुनाया कि मजदूरों को पैंतीस प्रतिशत दिया जाए। और वह घोषणा कर दी गई। पर जीत की खुशी के चिराग बिना रोशन किए। एकदम शांत वातावरण। जीत की कहीं लहर नहीं। ईश्वर का आभार। मजदूर और मिल मालिकों को संतोष।

एक काम खतम। अच्छा परिणाम। मित्र भाव और सौहार्द्र भाव के उदय की हलकी सी झलक। साथ ही सत्य के प्रयोग का छोटा सा अनुभव। गांधी शांत चित्त और ईश्वर के प्रति आभार से गद्गद।

किसानों के साथ

गांधी किसानों के साथ तो तब भी थे, जब वे चंपारन में क्रियाशील हुए थे और शोषण के हौसले बढ़ानेवाले कानून को खतम करवाया था। तब उनके पास आठ हजार किसानों के सत्य आधारित बयान थे। वे वहाँ के मानव चरित्र और आचरण में सत्य की मिश्री घोलने की तैयारी कर रहे थे कि तभी शंकरलाल पारीख और मोहनलाल पंड्या के पत्र आए कि वे खेड़ा पहुँचे। वहाँ उनकी जरूरत है। इस बीच अहमदाबाद में वे उलझ गए थे। पर अब?

खेड़ा जिले के किसानों की हालत खराब थी। वहाँ के किसानों को सूखे ने तबाह कर दिया, ऐसा पत्र में उल्लेख था। उस पर लगान की सिर पर लटकी तलवार। कोई सुननेवाला नहीं—न कमिश्नर, न गवर्नर और न कोई अन्य अधिकारी। प्रतिनिधि मंडल सबसे मिला। धारा सभा में सरदार वल्लभभाई पटेल और गोकलदास कहानदास पारेख ने जितने बन पड़े प्रश्न उठाए। तर्क दिए, लेकिन वही ढाक के तीन पात।

गांधी का मन ऐंठ रहा था। अकाल की गिरफ्त में आता खेड़ा जिला और अत्यंत सहज और सीधी सी बात और वह भी हर दृष्टि से जायज बात। कानून में साफ था कि यदि फसल चार आना (पच्चीस पैसे) या उससे कम हो तो उस वर्ष किसान से लगान नहीं लिया जाएगा।

सरकार यह मानने के लिए तैयार नहीं थी कि फसल चार आने से कम हुई है। वह कैसे माने? कौन इस सत्य का उसे अनुभव कराए? सबकुछ खुली आँखों से दिख रहा था। पर क्या करें उनका, जिन्होंने आँखें बंद कर ली हों और जिन्हें सच्चाई से परहेज हो। यों फूटता है जन सैलाब। यों होती है कीमती समय की बरबादी। यों फैलती है अराजकता।

गांधी का प्रयत्न यह रहा कि सरकार पंच बैठा दे। पटवारी आदि जमीनी सरकारी मुलाजिमों से पूछ ले। खुद खेतों को जाकर देख ले। खेतों में गुप्त धन नहीं रहता। जो है चौड़े में है। फिर क्या? सरदार वल्लभभाई पटेल अपनी जमी हुई वकालत से मुँह मोड़कर खेड़ा की इस समस्या को सुलझाने आ गए। उसमें अनसूया बहन, महादेव देसाई आदि भी आ मिले।

एक ही तजवीज बनी—सत्याग्रह। इस स्वयं प्रकट सत्य को सरकार तक पहुँचाना। कैसे पहुँचाएँ? रास्ता था सरकार को तत्संबंध में प्रार्थना पत्र लिखें और उस पर सही निशानी की कवायद शुरू हो, वह हुई।

प्रार्थना-पत्र में यह विनम्र निवेदन भी था कि सरकार किसान से लगान वसूली अगले वर्ष तक के लिए मुतलवी करे। इसके लिए जितने विनम्र प्रयास संभव थे, किए भी गए। कोई सुनवाई नहीं हुई। यदि सरकार ने किसान की पीड़ा सुनने में कोई रुचि नहीं दरसाई तो हारकर यह प्रतिज्ञा इस निर्णय के साथ की जा रही है कि सूखे से प्रभावित किसान इस वर्ष का और पिछला लगान नहीं जमा करवाएँगे। सरकार, फिर भी, कोई कार्रवाई करना चाहे तो करे। वह हर प्रकार दबाव, दमन आदि सह लेंगे बिना किसी प्रतिक्रिया के। शांति भंग नहीं होने देंगे। पूरी तरह अहिंसा का पालन करेंगे।

यदि सरकार लगान वसूली से मुलतवी करती है तो वे किसान जो सामर्थ्यवान् हैं, लगान जमा करा देंगे। इससे यह अर्थ निकाला जाए कि गरीब किसान भी अपना घर-बार, गहने जेवर आदि बेचकर लगान जमा करवाने को मजबूर किए जाएँ तो यह स्पष्ट किया जा रहा है कि ऐसा नहीं होने देंगे। इसलिए उनका अर्थात् सामर्थ्यवान् किसानों, जमींदारों का भी यह फर्ज बनता है कि वे भी इस जमीनी सच्चाई का साथ दें।

यह सत्याग्रह चंपारन की तरह अलग-थलग जिले से नहीं उठा था कि जिसका नोटिस न लिया जाए। यहाँ के सभी अखबार सत्याग्रह की खबर को पूरी तरह से अपने अखबारों में छाप रहे थे।

अद्भुत नजारा। किसानों के लिए इस तरह की लड़ाई छेड़ने का यह पहला अनुभव था। गाँव-गाँव यह समझाना शुरू हुआ कि सरकार जनता की स्वामी नहीं, सेवक है। फिर वह सचिव हो या कमिश्नर या जिलाधीश हो या गवर्नर सब सेवक हैं। सेवक जमीन के मालिक को बेदखल करने का अधिकार नहीं रखता।

बदले की भावना नहीं। गाली गलौज नहीं। सबको विनयी बना रहना था आखिरी साँस तक। हिंसा नहीं। क्रोधावेश नहीं। टूटना नहीं। बराबर हर मार सहना। देखें सरकार कब तक अन्याय पर अड़ी रहती है? हौसला बनाए रखें। परिणाम की चिंता छोड़ें, क्योंकि सत्य न कभी कटु होता है और न हिंसक। वह किसी पर हमला नहीं करता। उसकी बुनियाद प्यार पर खड़ी होती है। घृणा नहीं, भेदभाव नहीं, कोई छिपाव-दुराव नहीं! हालाँकि इन सब बातों का डटकर प्रचार हुआ, परंतु वे चीजें आचरण का स्वभाव बनें, चरित्र का अंग बनें और व्यवहार में आएँ, यह एक सत्याग्रही बनने की पहली शर्त है। किसी प्रकार का कतई दबाव नहीं और न ज्यादती का रत्ती भर सोच। सिर्फ समर्पण। विरोधी का आदर-सम्मान करना, उसके हित का पूरा-पूरा ध्यान रखना और एकदम सहज बने रहना कोई आसान काम नहीं है, जब तक उसका शांत चित्त से अभ्यास न बने।

सरकार के पास डंडा है, बंदूक है, कानून है। वह तो कुचलने को अपना धर्म मानती है और नफरत, अन्याय और हिंसा के बूते शांति बनाए रखने को शासन की सफलता। दोनों के मापदंड अलग हैं। सरकार को सत्य पर लाना, मानव होने का एहसास कराना, अहम् को नमन कराना, सबके साथ शाइस्तगी से पेश आना आदि एक प्रकार से समूल चरित्र बदलने की प्रक्रिया का अहम् हिस्सा है। स्वयं विनयी बनकर उसकी अभिव्यक्ति कराना सहज नहीं है।

अब चला सरकारी तंत्र का चक्र। पहले धीर-धीरे परंतु बाद में परिस्थितियों से निबटने के लिए तेजी से, कठोरता से और शक्ति से। कुर्कियाँ शुरू। किसानों के पशु बेच डाले और उनके घर का सामान नीलाम कर दिया, क्योंकि उन्हें लगान वसूली करनी थी। खड़ी फसल मिली तो वह सरकार ने हजम कर ली।

अब मची अफरा-तफरी। कौन समझाए? किसकी माने वे? उनका तो सर्वस्व लूटा जा रहा था। काश, खरीददार न आते सामने। पर ऐसा नहीं हुआ। किसी ने सोचा भी नहीं कि उनसे भी अपील करें कि वे किसानों की वस्तुओं को नहीं खरीदें। फिर सरकार किसको बेचने जाएगी उनकी चीजें, उनके जानवर। डर का तांडव शुरू हुआ। कमजोर मन के गरीब और विवश किसानों ने जैसे-तैसे करके अपने हिस्से का लगान जमा कराना शुरू कर दिया। उससे सरकार के हौसले बुलंद हुए। किसानों की भक्ति टूटने लगी। फिर भी अनेक काश्तकार-खेतिहर डटे रहे। वे टस से मस नहीं हुए। उनको परवाह नहीं हुई कि उनकी संपत्ति कुर्क हो रही है और सरकार उसे बेचकर लगान वसूल कर रही है। गांधी सोच-विचार कर कह रहे थे कि कुर्की सरकार कर सकती है, परंतु उतनी जितने से उसकी लगान की पूर्ति हो सके। यह सरकारी लूट का खुला उदाहरण है। गांधी ने सलाह दी कि जिनके साथ ऐसा न हुआ हो वे विनयपूर्वक उन्हें वैसा नहीं करने दें। चाहे एवज

में उन्हें कारागार मिले या जुर्माना अथवा दोनों। वे इस आशीर्वाद को स्वीकार करने के लिए तैयार हो जाएँ तो कुछ बात बनने लगेगी।

सरकार ने गांधी की दी गई इस सलाह का नोटिस लिया और सत्याग्रह के खैरख्वाहों तथा प्रमुखों को गिरफ्तार करना शुरू किया। इस पहल ने सत्याग्रहियों में नया जोश, नई लहर और नया प्रकाश भर दिया। जुलूस निकलने लगे। जागृति का माहौल बना। मोहनलाल पंड्या पर मुकदमा चला। भीड़ उमड़ पड़ी। अखबारों की वह पहली खबर बनी।

जहाँ चाह वहाँ राह। गांधी समझ रहे थे कि सत्याग्रही थकने लगे हैं। उनको पूर्वाभ्यास तो था नहीं। सबके लिए यह नया रास्ता था। नडियाद तालुके के तहसीलदार ने गांधी को संदेश भिजवाया यदि अच्छी स्थिति के पाटीदार स्वत: अपना लगान जमा कर दें तो गरीब खेतिहर का लगान मुलतवी हो सकता है।

गांधी के सामने रास्ता खुला। उन्हें अपने चलाए किसान आंदोलन से लगा कि नडियाद तालुके के तहसीलदार के लिखित आदेश के आधार पर कलेक्टर से बात की जाए, क्योंकि प्रश्न किसी एक तालुके का नहीं, पूरे जिले का था। कलेक्टर से भी सहमति मिल गई। फिर तो सत्याग्रह को वापस लेना था, वह लिया, परंतु गांधी ने इस सत्याग्रह में वल्लभभाई पटेल जैसे फौलादी और दूरदृष्टि रखनेवाले जबरदस्त व्यक्ति को पाया। यह भी उनकी एक उपलब्धि थी। किसान सत्याग्रह आगे और चल पाता या लड़खड़ाकर दम तोड़ देता इस संबंध में कुछ भी कहना संभव नहीं था, परंतु उनकी दृष्टि में यह अंत सत्याग्रह का विशुद्ध अंत नहीं था। कारण किसान अब तक प्रारंभिक तेज, जोश और शक्ति को अंत तक नहीं बनाए रख सके। फिर भी एक नए रास्ते पर किसान चल तो सके। नए रास्ते पर चलना और वह भी अहिंसा के रास्ते पर चलना, जिस रास्ते पर इससे पहले तो वे कभी चले नहीं थे और न उसके बारे में वे कुछ जानते थे। सरकार के कठोर आदेश और उस महाशक्ति के सामने निहत्थे तथा विनयपूर्वक खड़े हो जाना जो हथियारों से लैस थी, कम अचरज की बात नहीं थी। इससे गांधी को सीखने को यह मिला कि सत्याग्रही को पहले सत्य के आग्रह के लिए योग्य, सक्षम और समर्पित बनाना जरूरी है।

गांधी को यह कम आश्चर्य नहीं था कि अनपढ़, निर्धन और कुचले हुए व्यक्तियों में सत्य के लिए साहस, समबुद्धि और आत्म-विश्वास का व्यावहारिक अनुभव हो सका। वे कंधे से कंधा मिलाकर अनजानी दिशा में जहाँ तक उनसे संभव हुआ, आगे बढ़ते चले गए, परंतु अधिक ऐसे किसान भी थे, जो गरीब थे और जिनकी संपत्ति को सरकार ने कुर्क कर नीलाम करवा दिया था। वे अपने हिस्से का लगान चाहे बलात् ही सही, परंतु जमा करवा ही चुके थे। इस तरह से किसान में जिस जागृति, चेतना और संगठित शक्ति का उदय हुआ, वह गांधी के मन को यह विश्वास दिला रहा था कि आगे के लिए एक

रास्ता खुल गया—सबको साथ लेकर अन्याय और अत्याचार के सामने मजबूत इरादे से अहिंसा व्रत का पालन करते हुए खड़े होने का। सारे गुजरात में और अन्य राज्यों में चाहे आंशिक ही सही उस रास्ते का खुलासा तो हुआ और सरकार की भी उससे आँखें खुलीं।

सेना में रंगरूटों की भरती

विश्वयुद्ध तेजी पर था। यह सन् 1918 का समय था, जब मित्र राष्ट्रों की हालत पतली हो रही थी और जर्मनी, इटली, जापान आदि देशों का पलड़ा भारी होता जा रहा था। मंडी पाने और मंडी खोने के लिए चल पड़ा विश्वयुद्ध अपनी चमक से चहुँ ओर अज्ञात भय की छाया फैलाता जा रहा था। गांधी के मन में पैठ चुका था कि भय से प्राप्त वस्तु तभी तक टिक सकती है, जब तक भय बना रहे। और जब तक मानव अपनी मौजूदा स्थिति से संतुष्ट बना रहता है, तब तक उससे निकलने का रास्ता तलाशना मुश्किल है। आत्मबल प्रजातंत्र के अस्तित्व का आधार है और आज दुनिया पहले से अधिक शक्ति और संख्या में जीवित है। इससे यह सिद्ध होता है कि विश्व के अस्तित्व का आधार शस्त्रबल नहीं, आत्मबल, दया, करुणा आदि के प्रति जगा सत्य है। इतिहास संगत प्रमाण तो यही है कि अनगिनत मुद्दों के अँधेरों ने दुनिया के उजालों को डसा है।

17 जून, 1917 में गांधी ने साबरमती आश्रम की स्थापना की थी, तब से आश्रम से बाहर की समस्याओं से वह घिरे रहे थे। अब भी महायुद्ध की छाया तले विश्व भय से काँप रहा है। मनुष्य मनुष्य का दुश्मन हो रहा है। पशु को मारकर खाते हुए, दूसरों का धन कौशल से हड़पकर मालदार बनते हुए, पूरी की पूरी कौम को निगल जाने का प्रयास करते हुए और नीति को ताक में रखकर अनीति को ही नीति सिद्ध करते हुए मनुष्य ध्वस्त होकर भी उस आजमाए हुए रास्ते को छोड़ने के लिए तत्पर नहीं हो सका है, जो मनुष्य से उसका सच्चा सुख चैन, संतोष, जीवन रस, आत्मबल और शांति छीन चुका है।

पश्चिमी मोर्चे पर जर्मनी हमला करनेवाला है। ब्रिटेन घबरा रहा है। उसे हिंदुस्तान की मदद चाहिए। वायसरॉय लॉर्ड चेम्सफोर्ड ने गांधी को बुलवाया था। वे गए भी थे। सवाल सेना में भरती होनेवाले युवकों का था। यह जटिल प्रश्न था। अंग्रेजों और उनकी सरकार ने हिंदुस्तान की अस्मिता को कितना कुचला है! उसका कितना शोषण किया है! चंपारन-खेड़ा आदि के ऐसे अनेक उदाहरण हैं, जो यह सिद्ध करते हैं कि वे अन्यायी हैं, अत्याचारी हैं, लुटेरे हैं और निर्मम हैं। वे शोषक हैं। उनकी मदद! उस सरकार की मदद! युद्ध वे लड़ रहे हैं, फिर भारत उस युद्ध में क्यों हिस्सेदारी करे? किस हैसियत से करे? कुछ नहीं समझ में आ रहा था। लोकमान्य तिलक को वायसरॉय ने आमंत्रित नहीं किया

था। पर क्यों ? ऐसे अनेक राष्ट्रीय स्तर के नेता थे, जिन्हें वायसरॉय ने नहीं बुलाया था।

गांधी मानने लगे थे कि समाज घृणा रहित बने। प्यार से लबालब रहे। सबके प्रति विनम्र बने। फिर वायसरॉय लॉर्ड चेम्सफोर्ड के प्रति उनमें नफरत क्यों हो ? उन्होंने अपने को अंदर-बाहर से पूरी तरह तैयार किया। स्वतंत्र निर्णय लिया। सत्य और अहिंसा की अनुमति ली। यह पहला अवसर था, जब वायसरॉय की सभा में गांधी ने हिंदुस्तानी में बोलने की इजाजत लेकर कहा था, "मैं अपने उत्तरदायित्व को बखूबी समझता हूँ और उस उत्तरदायित्व को ध्यान में रखकर मैं इस प्रस्ताव का समर्थन करता हूँ।" वायसरॉय की सभा में हिंदुस्तानी में बोलकर गांधी ने अनेक विद्वत् जन से धन्यवाद पाया। पर क्यों ? वह चाहते तो गुजराती में भी बोल सकते थे। परंतु वह हिंदुस्तानी को जो नागरी लिपि में लिखी जाती है, इस देश की माध्यम भाषा मानते थे। बात देश के लिए थी, अतः उन्होंने देश की भाषा का प्रयोग किया।

उन्हें इस बात से गहरा झटका लगा कि वे लोग कैसे हिंदुस्तानी हैं, जो अपनी बात देश की भाषा हिंदुस्तानी में बोलने से डरते हैं? जो अपनी भाषा (देश की भाषा) में विचार व्यक्त करने की शक्ति नहीं रखते हैं। उनसे देश की भलाई का क्या मतलब है ? यदि संपूर्ण देश की अपनी एक भाषा नहीं होती तो वह देश स्वतंत्र होते हुए भी स्वाधीनता का अनुभव नहीं कर सकता, पराई भाषा को वे ही अपनाते हैं, जिन्हें अपने देश का शोषण करना है। वहाँ शोषण ही पनपता है और प्रजा के लिए वह कष्टदायक भी होता है। वे लोग कैसे आजादी पा सकेंगे, जो अपने देश की सर्वमान्य भाषा में बोलने से घबराते हैं ? ऐसा प्रसंग उनकी (देशवासियों की) गिरी हुई मानसिक स्थिति का नमूना है।

गांधी ने नवंबर, 1917 में गुजरात में हुए राजनीतिक सम्मेलन में कहा था, "संकट के समय राजभक्ति प्रकट करने का यह अर्थ नहीं है कि हम स्वराज्य के योग्य हो गए हैं। राजभक्ति स्वयं में एक विशेषता है। राज्य में रहोगे, राज्य चाहे जिसका हो, उसके प्रति भक्ति बनाए रखना हर देशवासी की नैतिक जिम्मेदारी है।" इस समय गांधी के मन में अपने ही कथन घूम रहे थे। गांधी ने वायसरॉय को अपने मन में मचल रही उथल-पुथल से प्रेरित होकर स्पष्ट शब्दों में जो लिखा था, उसके प्रमुख बिंदु निम्नलिखित थे—

1. यद्यपि युद्ध परिषद् में उपस्थित होने का उनका मन कतई नहीं था, तथापि वह सम्मिलित होकर अनुभव कर सके कि उन्होंने वहाँ आकर अच्छा ही किया।
2. लोकमान्य तिलक, मिसेज एनी बेसेंट और अली भाई को न बुलाकर ठीक नहीं किया, क्योंकि वे जनता के सबसे अधिक नजदीक हैं। उन्हें न बुलाकर सरकार ने बड़ी भूल की है। भविष्य में प्रांत स्तर की सभाओं में इन जैसे देशभक्त राजनेताओं को ससम्मान बुलाया जाए।
3. सरकार के सामने जो सुझाव या प्रस्ताव रखे हैं, सरकार जैसे ही उनको स्वीकृत

कर अमली जामा पहनाएगी, वैसे ही वह भारतीय फौज में भरती के कार्य में जुट जाएँगे।

4. इस सहायता के परिणामस्वरूप भारतीय अपने लक्ष्य तक शीघ्र पहुँच सकेंगे।
5. उन्होंने अपने वक्तव्य में जिन सुधारों पर रोशनी डाली थी, सरकार तत्काल उनको अमली जामा पहनाएगी।
6. होमरूल यहाँ के लोगों के मन में गहरा स्थान पा चुका है, अत: उससे कम पर यहाँ के लोग चैन से नहीं बैठ पाएँगे।
7. आपकी इस बात पर मुझे एतराज है कि घर के झगड़े भुला दें। आप कहना यह चाहते हैं कि अन्याय-अत्याचार और अधिकारियों की ज्यादतियों को नजरअंदाज कर दें। इसका सीधा अभिप्राय यह है कि बिना चू-चपड़ किए उन्हें स्वीकारते रहें, यह असंभव है।
8. आपसे आग्रह है कि अपने अधिकारियों को पाबंद करें कि वे लोकमत की अवहेलना नहीं करें, बल्कि उनका आदर करने की आदत डालें।
9. खेड़ा के किसान और जनता यह अनुभव कर सकी है कि जब उसमें सत्य के लिए दु:ख-पीड़ा सहने की शक्ति आ जाती है, तब वास्तविक सत्ता सरकार या राजसत्ता के पास न रहकर वह लोकसत्ता के पास होती है।
10. मुझे विश्वास है कि यदि मैं आत्मबल को शस्त्रबल के बदले लोकप्रिय बनाने में सफल हो जाऊँ तो मुझे लगता है कि हिंदुस्तान सारी टेढ़ी निगाहों का सामना कर सकेगा।
11. ध्यातव्य है, मुसलमानों का दु:ख-दर्द हमारी पीड़ा है। दूसरे, होमरूल की माँग को मान लेने में सरकार या साम्राज्य की सुरक्षा है।
12. मैं चाहता हूँ कि जो वफादारी एक अंग्रेज में है, उससे तनिक कम भी वफादारी किसी हिंदुस्तानी के मन में न हो।

अद्‌भुत। वायसरॉय लॉर्ड चेम्सफोर्ड उनका पत्र पढ़कर सकते में आ गया। दो टूक बात। साम्राज्य के संकट के समय सहायता। दक्षिणी अफ्रीका में भी उसने एंबुलेंस कार्प्स (घायलों की सेवा) के लिए स्वत: ही आग्रह किया था और फिर उसका संचालन बखूबी निभाया था।

गांधी को लॉर्ड चेम्सफोर्ड ने अनुकूल उत्तर दिया। अब गांधी हिंसा की धधकती आग में कूदने का आग्रह करने के लिए अपने लोगों के बीच में था। कोई नहीं समझ पा रहा था कि अहिंसा का व्रतधारी अपने लोगों से दूसरे के राज्य को बचाने की खातिर क्यों आग्रह करने लगा है? उस दूसरे राज्य के लिए, जो उस पर शासन कर रहा है, जुर्म कर रहा है, उनका शोषण कर रहा है। उनके लिए वह क्यों चिंतित हो उठा है? सेना में भरती

होने के लिए वह क्यों आह्वान कर रहा है? यह युद्ध नहीं, महायुद्ध है। भयावह हिंसा। हिंसा के लिए अपील। वही खेड़ा जो कुछ समय पूर्व उनके आगमन पर द्वार सजाकर उनका स्वागत कर चुका था, पर अब उनके स्वागत के लिए वहाँ कोई नहीं है। पल भर में उनके प्रति बनी श्रद्धा गायब। उनको सुनने के लिए श्रोताओं का नितांत अभाव।

ऐसा नहीं हो सकता था कि गांधी वहाँ जो करने जा रहा था, उसका उन्हें एहसास न हो। वह जनता के पल भर में माशा और पल भर में तोला वाले स्वभाव से परिचित हो चला था। सत्य के लिए जनमत या संख्या बल की जरूरत नहीं है। वह यह भी समझ रहा था कि जन समर्थन का तोड़ा पड़ सकता है। फिर भी प्रयत्नशील है।

गांधी अपने पुराने मित्र पोलाक को पत्र लिखे बिना नहीं रहे। अकेला गांधी। मिसेज मिली ग्राहम पोलाक ने उनसे मिलकर जोहान्सबर्ग में जो पाया था, उसे अपनी पुस्तक 'गांधी : द मैन' में लिखा था। तभी जोहान्सबर्ग के पादरी जोसेफ जे. डोक ने अपनी पुस्तक 'एम के. गांधी' में गांधी का जिस विश्वास से भावपूर्ण और भक्ति-लय से जुड़कर जो चित्र खींचा है, वह उन्हें याद आ रहा था। वह घटना दिसंबर 1907 की है। प्रथम भेंट की। जो बाद में रससिक्त होकर प्रगाढ़ होती चली गई। तब गांधी फिनिक्स को सँवार रहे थे श्रम से, विचारों से और निःस्वार्थ भाव से। गांधी उस समय जो अपील कर रहे थे, क्या उसके पीछे सत्ता का डर सक्रिय था? यह कहना उनके प्रति अन्याय होगा या नहीं, इस पर निर्णय लेने से पूर्व बैप्टिस्ट मताधारी, पादरी जोसेफ जे. डोक को पढ़-सुन लें। चेहरे से वह सुसंस्कृत दिखता था और मेरी ओर जिज्ञासा भरी निगाहों से देख रहा था। उसकी देह काली थी और उसकी आँखें भी, परंतु उसके चेहरे को उसकी दीप्तिमान मुसकराहट जिस ढंग से प्रकाशित कर रही थी, वह सीधी सामनेवाले के हृदय को अपनी ओर खींच लेती थी।...वह बहुत बढ़िया अंग्रेजी बोल रहा था।

उस भारतीय नेता की ओर वह जिस कारण झुकते चले गए थे, वह थी उनके आत्मविश्वास की दृढ़ता, हृदय की महानता और उसकी पारदर्शी निश्छलता। पोलाक का यह निर्णय था कि उसमें कुछ भी विकारयुक्त नहीं है, वह निर्विकार मानुष है। इसका जोसेफ जे. डोक भी समर्थन करते हुए कहते हैं कि "इस हिंदुस्तानी दोस्त का आध्यात्मिक तथा वैचारिक धरातल साधारण जन से बहुत ऊँचा है, दुनियादारी तो जैसे उसको लेस मात्र भी नहीं छू सकी थी। फलतः उसके कार्यों को प्रायः गलत मानकर चला गया और उसे सनकी मान लिया जाता रहा। जो उसे नहीं जानते, उन्हें उसके प्रत्येक कार्य में कोई-न-कोई कोताही या मक्कारी नजर आती है, परंतु जो उससे परिचित हैं, वे उसके आगे शर्मसार हो जाते हैं।" यहाँ भारतीयों को उनका नोटिस लेना चाहिए।

जोसेफ जे. डोक का यह कहना कि वह निर्लोभी है। वह इसके लिए उदाहरण देते हुए बतलाता है कि अफ्रीका में रहनेवाले भारतीय को उससे इसलिए गुरेज है कि उन्होंने

उसे उनका प्रतिनिधित्व करने के लिए इंग्लैंड भेजा था अपने खर्चे पर। वह इंग्लैंड में लौटकर आया तो उसने वह राशि बिना एक पैसा खर्च किए लौटा दी। उसे नेटाल में प्रेम और श्रद्धा से जो उपहार दिए गए थे, उन्हें उसने सार्वजनिक कोष में जमा करवा दिए थे। पादरी जोसेफ जे. डोक का यह निष्कर्ष रहा कि "वह उन असाधारण व्यक्तियों में से है, जिनके सत्संग से ज्ञान बढ़ता है और जिनके परिचय से प्रेम और भक्ति का प्रकाट्य होता है।" उस व्यक्ति को इस बात की शंका थी कि उसे किस दृष्टि से देखा जा रहा था। तब गांधी ने अपने भीतर की सच्चाई को मि. पोलॉक को पत्र द्वारा समझाने का प्रयत्न किया था। उसने लिखा—

"आप मेरे सेना में भरती अभियान से क्या अर्थ लगाते हैं? मैंने इसे अहिंसा के निर्दोष मत के लिए प्रारंभ की गई एक धार्मिक गतिविधि के रूप में लिया है। मुझे अपनी सोच से लगा है कि हिंदुस्तान को अपनी लड़ाई की प्रवृत्ति को ही नहीं, बल्कि उसकी ताकत को अपने में जुटाना होगा और तदुपरांत उसका मन बने तो वह कष्टों से झुलसती दुनिया को अहिंसा का संदेश दे। यथार्थत: उसे अपनी दुर्बलता का नहीं, अपनी ताकत का भरपू दान देना चाहिए। शायद वह ऐसा कभी नहीं करना चाहे। यह मेरे लिए उसके विनाश का सूचक होगा। इस प्रकार वह अपनी विशिष्टता से वंचित होकर अन्य राष्ट्रों की भाँति पशुबल का उपासक बन जाएगा। वस्तुतया भरती कराने का यह काम अभी तक मेरे द्वारा किए गए कामों में से सबसे कठिन काम है।"

गांधी को समझने के लिए यह पत्र तथा दूसरों के प्रकट किए गए विचार बहुत मददगार हैं।

पुन: हम उसी जटिल प्रश्न के सामने आ खड़े होते हैं, जिससे तब गांधी को अपनी संपूर्ण अस्मिता लगाकर गुजरना पड़ रहा था। वह मात्र तब के लिए ही नहीं, वह आज और आनेवाले कल के लिए भी विचारणीय है। इस बात को मोटी बुद्धि वाला भी सहज समझ सकता है कि ऐसे नाजुक वक्त में गांधी अपने सबसे खतरनाक दुश्मन की मदद करने का आह्वान क्यों कर रहे हैं? है न निरी मूर्खतापूर्ण बात। उसे आज हम अपने चरित्र से सिद्ध भी कर रहे हैं कि उसने जो गलती की थी, उसे हम कभी नहीं दोहराएँगे। वह हमारा दुर्भाग्यपूर्ण अतीत था, जिसे हम अपना भविष्य कभी नहीं बनने देंगे।

क्या कोई अपने को ही उपहास का पात्र बनाना चाहेगा? उसमें भी वह जिसे तब असाधारण और सर्वमान्य मान लिया गया था। वह यूरोप और मध्यपूर्व के मोरचे पर लड़ने के लिए, ब्रिटिश साम्राज्य की मदद के लिए, भारतीयों से अपील कर रहा है, गाँव-गाँव जा रहा है। न उनसे कोई मिलने आ रहा है और न कोई उसे अपने यहाँ टिका रहा है। वह और वल्लभभाई पटेल गाँव के बाहर पड़े अपने हाथ से रोटी ठोककर खा रहे हैं।

कोई साधन नहीं। पद यात्रा बीस पच्चीस मील की। उनके साथी भी मुँह की खा रहे

थे। वह समय के परे की बात करता है। क्या पागल हुआ है बाबा?

गांधी को दक्षिण अफ्रीका में बीस-पच्चीस मील से अधिक चलने का अभ्यास था। जब वह वहाँ सार्वजनिक काम के लिए चंदा उगाहने निकले थे, तब उन्हें सिर मुँड़ाते ही ओले पड़े। उन्हें लोकोक्ति से गुजरना पड़ गया था। कारण लोगों को सार्वजनिक कार्यों की पहचान नहीं थी। पहले पहल उनके सामने ऐसा व्यापारी आ गया था, जिससे उन्हें कम-से-कम छह पौंड पाने की आशा थी, परंतु जो तीन पौंड से अधिक देने के लिए राजी नहीं था। गांधी सार्वजनिक काम के लिए खोटी बोहनी से अपनी शुरुआत कैसे करते। फिर तो आगे भी घाटा उठाना पड़ता। उस व्यापारी को खूब समझाया। दूसरे व्यापारियों ने भी समझाया, परंतु चिकने घड़े पर पानी का क्या असर? गांधी थके हारे नहीं, बल्कि विनयपूर्वक आग्रह करना उन्होंने नहीं छोड़ा। रात हो गई इस झकझकबाजी में। गांधी और उनके साथियों ने कुछ खाया नहीं था अत: उन सबके पेट में चूहे दौड़ रहे थे। बिना पूरा चंदा वसूल किए भोजन कैसा! भूखे सोए थे सबके सब। सुबह जाकर स्वत: वह व्यापारी पिघला और सादर उसने छह पौंड का चंदा दे दिया। खाना भी उसने ही खिलाया। गांधी को वह प्रसंग इस वक्त याद आ रहा था।

कदाचित् एक घर से यदि एक व्यक्ति मिल जाए तो⋯। यह ज्यादा होगा। ज्यादती भी होगी। जितने मिले, वही ठीक क्योंकि यह सार्वजनिक चंदे का नहीं, जान को जोखिम में डालने के लिए उठाया गया अभियान था। कैसी राष्ट्रभक्ति? किसका राष्ट्र? क्या गुलामों का भी कोई राष्ट्र होता है? कब से गुलामी की छाया तले जी रहा है यह दबा भूखा राष्ट्र! कैसे अब वह उसके लिए दुश्मन की गोली का शिकार हो जाए? सीधा मरने के लिए चल पड़े। गांधी खुद क्यों नहीं जाता? उसकी संतान क्यों नहीं? उसके साथ दिन-रात घूमनेवाले क्यों नहीं? क्यों गाँव के गाँव लाँघता चला जा रहा है मौत को हथेली पर धरे अँधेरी रात में? काश अपने परिवार और साथियों से शुरू की गई होती फौज में भरती की यह कवायद! यह कैसी कफालत (जिम्मेदारी)। कमरोजगारी से काम भी चल जाएगा, परंतु सीधे-सीधे मौत के कुएँ में कौन अपनी संतान को डालेगा?

इसी दौरान गांधी को पेचिश हो गई। उन्होंने औषधि लेने से साफ इनकार कर दिया। इंजेक्शन लेना भी अस्वीकार कर दिया। वह मानते भी किसी की नहीं थे। कितना मना किया था कि उपवास में इतनी मूँगफली का सेवन नहीं करें। हानि हुई। पेचिश हुई। फिर तेज ज्वर। साबरमती आश्रम आ गए। शरीर सूखकर खपच्ची हो गया—काँटा। खाट पकड़ ली। उनमें आशा की आखिरी किरण कहीं अटकी हुई थी। वह मन मसोसकर रह गए। हर पंद्रह-पंद्रह मिनट में दस्त! वह कमोड का प्रयोग करने लगे। चौबीस घंटे में तीस-चालीस दस्त। खाना कुछ नहीं। फिर क्या बचेगा शरीर में?

गांधी को अपनी मौत सामने नजर आ रही थी। गीता सुनते थे। अंतिम समय में

डॉक्टर केलकर बर्फ से उनका इलाज कर रहा था। कुछ दिनों बाद लगा कि वह मौत से बच सकेंगे। उन्होंने गाय-भैंस का दूध लेना तो कभी का छोड़ दिया था। कस्तूरबा ने स्व तर्क से उन्हें बकरी का दूध लेने को विवश किया।

तभी एक दिन वल्लभभाई पटेल अखबार हाथ में लिये आए और उन्होंने बताया कि कमिश्नर ने उनके लिए यह संदेश भिजवाया है कि उन्हें अब फौज में नई भरती नहीं करवानी है।

बेफिक्री! परंतु बीमारी सिर पर बंदूक से निशाना साधे खड़ी हुई थी। उनको एक रात को लगा कि यह शायद उनकी आखिरी रात है, परंतु वे बच गए। और बर्फ के इलाज से उनमें धीरे-धीरे आशा जागी। उनको अनुभव हुआ कि जितनी प्रतीक्षा उन्होंने अपनी मौत की थी, अब वह धीरे-धीरे उतनी आशा अपने जीने की भी करने लगे हैं। कुछ चमत्कार ही हुआ कि उनके जीने की इच्छा शक्ति ने उन्हें मौत के मुँह से निकालने में खासी मदद की और वह फिर से जी उठे। काम में फिर लगने की तैयारी करने लगे।

रौलट बिल

सर सिडने रौलट की अध्यक्षता में एक समिति इसलिए बनाई गई कि वह यह खोज करके बताए कि बढ़ रही हिंसा की घटनाओं को कैसे रोका जाए? गांधी स्वयं अहिंसावादी थे। वे हिंसात्मक कार्रवाइयों के सख्त खिलाफ थे। ब्रिटेन लड़ाई जीत चुका था। रौलट बिल के नाम से दो बिल सामने थे—

1. एक बिल था कि रक्षा कानून के समाप्त हो जाने से जन्मी स्थिति के संदर्भ में।
2. दूसरे बिल का संबंध था फौजदारी कानून में एक स्थायी बदलाव से।

वस्तुतया रौलट एक्ट दमनकारी काला कानून जैसा था। वह था भारतीय स्वतंत्रता के लिए चलनेवाली गतिविधियों पर लगाम कसना, दंड देने के लिए कानूनी कार्रवाई को सहज बनाना और जिला मजिस्ट्रेट को और अधिक शक्तिशाली बनाना।

गांधी ने रौलट समिति की रिपोर्ट पढ़कर वल्लभभाई पटेल की मदद से एक सभा बुलाई। इस सभा में बीसेक प्रबुद्धजन थे। इसमें सरोजिनी नायडू, शंकरलाल बैंकर, हार्निमैन आदि भी थे। इसके लिए सत्याग्रह सभा का गठन किया गया था। उसका मुख्यालय बंबई (मुंबई) बनाया गया। इस सभा ने इस बिल को कानून न बनने से रोकने का बीड़ा उठाया।

गांधी इस सभा के सभापति बने। इस सभा ने रौलट बिल का विरोध शुरू कर दिया। गांधी धारा सभा में भी गए। वायसरॉय को भी उन्होंने बहुत समझाया। उन्हें व्यक्तिगत पत्र

भी लिखे। उन्होंने स्पष्ट कर दिया कि उन्हें मजबूरन रौलट बिल के विरुद्ध सत्याग्रह करने का अल्टीमेटम देना पड़ेगा।

इस बिल के विरुद्ध जिन्ना ने कहा था कि शांति के समय में ऐसा दमनकारी कानून बनानेवाली सरकार निहायत असभ्य और जंगली है। विट्ठलभाई पटेल ने कहा था कि अगर यह बिल पास हो गया तो संविधान विषयक सुधारों के लिए होनेवाले हमारे वैधानिक आंदोलन अवरुद्ध होकर रह जाएँगे। अन्य नेताओं ने भी अपने विचार व्यक्त किए थे। परंतु सरकार पहले ही फैसला ले चुकी थी, अत: उसके कानों पर जूँ तक नहीं रेंगी। तमाम विरोध और चेतावनी के बावजूद यह बिल पास हो गया।

गांधी में यह चेतना जनमी कि संपूर्ण देश में हड़ताल हो। सत्याग्रह आत्मशुद्धि की लड़ाई है...उस दिन उपवास रखें और रोजगार की छुट्टी कर दें। यह रणनीति सबको पसंद आई और 6 अप्रैल, 1919 की तारीख मुकर्रर की गई। समय कम था, परंतु सरकार के सामने देशव्यापी यह अभियान छेड़ना भी जरूरी था, अत: हड़ताल हो गई।

इसके साथ नमक आंदोलन भी छेड़ दिया गया। घर में ही नमक बनाने का कार्य शुरू किया गया। अद्भुत नजारा! सविनय अवज्ञा यज्ञ शुरू।

गांधी को अमृतसर से बुलावा आया था, क्योंकि वहाँ इस आंदोलन में हिंसा होने का डर था। गांधी बंबई से चल पड़े। मथुरा से आगे गांधी के सामने पुलिस अधिकारी ने यह प्रस्ताव रखा कि यदि वह पंजाब गए तो अशांति होने का भय है।

गांधी ने उनकी कल्पना का खंडन करते हुए ट्रेन से उतरने के लिए मना किया तो उन्हें पलवल में उतारकर पुन: बंबई के लिए रवाना कर दिया। सवाईमाधोपुर से उन्हें सवारी गाड़ी में रवाना किया गया प्रथम श्रेणी में। पलवल से मथुरा तक उन्हें तीसरी श्रेणी में लाया गया। फिर मालगाड़ी में। वे शांत तथा स्थिर चित्त रहे। कहीं भी उन्होंने सरकार के आदेश की अनुपालना में दिक्कत नहीं आने दी। पूर्ण शांति बनाए रखी।

गांधी को ज्ञात हुआ कि उनका अहिंसा पर आधृत सविनय अवज्ञा आंदोलन हिंसा की आग पकड़ चुका है और उससे बंबई, नडियाद, अहमदाबाद जल रहे हैं। गांधी को यह बरदाश्त नहीं हुआ कि सत्याग्रही हिंसक हो उठे। उन्होंने यह आंदोलन वापस ले लिया।

तभी अमृतसर में एक भयानक कांड हुआ। गांधी का डंका पंजाब में बज रहा था। गांधी की दिल्ली से पहले हुई गिरफ्तारी को लेकर पंजाब गुस्सा गया। पंजाब के नेता डॉक्टर किचलू और डॉ. सत्यपाल को गिरफ्तार करवाकर अमृतसर के जिला मजिस्ट्रेट ने अज्ञात स्थान पर भेज दिया। इससे जिले में विद्रोह उठ खड़ा हुआ। टेलीग्राफ के तार काटे गए, डाकखाने और टाउनहॉल आग की लपटों के शिकार हो गए। अंग्रेजों पर हमले हुए। वे घायल हुए। उस जन सैलाब पर काबू पाने के लिए ब्रिग्रेडियर जनरल सर डायर

के हाथों शहर की बागडोर सौंप दी।

13 अप्रैल को बैसाखी का पवित्र त्योहार। उस दिन एक सभा जलियाँवाला बाग में आयोजित की गई थी। जलियाँवाला बाग का दरवाजा इतना छोटा था कि उसमें से बख्तरबंद लारी भी अंदर नहीं जा सकती थी। फलतः ब्रिग्रेडियर जनरल सर माइकल ओ डायर ने जलियाँवाला बाग में सेना सहित अंदर प्रवेश किया और बिना पूर्व सूचना दिए फायरिंग शुरू करवा दी। वहाँ से बाहर निकलने का एक वही सँकरा रास्ता था। उनके चारों ओर से गोलियों की बौछार हो रही थी। निहत्थे स्त्री, पुरुष और बच्चों पर गोलियाँ बरस रही थीं। रक्त की धारा फूट चली थी। सैकड़ों लोग मारे गए थे और सैकड़ों घायल हुए थे। सर बैलेंताइन शिरोल ने 'इसे ब्रिटिश भारत के इतिहास का काला दिन' बताया था।

टामसन ऐंड गैरेट ने जलियाँवाला नरसंहार को, जिसमें पुरुषों के अलावा स्त्रियाँ और बच्चे भी थे, 1857 के विद्रोह के बराबर बतलाते हुए अंग्रेज एवं हिंदुस्तानियों के रिश्ते में दरार डालनेवाला बतलाया था। सन् 1919 में संपूर्ण पंजाब में शहरों से लेकर गाँवों तक अंग्रेजों के दमन के नंगे नाच ने अमानवीय यंत्रणाओं के इतिहास को बदल डाला। वहाँ मार्शल लॉ लगा था।

इस पर गांधी भयावह हिंसा का उत्तर अहिंसा के देने के पक्ष में कह रहे थे, "पागलपन का जवाब पागलपन नहीं होता। यदि उसका जवाब होश हवास से दिया गया तो फिर सारी स्थिति आपकी मुट्ठी में होगी।" दूसरी ओर ब्रिग्रेडियर जनरल माइकल ओ. डायर का सम्मान इंग्लैंड में बड़े जोर-शोर और गर्व से किया गया। इस मुँह चिढ़ाती घटना ने भारतीयों के मन में आग में घी का काम किया।

दरअसल गांधी सविनय अवज्ञा आंदोलन को पूर्णतया अहिंसा धर्म पर चलाने के पक्ष में थे, परंतु इस आंदोलन को हिंसा में बदलता देख गांधी से नहीं रहा गया और उन्होंने अपने उद्‌गार व्यक्त करते हुए यहाँ तक कह डाला कि "कदाचित् मेरी देह पर कटार की धार भी इससे अधिक पीड़ा नहीं पहुँचा पाती।" हालाँकि आंदोलन वापस लेने से पंजाब के गुस्से का शिकार गांधी को होना पड़ा। गांधी के सामने दक्षिण अफ्रीका का वह दृश्य उभर आया था, जब पुनः भारत से दक्षिण अफ्रीका लौटने पर अंग्रेज युवक जोश में गा रहे थे, "गांधी को फाँसी दो।" उस वक्त पंजाब जी जान से गांधी के स्वागत में पलक पाँवड़े बिछाए स्वागत करने के लिए बेसब्री से इंतजार कर रहा था, अब वही गांधी की जान का दुश्मन हो बैठा। हालाँकि संजीदा लोग ऐसे विचार के कतई नहीं थे।

आखिर गांधी को वायसरॉय ने पंजाब में प्रवेश करने के लिए हरी झंडी दिखा दी। गांधी ने पंजाब में हुए व्यापक नरसंहार के लिए एक अलग जाँच समिति की घोषणा कांग्रेस की ओर से कर दी। साथ ही हंटर कमेटी के बहिष्कार किए जाने का फरमान

भी जारी कर दिया। तब गांधी को पंजाब में क्या शहर, क्या कस्बा और क्या गाँव सब जगह जाँच द्वारा हालात पर रोशनी डालने के लिए जाना पड़ा। तब भी गांधी का पंजाब में हार्दिक स्वागत हुआ। वहाँ गांधी को भेंट में काते हुए सूत का ढेर मिला। अचरज, उन स्त्रियों ने उनके सामने ही सूत कातकर उन्हें भेंट किया।

गांधी यह सोच रहे थे कि जिस पंजाब से सरकार को सर्वाधिक सिपाही मिलते हैं, उस पंजाब पर सरकार ने ऐसा भयानक कहर कैसे ढाया और कैसे वह बहादुर पंजाब उस कहर को सहन कर सका? वे यह ग्रंथि मरते दम तक नहीं सुलझा सके। गांधी ने रिपोर्ट में न एक भी बात असत्य लिखी और न अतिशयोक्तिपूर्ण। जस की तस। एकदम खरी। जिस पर कभी कोई उँगली नहीं उठा सका। ब्रिटिश सरकार के सामने सिरफिरे अंग्रेज अफसरों को इसके लिए एक मात्र दोषी माना और सत्ता बनाए रखने के लिए इस पैशाचिक, बर्बर और हिंसक कार्रवाई को दिल दहलाने वाला अमानवीय नरसंहार माना।

इस सबका परिणाम यह हुआ कि इंग्लैंड के सम्राट् पंचम जार्ज की ओर से एक शाही फरमान 'नवीन संवैधानिक सुधार' (इंडियन रिफार्म्स ऐक्ट) के नाम से निकला। गांधी की दृष्टि पूरी तरह मानवीय रही। उनमें कटुता, विरोध और प्रतिशोध के लिए कोई स्थान नहीं था। उनका विशाल हृदय इस शाही घोषणा पर जनता को यह परामर्श देने में नहीं चूका कि "यह ऐसा फरमान है जिस पर अंग्रेज गर्व कर सकते हैं और भारतीय संतोष।" इस तरह यह सैलाब ठंडा पड़ने लगा।

जलियाँवाला कांड और पंजाब के दमन से पीड़ित प्रदेश सम्राट् की इस घोषणा से अधिकांश लोग असंतुष्ट थे। चितरंजन दास, लोकमान्य आदि इसके पक्ष में नहीं थे। कैदियों को छोड़ा जा रहा था। इसी बीच जलियाँवाला नरसंहार को स्मारक हेतु गांधी ने बंबई के उदारमना सेठ-साहूकार से अपील की थी और आनन-फानन अपेक्षित राशि इकट्ठी हो गई। स्मारक किस प्रकार बने? इसके लिए सिख, मुसलमानों और हिंदुओं तीनों का ध्यान रखना था, ताकि सभी उसके लिए एकमत हो सकें, परंतु ऐसा संभव नहीं हो रहा था। मतभेद उभरने लगे थे। आखिर में गांधी ने मिल-जुलकर सबके विश्वास से इस समस्या का हल निकालने में सफलता प्राप्त कर ली।

एक वर्ष में स्वराज्य

देश को जाग्रत् और सचेत रखना जरूरी हो रहा था। गांधी अब तक अपनी नीति-रीति के परीक्षण की तैयारी में जुटे हुए थे। गांधी ने अगस्त 1920 को वायसरॉय चेम्सफोर्ड को पत्र लिखा था, जिसमें उन्होंने स्पष्ट कर दिया कि वे असहयोग करने के

लिए विवश हो रहे हैं। सन् 1915 में उन्हें सरकार ने 'केसर हिंद' स्वर्णपदक दिया था। उसे उन्होंने लौटा दिया।

'यंग इंडिया' में अहिंसात्मक असहयोग के संबंध में जनता को समझाया, ताकि आंदोलन में हिंसा न हो सके। वे लगातार यात्रा करते रहे और जगह-जगह जनता को सत्याग्रह के बारे में उदाहरण देकर समझाते रहे। कहते रहे कि "यदि हिंसा से ही भारत को आजाद कराना है तो उसके लिए युद्ध ही एक मात्र साधन है। देखना यह है कि क्या युद्ध कर पाने में हम सक्षम हैं? जो सरकार नि:शस्त्र जन पर घोरतम अत्याचार करने में नहीं चूकती और जिसे अपने शस्त्र बल पर अधिक विश्वास है, उसे सत्याग्रह द्वारा बाध्य किया जा सकता है, बशर्ते कि हम अहिंसा के रास्ते पर चलने, निर्भयता से होनेवाले आक्रमण को सहने और विनयपूर्वक अपने आग्रह पर डटे रहने का चरित्र बल बनाए रखें, धैर्य नहीं खोए और हारे-थके नहीं। यह लड़ाई लंबी भी चल सकती है, परंतु अंत में अपने लक्ष्य को प्राप्त करने में अवश्य सफल हो सकती है।"

सन् 1920 तक गांधी देश के तटस्थ तथा अविवादास्पद मुखिया बन चुके थे। जवाहरलाल नेहरू समझ चुके थे कि उनके पास सत्याग्रह के अलावा कोई दूसरा रास्ता नहीं है। उस रास्ते से जो सारी दुनिया के सामने वह यह सिद्ध कर सका कि ब्रिटेन ने प्रचार के माध्यम से अपनी न्यायप्रिय, त्यागवाली और मदद करनेवाली जो इमेज बना रखी है, वह कितनी झूठी है, छल-कपट भरी है और वीभत्समयी है।

4 से 9 सितंबर तक कलकत्ते में आयोजित कांग्रेस के विशेष अधिवेशन में असहयोग आंदोलन का प्रस्ताव रखा। गांधी जानते थे कि कांग्रेस इस नए और हिंसा शून्य मार्ग पर चलने के लिए विरोध व्यक्त करने से नहीं चूकेगी। गांधी कह रहे थे कि वह ईश्वर से भय खाते हुए और कर्तव्य भावना से प्रेरित होकर ही यह प्रस्ताव रख सके हैं। इस पर उन सबकी स्वीकृति की उन्हें प्रतीक्षा है।

कांग्रेस के कलकत्ते अधिवेशन में जबरदस्त भीड़ उमड़ी थी। गांधी ने प्रस्ताव ट्रेन में ही स्वयं बनाया था। उन्होंने मौलाना अबुल कलाम से शांति मय शब्द के स्थान पर ऐसा शब्द चाहा, जो मुसलमान वर्ग की समझ में सहज आ सके। वह शब्द था 'बाअमन'।

कलकत्ते में कांग्रेस के तपोनिष्ठ नेता एकत्र थे। क्या पता ऊँट किस करवट बैठे। उनमें देशबंधु, पं. मालवीय, विजयराघवाचार्य, मोतीलाल नेहरू आदि का अपना वर्चस्व था और अपनी ही स्वतंत्र सोच थी।

यहाँ यह बात ध्यान देने की है कि पर्दानशीन मुसलिम महिलाएँ भी गांधी को उनकी आँखों पर बिना पट्टी बाँधे अपने बीच में लाई थीं और उन्होंने उन्हें ध्यान से सुना था, जबकि उनके बीच वृद्ध मौलवी भी बिना आँखों पर पट्टी बाँधे अपनी बात नहीं कह सकते थे। इससे इतना तो स्पष्ट हो चुका कि गांधी मुसलमानों में कितने पाक, साफ दिल

और विश्वसनीय बन गए थे। जब गांधी समझा रहे थे कि विश्वयुद्ध में जिस सत्ता को सहयोग कराने के लिए जो व्यक्ति गाँव-गाँव और घर-घर गया था, वह व्यक्ति आज लॉर्ड कनिंग को समझा रहा था कि वह उनके खिलाफ जंगी लड़ाई का ऐलान कर रहा है। माना कि ब्रिटिश सत्ता अपनी रिआया पर इस दृष्टि से मेहरबान रही है कि योग्य व्यक्ति की प्रोन्नति में कोई रुकावट न आए और प्रत्येक जन अपनी स्वतंत्र सोच को लेकर चल सके, परंतु वह सरकार उत्तरदायी शासन के प्रति निरंतर टालमटोल करती आ रही है। आज भी वे इच्छा रखे हुए हैं कि अंग्रेज जाति के माध्यम से दुनिया के सामने अहिंसा की पवित्र ज्योति को जगमगाता अनुभव करा सकें। वे ब्रिटिश साम्राज्य को विश्वयुद्ध के समय दी गई सहायता से यह समझ पा रहे थे और आशा बनाए हुए थे कि युद्ध की समाप्ति के बाद स्वराज्य की दिशा में सरकार का उत्साहजनक कदम उठेगा। पर ऐसा नहीं हुआ। उलटे घनघोर निराशा और निर्मम व्यवहार मिला। अन्याय हुए। अत्याचार सहने पड़े।

वह अकेला गांधी ही था, जो तब पुरजोर यह कह सका था, "वकीलों ने हिंदुस्तान को गुलाम बनाया, हिंदू-मुसलमानों के झगड़े को बढ़ावा दिया और अंग्रेजी सत्ता को यहाँ दृढ़ता दी।"…इस पर मोतीलाल नेहरू ने कहा था कि अदालती न्याय की स्थिति यह हो गई है कि जो जीता, वह हारा और जो हारा, वह मरा। तब विजयराघवाचार्य ने कहा था कि "यदि असहयोग ही करना है तो वह अमुक अन्याय के लिए ही क्यों हो ? स्वराज्य के लिए क्यों नहीं ? उससे बड़ा अन्याय कौन सा है ?…" गांधी को सभा के संकेत समझने में देर नहीं लगी और उन्होंने अपने प्रस्ताव में स्वराज्य की माँग को भी जोड़ दिया।

फलतः गांधी का प्रस्ताव विरोधी लहरों पर डगमगाता हुआ अंत में स्वीकृत हो गया। असहयोग प्रस्ताव स्वराज्य पाने के साधन के रूप में मान लिया गया। अब 26 दिसंबर से 31 दिसंबर, 1920 तक संपन्न हुए कांग्रेस के वार्षिक अधिवेशन में गांधी को ही वही प्रस्ताव पुनः रखना पड़ा। उसके सभापति विजयराघवाचार्य थे और स्वागताध्यक्ष सेठ जमुनालाल बजाज। गांधी ने अपना लक्ष्य रौलट बिल एक्ट से हटाकर, पूर्ण स्वराज्य रखा। गांधी ने असहयोग का अर्थ समझाते हुए कहा था, "बुराई और भलाई में, अँधेरे और उजाले में कभी सहयोग नहीं हो सकता। इसी तरह भारतीय जनता में और उसके हितों की विरोधी सरकार में सहयोग संभव नहीं है।" यों असहयोग को अनिवार्य मानते हुए यह निर्णय किया :

1. सभी सरकारी, अर्द्धसरकारी पदों का त्याग।
2. सरकारी उत्सवों का त्याग।
3. ब्रिटिश अदालतों का वकील तथा मुवक्किलों द्वारा त्याग।
4. सरकार द्वारा नियंत्रित स्कूलों से राष्ट्रीय स्कूल में प्रवेश।

5. विदेशी वस्तुओं का बहिष्कार तथा देशी वस्तुओं का प्रयोग।
6. हर घर में कताई, हाथ से बुनाई का श्रीगणेश।
7. मेसोपोटामिया में नौकरी करने के लिए भरती से इनकार।
8. अंग्रेजी के स्थान पर हिंदुस्तानी के प्रयोग पर अधिवेशनों में बल।
9. 31 दिसंबर, 1921 से असहयोग आंदोलन का लक्ष्य पूर्ण स्वराज्य प्राप्त करना।

यह आंदोलन दौड़ने लगा। नौकरियाँ छोड़ दी गईं। राष्ट्रीय स्कूल कॉलेजों में विद्यार्थी आ गए। विदेशी वस्तुओं की होली जलनी शुरू हो गई। कताई-बुनाई का यज्ञ प्रारंभ। तिलक स्वराज्य फंड में एक करोड़ रुपया इकट्‌ठा। ड्यूक ऑफ कनाट और इंग्लैंड के युवराज प्रिंस ऑव वेल्स के भारत आगमन पर बहिष्कार।

ब्रिटिश सरकार ने इस आंदोलन को कुचलने के लिए सख्त-से-सख्त कदम उठाए, परंतु आंदोलन ने ऐसी गति पकड़ी कि ब्रिटिश सरकार अंदर-ही-अंदर दहल उठी। लगने लगा कि यह अहिंसात्मक आंदोलन सत्याग्रह ब्रिटिश सरकार को झुकाकर ही दम लेगा। जवाहरलाल नेहरू, मोतीलाल नेहरू और अन्य नेता गिरफ्तार कर कारागार में डाल दिए गए।

तभी गोरखपुर के नजदीक चौरीचौरा में सरकार के विरुद्ध प्रदर्शन कर रही भीड़ पर अंधाधुंध गोली चलाई गई। प्रदर्शनकारी इस दमन को बरदाश्त नहीं कर सके और उन्होंने पुलिसवालों का पीछा किया। पुलिस वालों ने घबराकर सिटी हॉल में शरण ली। उत्तेजित भीड़ ने सिटी हॉल को घेरकर आग लगा दी। अधिकांश सिपाही जल मरे और जो जान बचाकर बाहर की ओर भागे, उन्हें उत्तेजित भीड़ ने मार डाला।

गांधी ने कलकत्ता अधिवेशन में कहे अपने शब्दों से साक्षात्कार किया। तब उन्होंने कहा था कि यदि देश में असहयोग आंदोलन को सही दिशा में अहिंसात्मक ढंग से चलाया गया, घृणा-हिंसा से पूरी तरह दूर रखा गया और असहयोग को आत्मानुशासन तथा त्याग के रूप में अपनाया गया तो देश एक साल में ही स्वतंत्र हो सकता है। यदि इस आंदोलन में रत्ती भर उग्रता की झलक नजर आई तो इस आंदोलन पर पुनः विचार करने की आवश्यकता के बिना तत्काल स्थगित कर दिया जाएगा।

गांधी के गहन तथा व्यापक प्रभाव को अंकित करने की दृष्टि से जवाहरलाल नेहरू ने अपनी आत्मकथा 'मेरी कहानी' में असहयोग आंदोलन में गिरफ्तार उस नवयुवक की कहानी विस्तार से प्रस्तुत की है, जो टिकटी पर टँगा था और उसकी टाँग पर कोड़े मारे जा रहे थे और वह हर कोड़े पर, बिना खून के उड़नेवाले फव्वारे की चिंता किए 'महात्मा गांधी की जय' बोल रहा था।

निस्संदेह सन् 1921 के आंदोलन ने संपूर्ण देश में नई जागृति, नई लहर, नया उत्साह और सर्वथा नवीन बलिदानी चमत्कार पैदा कर दिया था। उधर गांधी बारडोली

में सत्याग्रह करने जा रहे थे, यह सूचना वे वायसरॉय को अपने पत्र के द्वारा दे चुके थे। इस पर सरकार ने एक वक्तव्य दे डाला, जिसका मतलब यह था कि सत्याग्रह आंदोलन करोगे तो उसे निर्ममता से कुचल दिया जाएगा। 24 फरवरी, 1922 को महासमिति की बैठक दिल्ली में हुई थी, उसमें चौरीचौरा कांड पर खेद व्यक्त करते हुए सत्याग्रह-आंदोलन का स्थगन प्रस्ताव स्वीकार कर लिया गया। यथार्थत: चौरीचौरा अकेली ऐसी घटना नहीं थी, जहाँ हिंसा का रौद्र प्रदर्शन जनता ने किया था, बल्कि देश में ऐसी अनेक घटनाएँ शुरू हो चुकी थीं, जिनसे यह आंदोलन स्थगित नहीं किया जाता तो क्रूरतम हिंसा में बदल जाता। गांधी मान रहे थे कि सत्य के लिए किए जानेवाला अहिंसात्मक आंदोलन (सत्याग्रह) तब तक नहीं चल पाएगा, जब तक कि उसमें भाग लेनेवालों के हृदय में अहिंसा घर नहीं कर गई हो।

गांधी मानते थे कि "सत्य से अलग कोई परमेश्वर है, ऐसा मैंने कभी अनुभव नहीं किया।...हजारों हजार सूर्यों को एकत्र करने से भी जिस सत्य रूपी सूर्य के तेज का पूरा पता नहीं निकल सकता, सत्य की मेरी झाँकी ऐसे सूर्य की मात्र एक किरण के दर्शन के समान है।...सत्य का संपूर्ण दर्शन संपूर्ण अहिंसा के बिना संभव नहीं है।...आत्मशुद्धि के अभाव में अहिंसा धर्म का पालन सर्वथा असंभव है।...यही शुद्ध साध्य है।...परंतु मैं प्रत्येक क्षण यह अनुभव करता हूँ कि शुद्धि का यह मार्ग विकट है। शुद्ध बनने का आशय है कि मन, वचन और कर्म से विकाररहित होना—राग-द्वेष रहित होना...। अहिंसा नम्रता की पराकाष्ठा है।" यथार्थत: गांधी वहाँ से प्रेरणा और आदेश पा रहे थे, जिससे समूची सृष्टि स्वत: चल रही है और अपने से उस सत्य की अनुभूति करा रही है जिससे समूची सृष्टि की निर्मिति हुई है। फिर विकारों को उसमें जगह कहाँ से मिले और कहाँ से विकारों की राह खुले और कैसे ऊँच-नीच को सोचकर चलनेवाले जन उसे समझ पाएँ? इसका परिणाम यह हुआ कि गांधी यह मान गए कि जन अभी तक सत्य के आग्रह पर चलने के लिए अंदर से पूरे विश्वास से, श्रद्धा-भक्ति से और प्रेम से तैयार नहीं हो सका है। तब तो इस आंदोलन यानी सत्याग्रह को स्थगित करना ही एक मात्र उपाय है, ताकि सत्याग्रही बनने के लिए जन पूरा समय पा सके और अपनी आस्था पर सुदृढ़ मन से ऐसा जमे कि आँधी, तूफान, भूकंप आदि कोई भी उसे अपनी जगह, अपने प्रण से रत्ती भर भी नहीं डिगा पाए।

सत्याग्रह के स्थगन से न केवल देशवासी गांधी से निराश हुए, अपितु उन्हें बुरा भला भी कहने में नहीं चूके। उनका मानना था कि वे स्वराज्य की दहलीज पर खड़े होकर अंश प्रवेश करने ही वाले थे कि गांधी ने उन्हें रोक दिया। यह कैसी साधन की विशुद्धता? क्या उसकी पवित्रता, अहिंसा और संकल्प की विनम्र नीति का वही आग्रह सर्वमान्य है?

सरकार का स्वत: मनचीता हो गया। जिस सत्याग्रह के कारण वह अंदर-बाहर से

हिल उठी थी और देश से बाहर भी संशय का कारण बन चुकी थी और जिससे निजात पाने का वह कोई रास्ता तजवीज नहीं कर पा रही थी, उसका हल अपने आप हो गया।

जवाहरलाल नेहरू ने अपनी आत्मकथा में लिखा था कि इस जबरदस्त और पूरे जोश के साथ चल पड़े आंदोलन को रोक देने से जनता का बढ़ता हुआ जोश कुलबुलाकर रह गया। चार्ल्स फ्रीयर एंड्रयूज ने गांधी के इस कार्य को महानता का परिचय देनेवाला बताया। एनी बेसेंट मान सकी कि यह आंदोलन शिशु नहीं था। तटस्थ, सत्यव्रती के प्रति निष्ठावान्, जागरूक और मनीषी जन यह मानने लगे थे कि अहिंसक क्रांति के द्वारा स्वतंत्रता के महान् लक्ष्य को पाया जा सकता है।

सरकार ने इस मौके का पूरा-पूरा लाभ उठाया और गांधी पर उसने राजद्रोह का आरोप लगाकर उन्हें छह वर्ष की सजा सुना दी। और उन्हें पूना की केंद्रीय जेल में भेज दिया गया।

गांधी आत्मशुद्धि की दिशा में लौट आए बिना किसी राग-द्वेष और मान अपमान के। जेल उनकी दुनिया का स्वर्ग बन गया। वह चिंतन मग्न रहते। कताई करते। मन होता तो वह लिखते।

इस सत्याग्रह की जाँच रिपोर्ट सामने आई। उसमें जो तथ्य-तत्व उभरकर आए, उनमें से कुछ इस प्रकार से हैं—

1. निहत्था जन निर्भय हो सका और यह जान सका कि निहत्थे जन में क्या ताकत है और वह क्या कर सकता है?
2. राजनीतिक अधिकारों के प्रति जन सचेत हो सका।
3. तत्कालीन शासन व्यवस्था पर से जन का विश्वास उठ गया।
4. जन में यह विश्वास भी लौटने लगा कि एकमात्र कांग्रेस ही स्वतंत्रता प्राप्ति के रास्ते पर जन को लेकर चल सकती है।
5. अंग्रेजी शिक्षा और सामाजिक-आर्थिक सिद्धांतों-नीतियों के प्रति जनता के मन में प्रश्न-चिह्न उठने लगे और यह सोचा जाने लगा कि क्या वह समीचीन है या नहीं?
6. शासकों का अपना भविष्य असुरक्षित लगने लगा।
7. सरकार सत्याग्रही सैलाब का कैसे सामना करे और कैसे वह भारत में बने रहने के औचित्य को बनाए रखे, अब उसके सामने यह जबरदस्त प्रश्न था।
8. गांधी को सजा सुनानेवाले न्यायाधीश को यह स्वीकार करना पड़ा कि उसके सामने गांधी जैसे इनसान का मुकदमा न तो पहले कभी आया और न भविष्य में कभी आ सकेगा। एक पल के लिए उसके सामने क्रूस पर लटके ईसा का चित्र घूम गया।

यह भी सच सामने आया कि सरकार के साथ असहयोग करनेवाले कांग्रेसी नेता पुनः बहिष्कार के रास्ते को छोड़कर प्रांतीय काउंसिलों में भाग लेने की सोचने लगे थे।

इधर सन् 1924 में गांधी अपेंडिसाइटिक्स से पीड़ित हो गए। दर्द बहुत हो रहा था। सरकार को यह चिंता सताने लगी कि कहीं गांधी जेल में मर गया तो क्या होगा ? सारा देश सैलाब बन जाएगा और दुनिया उस पर थू-थू कर उठेगी। सरकार को यह आशंका भी थी कि गांधी दृढ़ व्रत व्यक्ति है। कहीं वह ऑपरेशन से इनकार न कर जाए। सरकार ने उनके ऑपरेशन का प्रबंध किया। गांधी ऑपरेशन को तैयार भी हो गए। ऑपरेशन सफल भी हो गया, परंतु उनका स्वास्थ्य गिर गया। सरकार ने यही मुनासिब समझा कि उन्हें जेल से रिहा कर दिया जाए, इसी में उसकी भलाई है। और गांधी को रिहा कर दिया गया। गांधी स्वास्थ्य लाभ के लिए बंबई में जुहू आ गए।

सर साइमन का आगमन

सन् 1928 में वायसरॉय को फिर गांधी की जरूरत पड़ी। ब्रिटिश सरकार यह जान चुकी थी कि गांधी इस देश का पर्याय हो गया है। बिना उसको विश्वास में लिए उनका काम नहीं चल सकता है।

इस वक्त गांधी का खादी पर पूरा जोर था। हालाँकि गांधी के इस खादी प्रेम को शिक्षित वर्ग ने उनकी सनक से ज्यादा कुछ नहीं माना। वे मान रहे थे कि भूख से तड़पते ग्रामीण जन के लिए ईश्वर और स्वतंत्रता का कोई अर्थ नहीं है। किसान एक वर्ष में छह महीने बेकार रहता है। गृह उद्योगों के माध्यम से उसकी आमदनी में इजाफा किया जा सकता है। उनकी दृष्टि में चरखा चलाने के अतिरिक्त दूसरा कोई गृह उद्योग नहीं है। जैसे वे खाना पकाते हैं वैसे ही वे चरखा चलाकर कातने और बुनने का काम भी कर सकते हैं। बहुत कम लोग यह जानते हैं कि चरखे से होनेवाली थोड़ी-सी आमदनी का गरीबों के लिए क्या अर्थ है ?

रवींद्रनाथ ठाकुर ने भी गांधी के चरखे आंदोलन पर आशंका व्यक्त की थी। गांधी ने सहज भाव से ठाकुर तथा अन्य बुद्धिजीवियों की आशंकाओं का उत्तर देते हुए कहा था कि वे नहीं चाहते कि कवि अपना संगीत छोड़ दें, किसान अपना हल, वकील अपनी वकालत और डॉक्टर अपना दवाखाना। वे तो मात्र चौबीस घंटे में से आधे घंटे का समय कातने-बुनने के लिए चाहते थे। इस आधे घंटे को यदि गरीब जनता के टोटल से गुणा करें तो कितनी कताई-बुनाई सामने आएगी। इससे जहाँ गरीब को आर्थिक सहारा मिलेगा, वही पढ़े-लिखे को नैतिक तथा आध्यात्मिक बल। तब सबमें स्वदेश प्रेम की उमंग लहराएगी।

उन्हें लगेगा कि उन्होंने भी देश के लिए कुछ किया है। अंग्रेजों की कपड़े से होनेवाली कमाई जो सात समंदर पार जा रही है, वह रुकेगी तो उन्हें भी झटका लगेगा और वे सोचेंगे कि जिस शुद्ध व्यापार को लेकर उन्होंने इस देश में प्रवेश किया था और उसी की खातिर यहाँ साम्राज्य स्थापित किया था, वह सब उनके हाथ से निकला जा रहा है।

सन् 1928 वह समय था, जब भारत में चारों ओर हड़तालें, आतंकी घटनाएँ और मजदूर आंदोलन हो रहे थे। एक ओर युवकों में गहरा असंतोष था तो दूसरी ओर कुछ न कर पाने की बेचैनी साफ नजर आ रही थी। लॉर्ड वरकनहेड ने एक कमीशन नियुक्त किया था, जो भारतीयों में उबल उठे मद्धिम या तेज उबाल को ठंडा करने की दिशा में पहल कर सके। यही थी सर साइमन कमीशन की चक्रव्यूह रचना। इस कमीशन के सारे सदस्य अंग्रेज थे और उनमें अधिकांश द्वितीय दरजे के अप्रसिद्ध सदस्य थे। कमीशन में किसी भारतीय का न होना संशय को जन्म दे रहा था और सरकार की मंशा पर प्रश्न-चिह्न लगा रहा था। वरकनहेड को तब बड़ा धक्का पहुँचा, जब मुसलिम नेताओं ने भी कांग्रेसी नेताओं का साथ देते हुए कहा, "गो बैक साइमन कमीशन।"

गांधी वायसरॉय से हुई मीटिंग में यह पहले ही कह चुके थे कि जब साइमन कमीशन में कोई भारतीय नहीं है, तब उसका क्या अर्थ? फालतू का बवाल और उठा-पटक क्यों?

यकायक इस समय राजनीति बहुत सक्रिय हो उठी थी। साइमन कमीशन का बहिष्कार, उसका काले झंडों से तिलमिला देनेवाला स्वागत, शहरों में हड़ताल, पुलिस की ज्यादतियाँ, लाठीचार्ज और फायरिंग से माहौल गरमाया हुआ था। दिल्ली एसेंबली में फेंका गया बम, क्रांतिकारियों का उठता सैलाब। गिरनी कामगर यूनियन में क्रांतिकारी नीति को महत्त्व। साम्यवाद का फैलता प्रभाव। सर्वदलीय सम्मेलन में कलकत्ते का भारतीय संघ, होमरूल लीग, मुसलिम लीग, महाराष्ट्र चेंबर्स ऑव कॉमर्स, ऑल इंडिया कॉन्फ्रेंस ऑव इंडियन क्रिश्चियन, सिंध नेशनल लीग, केंद्रीय सिख लीग, अवध का आंग्ल भारतीय संघ, जमैयतुल-उलेमा, दक्षिण सभा आदि का एकजुट होकर मोतीलाल नेहरू रिपोर्ट पर हुई चर्चा के मध्य मान्य संशोधनों से उसका जो विधान बना, उसने भारत के हर कोने से यह आवाज उठाई, "हम सब एक हैं। साइमन कमीशन लौट जाओ।" और उसे खाली हाथ लौटना पड़ा। उसी के फलस्वरूप सन् 1929 में हुए कांग्रेस के अधिवेशन में, जिसकी अध्यक्षता जवाहरलाल नेहरू कर रहे थे, 31 दिसंबर की रात के बारह बजकर एक मिनट पर, रावी के तट पर पूर्ण स्वराज्य का लक्ष्य तालियों की भारी गड़गड़ाहट के मध्य घोषित किया गया। ऐसा लगा मानो भारत ने बारह सौ वर्ष से पड़ा जुआ अपने कंधों से उतार फेंका हो।

नमक आंदोलन

पूर्ण स्वराज्य का जश्न हर्षोन्माद से मना तो लिया, पर उस पर अमल कैसे हो, कहाँ से हो आदि प्रश्न अनसुलझे और अनुत्तरित थे। जवाहरलाल नेहरू ने इस स्थिति का वर्णन अपनी आत्मकथा में इस तरह से किया है—

"सबसे बड़ी मुद्दे की बात यह थी कि पूर्ण स्वराज्य कैसे मिले? कांग्रेस अधिवेशन में प्रदर्शित उत्साह के बावजूद कोई यह नहीं जानता था कि संघर्ष के कार्यक्रम में देशवासी कहाँ तक साथ चल सकेंगे। हम जिस स्थल पर पहुँच गए थे, वहाँ से अब लौट नहीं सकते थे, आगे का रास्ता हमारे लिए एकदम अज्ञात था।"

ऐसे कार्यक्रम हों, जिनसे अंग्रेजी सरकार को उखाड़ फेंका जाए। हड़तालें हों, सत्याग्रह हों आदि कदम उठाए जाएँ। सब साबरमती आश्रम में मिल रहे थे। सबकी दृष्टि गांधी पर आकर अटकी रह जाती थी। गांधी की अहिंसा ही उसका एकमात्र उपाय है। गांधी ने वायसरॉय इर्विन को पत्र लिखा था। समझाया था कि वह संघर्ष की तैयारी में क्यों जुटे हुए हैं?

गांधी जन जागरण की ज्योति जगाए रखना चाहते थे। सारी दुनिया की निगाहें गांधी पर आ टिकी थीं। वायसरॉय इर्विन का वही रटा-रटाया उत्तर था कि गांधी कानून को अपने हाथ में न लें।

गांधी ने अपने संघर्ष के पत्ते खुले रखे थे। उनकी नीति, उनका संघर्ष, संघर्ष करने की तारीख आदि सबकुछ तो स्पष्ट, निर्धारित था।

नमक पर सरकार ने कर लगाया था। नमक ऐसी चीज है, जिसका गरीब गुरबा से लेकर अमीर शाहजहाँ तक सभी प्रयोग करते हैं। इसमें गरीबों की संख्या सबसे ज्यादा है।

पद यात्रा—दांडी तक। दांडी में समंदर के पानी से नमक बनाना उनकी योजना में था। वहाँ तक के लिए पद यात्रा क्यों? बस-ट्रेन से क्यों नहीं? गांधी के साथी भी तय हुए 79 केवल। दिनांक 12 मार्च, 1930। दिन चौबीस। 241 मील की यात्रा। सुबह के साढ़े छह बजे से यात्रा शुरू होनी थी।

वह दिन आया। सूरज धीरे से आकाश पर आया। हवा ने गुनगुनाया और जन-मानस उमड़ पड़ा।

क्या होगा, कोई नहीं जानता। यह क्या नाटक है? गांधी बाजीगर है। भीड़ जुटाने में और अखबार की हैडलाइन पर आने में उसका कोई जवाब नहीं है। हजारों हजार की भीड़। गाँव के गाँव उमड़ पड़े। सबमें अदमित उत्साह, जोश और उल्लास। उनके साथ गाँव के गाँव चल पड़े। एक गाँव के बाद दूसरा गाँव।

न नारों की गूँज। न शस्त्र, न अस्त्र। चल पड़े स्वराज्य पाने।

एच.ई.लॉर्ड इर्विन ने गांधी का पुनः पत्र पढ़ा, क्योंकि गांधी ने दांडी यात्रा शुरू करने से पहले कहा था, "यदि स्वराज्य नहीं मिला तो या तो मैं मर जाऊँगा अथवा आश्रम के बाहर रहूँगा। यदि नमक कर न उठा सका तो आश्रम लौटने का इरादा नहीं है।"

यह क्या पागलपन है। क्या दांडी पहुँचकर वह स्वराज्य पा जाएँगे? यहाँ की जनता में भेड़ चाल है। चल पड़े सब उसके साथ अपने सोच को एक तरफ कर।

गांधी ने लिखा था कि कर लगाकर सरकार जन जीवन की खुशियों को निगल जाना चाहती है। गांधी ने जीवंत उदाहरण देकर सबको चौंका दिया।

इर्विन चौंका। उदाहरण उसी को लेकर था। वह भी मुद्रा विनिमय की वर्तमान दर से देखें तो—

1. भारत के वायसरॉय को 21000 रु. प्रतिमाह।	1. ब्रिटिश के प्रधानमंत्री को 5400 रु. प्रतिमाह।
2. आम भारतीय की औसत आमदनी प्रतिदिन औसत दो आने।	2. इंग्लैंड के आम आदमी की आमदनी दो रुपए प्रतिदिन।
3. इस हिसाब से वायसरॉय को प्रतिदिन मात्र 700 रुपए मिलते हैं।	3. ब्रिटिश प्रधानमंत्री को प्रतिदिन 180 रु.।

इस तरह वायसरॉय औसत भारतीयों से पाँच हजार गुना अधिक पा रहा है। पर क्यों? सोचिए। क्या ऐसी पद्धति से जहाँ की शासन व्यवस्था चल रही हो, उसे तत्काल खतम करना गलत है?

6 अप्रैल की सुबह। दांडी का समुद्र तट। गांधी सहित 79 सत्याग्रही। गांधी इकसठ वर्ष के हो रहे थे और उस आंदोलन का सबसे छोटी उम्र का किशोर सोलह वर्ष का था। दोनों पीढ़ी एक साथ और एक लक्ष्य के लिए। इस आंदोलन की खिल्ली उड़ानेवाले भी कम नहीं थे। जो इसे 'बचकाना राजनैतिक क्रांति' कहकर गांधी का उपहास कर रहे थे।

गांधी और उनके कुछ साथी समुद्र तट पर बिखरे नमक को उठा लाए। यों हो गया नमक कानून का उल्लंघन। फिर क्या था कि नमक बनाने का कार्य शुरू।

सरकार की सोच थी कि इस आंदोलन के मुखियों को धर दबोचो। फिर पिछलग्गू राह से भटककर तोड़ी फोड़ी पर उतर आएँगे और गांधी का यह आंदोलन स्वतः ही ठप होकर रह जाएगा। वल्लभभाई पटेल, जवाहरलाल नेहरू, राजाजी, मदनमोहन मालवीय, के.एम. मुंशी, देवदास गांधी, महादेव देसाई आदि को गिरफ्तार किया और सजाएँ भी सुनाईं।

5 मई, 1930 को दांडी से लगे एक गाँव कराड़ी में गांधी को हिरासत में लिया और जेल में डाल दिया। बिना मुकदमा चलाए।

इस सबसे नमक आंदोलन में लपटें उठने लगीं। लॉर्ड इर्विन बौखला उठा। उसने अनेक आर्डिनेंस जो निष्क्रिय होते दीख रहे थे, उनको सक्रिय किया। अब बेखौफ जनता सरेआम नमक बनाकर नमक कानून तोड़ रही थी। गांधी के गिरफ्तार होते ही जनता बेकाबू हो उठी। सब तरफ हड़ताल। बाजार बंद। व्यापार बंद। बंबई के कपड़ा व्यापारियों ने छह दिन बाजार बंद रखा। शोलापुर में भीड़ ने छह चौकिया जला दीं। पुलिस ने कई जगह गोलियाँ चलाईं। इस प्रकार सरकार नमक आंदोलन के वृहत् प्रभाव से अंदर तक हिल गई।

गांधी–इर्विन पैक्ट (समझौता)

सरकार ने कांग्रेस के मुखियों को छोड़ना शुरू किया। गांधी भी छोड़ दिए गए। गांधी ने जेल से बाहर आकर पहला काम यह किया कि वह लॉर्ड इर्विन से मिले। उनकी यह मुलाकात कई दिनों तक चलती रही। 17 फरवरी, 1931 को उनकी यह मुलाकात प्रारंभ हुई थी और मार्च 1931 में कांग्रेस के कराची अधिवेशन ने गांधी–इर्विन पैक्ट को मान लिया था। तदनुसार गांधी–इर्विन समझौते की कुछ सुर्खियाँ निम्न प्रकार थीं—

1. ब्रिटिश सामान का बहिष्कार राजनीतिक हथियार के रूप में नहीं होगा।
2. वैधानिक संशोधन को ध्यान में रखते हुए कांग्रेस के प्रतिनिधि गोलमेज कॉन्फ्रेंस में भाग लेंगे।
3. सविनय अवज्ञा आंदोलन से संबंधित आर्डिनेंस वापस ले लिया जाएगा।
4. सविनय अवज्ञा आंदोलन में गिरफ्तार उन कैदियों को छोड़ दिया जाएगा, जो हिंसा से दूर रहे।
5. सविनय अवज्ञा आंदोलन में गिरफ्तार लोगों पर चल रहे मुकदमे वापस ले लिये जाएँगे।
6. अगर अचल संपत्ति आर्डिनेंस 1930 के अंतर्गत जिनसे सरकार ने अचल संपत्ति वसूल की थी, वह लौटा दी जाएगी।
7. अगर सरकार यह महसूस करेगी कि वसूली अनुचित हुई है तो वह क्षतिपूर्ति करेगी।
8. उन वन्य कर्मचारियों को जिन्होंने सविनय आंदोलन के समय नौकरी से त्याग पत्र दे दिया था, नौकरी में लेने के लिए सरकार उदारता से विचार करेगी।

9. वर्तमान में आर्थिक स्थिति को ध्यान में रखते हुए सरकार यह नहीं कर सकती है कि नमक कानून रद्द कर दे या उसमें कुछ तब्दीली कर दे। लेकिन यह संभव होगा कि सरकार कुछ गरीब वर्गों को यह सुविधा दे सकेगी कि वे अपने उपयोग के लिए नमक बना सकें, बेचने के लिए नहीं।

यह था गांधी इर्विन पैक्ट, लगभग पंद्रह दिन की मशक्कत का नतीजा। पर नमक आंदोलन था एकदम लीक से हटकर और दुनिया में अपनी किस्म का आंदोलन। जिसे देखने-समझने के लिए दुनिया भर से लोग आए थे। बाहरी मुल्कों से आए पत्रकारों और देसी पत्रकारों ने इस समझौते पर काफी माथामच्ची की थी। वे इस निष्कर्ष पर पहुँचे थे कि सत्याग्रहियों ने आत्मबल का अद्‌भुत परिचय दिया, उन्होंने कड़ा संघर्ष किया और कठोरतम यातनाओं को भोगा। निस्संदेह यह आधुनिक भारत का एक साहसी और कभी नहीं भूलने वाला अक्षरित काल है।

हालाँकि सरकार ने इस समझौते को निभाने में कोताही बरती। 23 मार्च, 1931 को लाहौर षड्‌यंत्र केस के फैसले में भगतसिंह, राजगुरु और सुखदेव को फाँसी की सजा दी गई। सरकार ने इस फैसले पर किसी की नहीं सुनी और इन तीनों को फाँसी पर लटकाकर उनकी लाश को जलवा भी दिया।

सरकार ने 60 हजार सत्याग्रहियों को सजा दी। जिनकी संपत्ति का जबरन अपहरण किया गया था, उनकी संपत्ति लौटाने की दिशा में अभी तक कोई खास प्रगति नजर नहीं आ रही थी। अगस्त, 1931 गांधी गोलमेज कॉन्फ्रेंस में भाग लेने इंग्लैंड गए थे। वहाँ से गांधी को मिला कुछ नहीं, उलटे अल्पसंख्यकों और अछूतों की दीवार उठाने के लिए सरकार प्रयत्न करती नजर आई, जिसका गांधी ने डटकर विरोध किया।

हालाँकि गांधी संविधान के सवाल को हल करने की दिशा में कुछ नहीं कर पाए थे, परंतु इंग्लैंड के 84 दिन के प्रवास में वह वहाँ के प्रभावी नेता, प्रबुद्ध बुद्धिजीवी आदि से मिलकर अपने देश की स्थिति के बारे में बताते रहे और वहाँ का जनमत भारत के पक्ष में बनाने में बहुत कुछ सफल भी हुए। सम्राट् और साम्राज्ञी ने उन्हें चाय पर आमंत्रित किया था। वे गए थे, परंतु चर्चिल ने उनसे मिलने के लिए मना कर दिया था।

अछूत समस्या बनाम पूना पैक्ट

गांधी गोलमेज कॉन्फ्रेंस में यह जान सके थे कि सरकार के इरादे साफ नहीं हैं। वह सांप्रदायिक सद्‌भाव में विष के बीज बो रही थी। उसने हिंदू और मुसलमानों में खाई चौड़ी की थी। अछूतों के लिए सरकार पृथक् मताधिकार के पक्ष में थी। उसने ऐसा

प्रस्ताव रखा था। गांधी ने उसका विरोध भी किया था, परंतु सरकार अपने प्रस्ताव पर अटल नजर आई।

गांधी अपने लंदन प्रवास से लौटते हुए पेरिस रुके थे। उन्होंने वहाँ एक बड़ी जनसभा को संबोधित किया और वहाँ बिलेनावे में वह रोम्याँ रोलाँ के अतिथि बनकर पाँच दिन रहे। रोम्याँ रोलाँ गांधी के यूरोपीय जीवनी लेखक थे। उनसे वैचारिक आदान-प्रदान हुआ और भारत के ब्रिटिश सरकार के दोहरे रवैये की चर्चा भी हुई। उसकी बदनीयती पर प्रकाश डाला। चिंता का विषय यह उभरा कि अछूत हिंदू समाज के अभिन्न अंग क्यों नहीं हैं ?

भारत में आकर गांधी ने हिंदू समाज को सावधान कर दिया। वे स्वयं अनशन पर बैठ गए। टुकड़े नहीं। अभी तक हिंदू समाज के समाज सुधारक, बुद्धिजीवी आदि ने छुआछूत को कलंक बताकर अपनी भावना अभिव्यक्त अवश्य की थी, परंतु उससे हिंदू समाज के रवैये में कोई सुधार नहीं आया। स्थिति जस-की-तस बनी रही, परंतु गांधी ने अनशन रखकर जो प्रायश्चित् करना चाहा, उसका असर बहुत गहरा और व्यापक हुआ।

गांधी ने 6 अगस्त, 1931 को डॉ. अंबेडकर को पत्र लिखा कि वह उनसे मिलना चाहते हैं। उनको उनके पास आने में भी कोई आपत्ति नहीं है। 14 अगस्त को डॉ. अंबेडकर गांधी से मिले। दोनों में अछूत समस्या पर बात अवश्य हुई थी, परंतु दोनों अपनी जगह से टस-से-मस नहीं हुए। एक ने अछूत समस्या को उठाया था और दूसरे ने अछूत होकर उपेक्षित और कड़वा जीवन जीते हुए अपने समाज के लिए कुछ कर गुजरने की ठानी थी। गोलमेज कॉन्फ्रेंस में डॉ. अंबेडकर अपने वर्ग की जोरदार वकालत कर राजनीतिक अधिकार पाने की बात उठा चुके थे। उधर गांधी के प्राणों पर बन आई थी।

गांधी ने 'हरिजन' साप्ताहिक निकाला। साबरमती के किनारे स्थित आश्रम भी आगे चलकर हरिजनों के हितार्थ समर्पित कर दिया और स्वयं मध्य भारत के वर्धा में आश्रम में आ गए। नमक आंदोलन के समय उन्होंने यह प्रण किया था कि जब तक देश स्वाधीन नहीं हो जाता, तब तक वे वहाँ प्रवेश नहीं करेंगे। वे वर्धा के पास एक गाँव में मिट्टी से बनी झोपड़ी में रहने लगे थे और अपनी समग्र चेतना हरिजनोद्धार में लगाने में जुट गए।

गांधी नहीं सोच सकते थे कि अछूत हिंदू धर्म से अलग हों। वे यह भी मानते थे कि अछूत समस्या तर्क से नहीं, भावनाओं से सुलझेगी। सवर्णों ने उनकी भावनाओं पर चोट की है और भावनाओं के कारण ही वे उन्हें अस्पृश्य मानकर चले हैं। मनुष्य मनुष्य के लिए अस्पृश्य कैसे हो सकता है ? यह प्रश्न सामाजिक जागृति, आर्थिक शोषण और मानवता से जुड़ा हुआ है।

उन्होंने आत्मा की पुकार को सुना। वे इसके लिए उपवास रखेंगे। उपवास का क्या औचित्य है, यह तो परमपिता परमेश्वर जान सकता है, इस पर बुद्धि से न वह सोच पाता

है और न बुद्धि की ताकत से इस पर सोचने का फल सामने आ सकता है। वे सवर्ण हिंदुओं की जड़ आत्मा को सक्रिय करना चाहते थे, ताकि उनमें जागृति आए और वे अपने पापों का प्रायश्चित करने के लिए तैयार हो सकें और अछूत भाई भी यकीन कर सकें कि सवर्ण उनके लिए क्या कर सकते हैं!

11 बजे थे। गांधी ने गरम पानी के साथ नींबू पानी लिया। मंगलवार। दोपहर के 12 बजे। गांधी का उपवास शुरू।

डॉ. अंबेडकर जितने पृथक् निर्वाचन के प्रबल समर्थक थे, उतने ही गांधी उसके विरुद्ध। आमरण अनशन का यही कारण था उनका। वे मान रहे थे कि इससे हिंदू धर्म जाति के अंग-भंग करने की योजना बहुत सोच-विचार और चालाकी से ब्रिटिश सरकार ने बनाई है।

गांधी ने माना कि ब्रिटिश सरकार भी धन्यवाद की पात्र है, जो उसने उन्हें तत्काल आत्मिक शुद्धिकरण की दिशा में तेजी से आगे बढ़ने की प्रेरणा दी। जो काम मंद गति से घिसट-घिसटकर चल रहा था, वह कार्य फटाफट शुरू हो गया। एक 'अखिल भारतीय संगठन' जिसे आगे चलकर 'अखिल भारतीय हरिजन सेवक संघ' नाम दिया और जिसे साबरमती आश्रम सौंपा गया, बना। तभी साप्ताहिक 'यंग इंडिया' के स्थान पर 'हरिजन' शुरू हुआ। 'हरिजन सेवक' नाम से हिंदी में संस्करण निकला। सवर्ण और अछूत नेताओं का सम्मेलन बंबई में शुरू हुआ।

कोई नहीं चाहता था—न सवर्ण और न अछूत कि गांधी के प्राण इस समस्या के कारण निकल जाएँ। सारा देश हिल गया। ब्रिटिश सरकार किंकर्तव्यविमूढ़ हो गई।

क्या हल हो? कैसे हो? सबकुछ तो दलित जाति के नेताओं पर निर्भर था। दलित जाति के सामर्थ्यवान्, मेधावी और कर्मठ नेता डॉ. अंबेडकर थे।

यह अनशन क्या है? आतंक है। कोई अनशन के पीछे छिपी भावना को नहीं समझ पा रहा था। सब इसे एक मात्र राजनीतिक समस्या भर मान रहे थे।

गांधी ने अल्पसंख्यक समिति की बैठक में कहा था कि "हम नहीं चाहते कि दलित (अछूत) की पहचान अछूत की एक पृथक् जाति के रूप में हो। सिख सदैव के लिए सिख, मुसलमान सदैव के लिए मुसलमान और ईसाई सदैव के लिए ईसाई रह सकते हैं, परंतु क्या अछूत भी सदैव के लिए अछूत रहेंगे?" सारा देश सकते में था। अब क्या होगा? गांधी और अंबेडकर के संवाद से तो लगता नहीं था कि कोई रास्ता निकल सकेगा? फिर गांधी के प्राण? यह आग्नेय प्रश्न था।

गांधी के प्राणों की धड़कन बंद न हो जाए, इसकी चाबी डॉ. अंबेडकर के पास थी और अंबेडकर अड़े हुए थे। वे अपनी शर्तें रख रहे थे। आखिर में दोनों वर्ग के प्रतिनिधियों के बीच समझौता हुआ। इसे ही पूना पैक्ट का नाम दिया गया।

अब यह समस्या बनी रह गई कि सरकार उस समझौते पर अपनी मोहर लगाए। वह समझौता ब्रिटेन के प्रधानमंत्री के पास भेजा गया। वहाँ भी सब सन्नाटे में आ गए। उपनिवेश मंत्री सर सेम्युअल होर और गोलमेज परिषद् की मताधिकार समिति के अध्यक्ष लॉर्ड लोदियन से ब्रिटेन के प्रधानमंत्री ने राय मशविरा किया और तब जाकर मंत्रिमंडल ने उस पर हस्ताक्षर किए और पूना पैक्ट मान्य हो गया। इस प्रकार गांधी का आमरण अनशन समाप्त हुआ।

गांधी के मन की गहराइयों में यह बात बैठ गई थी कि भारत शहरों में नहीं गाँवों में बसता है। गाँव ही भारत की सभ्यता और संस्कृति के मूल में है। लोकांचल, लोक-गाथाएँ, लोकनृत्य, लोक-भाषाएँ, बोलियाँ, लोक-संगीत, लोककला, लोक-शिल्प, लोकोक्तियाँ, लोक नाटक आदि का मनोरम रूप भारत की अक्षय धरोहर है। वही भारत की आत्मा है। सदियों से उसी का शोषण होता रहा है। उसी के शोषण से गाँव का अर्थतंत्र चौपट हुआ है और बराबर होता जा रहा है। उसे कैसे मुक्ति मिले? कौन उसे मुक्ति दे? वे यहाँ तक सोच गए थे कि यदि वह गाँवों को उनकी गरीबी से मुक्ति दिलाने में सफल हो गए तो वह समझेंगे कि उन्होंने स्वराज्य पा लिया।

उनकी दृष्टि में राजनीतिक स्वाधीनता बिना सामाजिक और आर्थिक स्वाधीनता के अपूर्ण है। कांग्रेस देशमुक्ति का अभियान जोर-शोर से चला रही है, वह चलाती रहे, उसमें उनकी क्या आवश्यकता है? उनके मन में थे जाति में बँटे खंडित होते असंख्य उपेक्षित, अपमानित, अशिक्षित, आर्थिक रूप से विपन्न, प्रताड़ित, शोषित तथा घनघोर निराशा में डूबे वे जन जो आशा की एक किरण की प्रतीक्षा में हैं। जर्जर होता वर्तमान समाज स्वयं का परिणाम था। उनके लिए उनकी आत्मा तड़पती रहती थी।

गांधी के मन ने उन्हें चेताया, "तू गांधी, कांग्रेस में क्या कर रहा है? उसे सबसे पहले राजनीतिक आजादी चाहिए। राजनैतिक आजादी से क्या तेरा विपन्न, शोषित, उपेक्षित, त्रसित, शापित और पददलित और पदाक्रांत समाज मुक्त हो सकेगा? राजनीतिक आजादी का मतलब है सत्तात्मक परिवर्तन! एक राजा गया उस पर दूसरा राजा आ बैठेगा। फिर चाहे वह स्वदेशी ही क्यों न हो?

"तब?" गांधी के सामने आड़ा प्रश्न था।

"तू सोच, तुझे किसे आत्मनिर्भर, स्वाभिमानी, सुदृढ़, शक्तिशाली और कर्मयोगी बनाना है? क्या राजनेताओं के द्वारा यह संभव होगा? केवल मताधिकार की आजादी समाज के शोषित और पदाक्रांत वर्ग को जीने की सुविधाएँ मुहैया करा सकेगी?"

गांधी के मन में इस तरह का सैलाब उठ रहा था। उनकी चिंता एक बहुत बड़े समाज को अभिशापों से मुक्ति दिलाने से जुड़ी थी।

"फिर तू कांग्रेस में क्यों?"

"क्या कांग्रेस छोड़ दूँ?"

"क्यों नहीं?"

"क्या मुझे कांग्रेस छोड़ देगी?"

"यह तू जाने, गांधी।"

"ठीक है, ठीक है।" गांधी ने ठान लिया और घोषणा कर दी कि वे कांग्रेस के चार आनेवाले सदस्य भी नहीं रहेंगे। उस चार आनेवाले सदस्य से भी उन्होंने मुँह फेर लिया, जिसके लिए उन्होंने घनश्यामदास बिड़ला से कहा था, "बिड़ला भाई, तुम मुझे चार आने के सदस्य बनाने की कवायत से लाखों रुपया देकर बचा तो सकते हो, परंतु उससे जुड़े उन लाखों लाख जनों को कहाँ से लाओगे जो अपना सर्वस्व देश पर निछावर करने का व्रत ले रहे हैं। यह एक चरित्र क्रांति है, जिसका उनकी संचेतना से सीधा संबंध होने जा रहा है। यह खून का रिश्ता बनने जा रहा है। बहुसंख्यक लोगों का इस महायज्ञ में स्वेच्छा से जुड़ना, आगे आना, कर्म पथ पर चल पड़ने के स्वप्न को साकार कर पाना तुम्हारे लाखों लाख के चंदे देने से संभव नहीं है, बिड़ला।"

बिड़ला अवाक्, परंतु अब गांधी स्वयं उस चार आनेवाली कांग्रेस की सदस्यता से मुक्त हो रहे हैं? आखिर क्यों?

कांग्रेस के दिग्गज नेताओं के पाँवों के नीचे से धरती खिसकने लगी। वे सोचने लगे कि गांधी के कांग्रेस से अलग होने से जनता में क्या संदेश जाएगा? जनता क्या सोचने लगेगी? क्या उनकी देखादेखी उनके चहेते लाखों लाख सदस्य कांग्रेस की प्राथमिक सदस्यता नहीं छोड़ने लगेंगे?

कांग्रेस के टूटने के क्रंदन ने उन दिग्गज नेताओं की नींद हराम कर दी, जो कांग्रेस के रथ पर सवार होकर जनता के केंद्र में बने हुए थे। वे सब यह भी जानते थे कि इसके पीछे गांधी के मन में गहन पीड़ा है। उनको मालूम था कि गांधी के अनुसार चल पाना उनके वश की बात नहीं है।

गांधी ने जो कह दिया, वह पत्थर की लकीर हो गया। वे टस-से-मस नहीं हो सकते।

एक भयावह संकट। महासंकट। उधर डॉ. अंबेडकर इस बात पर अड़े हुए थे कि छुआछूत का अभिशाप बिना राजनीतिक शक्ति प्राप्त किए नहीं मिट सकता। वे वायसरॉय ऑफ इंडिया को पत्र लिखकर उनका ध्यान इस ओर खींचना चाह रहे थे। एक अर्थशास्त्री होने के कारण उनका चिंतन यह था कि गाँव और कृषि के क्षेत्र में मैकेनाइजेशन होना चाहिए। साथ ही ठेकों में अनुसूचित जाति को आरक्षण मिले। वे चाहते थे कि दलितों में से एक व्यापारी वर्ग सामने आए। गांधी डॉ. अंबेडकर के इन विचारों से सहमत नहीं थे। इसके लिए वे आमरण अनशन पर बैठे थे। जैसे-तैसे डॉ.

अंबेडकर के सहयोग से उनका वह अनशन टूटा था और अनुसूचित, पिछड़े तथा दलित वर्ग के उत्थान में गति लाने के कार्यक्रम बने थे।

इस संदर्भ में 1 अगस्त, 1933 को गांधी को गिरफ्तार कर तीन दिन बाद छोड़ दिया गया था। उन्हें इस शर्त के साथ छोड़ा गया था कि वे पूना से बाहर नहीं जा सकेंगे, परंतु गांधी कहाँ माननेवाले थे, क्योंकि अन्याय और अत्याचार का विरोध करना उनकी दृष्टि में सत्य-अहिंसा का अनुसरण करना था। फलतः वे पूना से बाहर जाने लगे तो उन्हें गिरफ्तार कर लिया गया। उन पर मुकदमा चलाया गया। उन्हें दोषी पाया और उन्हें एक साल की सजा सुना दी गई।

यह था तब विदेशी सत्ता की हुकूमत का असर और उसकी न्याय व्यवस्था जो सत्य को अनदेखा किए थी। गांधी मानते थे कि ऐसा उनकी सरकार तथा उस सरकार के न्याय में भी संभव है, यदि वहाँ की जनता सचेत, सतर्क और जागरूक होकर अन्याय, अत्याचार और शोषण का मुकाबला करने के लिए तैयार नहीं है। ध्यान रहे कि उसे इस मुकाबले या विरोध करने में अहिंसा का मार्ग ही अंत तक निभाना है।

तब गांधी ने अपने को बचाने के लिए कोई विरोध नहीं किया और न उच्च अदालत में अपील की। पर क्यों? गांधी को समझने के लिए यह ध्यान रखना अत्यंत आवश्यक है कि वे बड़े हित के लिए छोटे हित को अनदेखा करने में नहीं सकुचाते थे। वे अपनी शक्ति को सँजोकर रखकर एक बड़े कार्य में लगाना चाह रहे थे। कारागार में रहकर वे हरिजन कार्य योजना अपने हाथ में लेना चाहते थे। इस हेतु अनुमति नहीं मिली। क्यों नहीं मिली? उसका एक ही कारण था कि भारत की जनता कहीं जागरूक और स्वावलंबी बनने की दिशा में सक्रिय न होने लगे। सरकार गांधी को गिरफ्तार करती और फिर छोड़ देती। लंबी सजा भी देती, परंतु कारागार में भी उन्हें समाज हितार्थ कोई कार्य नहीं करने देती। कारण वह उन्हें एकाग्र होकर पूरे मन से काम नहीं करने देना चाहती थी। दरअसल सच्चाई से सब डरते हैं। उससे भी अधिक जागरूक और कर्मवीर जनता से हर सत्ता को भय बना रहता है।

गांधी विचारते थे कि देश को अंग्रेजों से स्वतंत्र कराने से क्या होगा? सत्ता पक्ष सदैव जनता से जुदा रहा है। तंत्र कोई सा भी हो, चाहे शासन में उत्तरदायित्व निभानेवालों को जनता चुनकर भेजे, परंतु वास्तविकता यह है कि सत्ता में पहुँचकर व्यक्ति जनता को भूलने लगता है और सत्ता के केंद्रीय आकर्षण में बँधकर रह जाता है। फिर सरकार गांधी को हरिजनोद्धार कार्यक्रम चलाने की अनुमति कैसे प्रदान करती।

7 नवंबर, 1933 को गांधी ने कारागार से बाहर आकर सबसे पहला काम यह किया कि बारह हजार पाँच सौ मील की यात्रा 9 माह में पूरी की। वे देश के छोटे-से-छोटे गाँव में गए। ऐसे गाँवों में भी जहाँ उनसे पहले कोई नहीं गया था। गांधी ने सवर्ण

हिंदुओं से वहाँ आग्रह किया कि वे पूर्वाग्रहों को त्यागें और हरिजन भाइयों को अपनाएँ। उन्होंने हरिजन बंधुओं को भी सलाह दी कि वे भी मदिरा मांस आदि से दूर हों। अपने को सुधारें। कुरीतियाँ छोड़ें। पढ़ाई-लिखाई की ओर ध्यान दें। अपने बच्चों को पढ़ाएँ। आगे बढ़ने का अपने में हौसला बनाएँ।

इसके साथ ही गांधी ने हरिजन फंड में काफी धन इकट्ठा कर लिया। जो धन देता था, उससे गांधी कहते थे कि वह धन के साथ उन्हें मन भी दे। वह अपने मन में संकल्प करे कि वह छुआछूत नहीं मानेगा। छुआछूत दूर करने का निरंतर प्रयत्न करेगा।

इस अभियान में अनेक जगहों पर गांधी पर आक्रमण भी हुए। 25 जून, 1934 को वे मानपत्र लेने नगरपालिका हॉल की ओर जा रहे थे कि उनके दल पर बम फेंका गया, भाग्य से गांधी बच गए। गांधी के साथ दो कारें थीं—एक में गांधी और उनके साथी थे। दूसरी कार में नगरपालिका के पदाधिकारी तथा गांधी के अन्य सहयोगी थे। वे लोग बम के शिकार हुए। उन्हें गहरी चोटें आईं। तब गांधी ने कहा था कि "अभी शहीद होने की तनिक सी भी इच्छा नहीं है। फिर भी अपनी आस्था की रक्षार्थ तथा अपने फर्ज के पालनार्थ मुझे मौत भी आ जाए तो मैं उसे अपना सद्भाग्य मानूँगा।"

इसी बीच जब एक ज्योतिषी ने उनकी हस्तरेखा का अध्ययन करने की इच्छा प्रकट की थी तो उन्होंने अत्यंत सहज ढंग से दो टूक बात कह डाली थी। उन्होंने कहा था, "मैं हरिजन कार्यकर्ता हूँ। मेरे पास आलतू-फालतू समय नहीं है।"

एक गाँव में एक व्यक्ति हरिजनों की स्नान न करने की या कई दिनों बाद स्नान करने की आदत पर कटाक्ष कर रहा था। तब गांधी ने सबको चुप होता देखकर कहा था, "भैंसें भी दिन-रात पानी में रहती हैं। उससे क्या लाभ मिलता है उन्हें?"

सब हैरत से गांधी की ओर देखने लगे तब गांधी ने कहा था—"भाइयो! यह मोटी बात समझ लो, हमारी एकता जितनी संगठित होगी उतनी ही हमारे पर प्रभु की कृपा बनी रहेगी।"

इस यथार्थ से इनकार नहीं किया जा सकता है कि समाज में सत्य को माननेवाले सब नहीं होते। उनमें अधिकांश ऐसे जन मौजूद रहते हैं, जो परंपरावादी, रूढ़िवादी, अंधविश्वासी और कूपमंडूक विचार वाले होते हैं। हिंदुओं में ऐसे जन कम नहीं थे। सवर्ण जाति वाले सनातनी जन को गांधी के इस अभियान से खास एतराज था। वे गांधी के कट्टर विरोधी हो चले थे, क्योंकि गांधी परंपरा के विरुद्ध बात कह रहे थे। ऐसे लोगों ने गांधी के विरुद्ध मोर्चा खोला हुआ था और ऐसे लोग गांधी को सिरफिरा, अधार्मिक, पाखंडी आदि न जाने क्या-क्या कहते थे। गांधी उन पर पलटवार नहीं करते थे। वे सहज भाव से उनसे पूछते थे, "भाई, अनुसूचित भाई वे क्यों हैं? क्या वे हिंदू नहीं हैं? फिर वे मंदिरों में क्यों न जाएँ? यह कौन तय करेगा कि अमुक-अमुक जन मंदिर में

जाने योग्य हैं और अमुक-अमुक जन मंदिर में जाने योग्य नहीं है ? क्या जन्म से कोई अछूत होता है ?"

गांधी के इन प्रश्नों का किसी के पास कोई सटीक उत्तर नहीं था। गांधी के इसी अभियान का यह परिणाम हुआ कि सन् 1937-39 में जहाँ-जहाँ कांग्रेस के मंत्रिमंडल थे, वहाँ-वहाँ अछूत-हरिजन के हितार्थ कानून बनाए गए और उनके सामने जो मिथ्या दीवारें खड़ी की हुई थीं, उन्हें गिराने की दिशा में पहल की गई।

गांधी उन व्यक्तियों में एक महान् व्यक्ति थे, जो अपने कथन-विचार को अपने व्यवहार-आचरण में लाकर जन मन को जमीनी सच से जोड़ते थे। यही कारण है कि गांधी जलगाँव के पास सबसे पिछड़े, उपेक्षित और हर प्रकार की सुविधाओं से कटे हुए गाँव में बसे। वहाँ सेठ जमुनालाल बजाज की कुछ जमीन थी, जो उन्होंने उन्हें दे दी। गांधी ने वहीं अपनी कुटिया डाल ली थी।

न वहाँ डाकखाना था, न दुकानें थीं, न बिजली थी, न सड़कें थीं और न नल। वर्षा ऋतु में वहाँ तक पहुँचने के लिए कीचड़ के जंगल को पार करना होता था। मच्छरों का वहाँ साम्राज्य था। न साफ घर थे और न साफ जलवायु। वहाँ की जनसंख्या छह सौ के आसपास थी।

वर्षा काल में सेगाँव जुड़ी ज्वर और पेचिश से घिर जाता था। न वैद्य, न डॉक्टर, न कंपाउंडर। फिर कौन करे इलाज ? कैसे हो इलाज ?

गांधी उस दूषित वातावरण का शिकार न होते, यह कैसे होता ? वे बीमार हुए। लाख चाहने पर भी वे सेगाँव छोड़ने के लिए तैयार नहीं हुए। कैसे होते ? भारत माता वहाँ बसती थीं। वह था असली भारत। निरक्षर जनों से घिरा गाँव। अंधकार में नख से शिख तक डूबा गाँव।

देश की आजादी चाहनेवालों के सामने सबसे बड़ा यही सवाल था कि सेगाँव जैसे गाँवों के देश में प्राथमिक सुविधाएँ कैसे उपलब्ध हों ? कौन कराए उन्हें उपलब्ध ? चारों ओर घनघोर अँधेरा ? घनघोर निराशा ?

कौन आकर बसे देश की आजादी का दीवाना वहाँ ? कौन लड़े वहाँ की विषम परिस्थितियों से ? अचानक मिली आजादी की किरणों को कौन पहुँचाएगा वहाँ ?

वहाँ चहुँ ओर से घटाटोपी अंधकार छाया हुआ था, परंतु गांधी वहाँ अकेले आकर जमे थे। वे कस्तूरबा को भी साथ नहीं लाए थे। न अपने साथ वे स्वयंसेवक लेकर चले थे। वे देश की आजादी के दीवानों को चुनौती दे रहे थे। देश की आजादी के दीवानो! पहले सेगाँव में आकर बसे गाँवों का उद्धार करने के लिए तो आगे आओ। यदि ऐसा नहीं हुआ तो सेगाँव आजादी की नकली खुशी में अनदेखा, उपेक्षित और अंधकार में डूबा आत्महत्या करता रहेगा।

गांधी का मानना था कि आजादी बाहर से नहीं घर के अंदर से आएगी। उसे किसी से छीनना झपटना नहीं है, बल्कि उसे स्वयं से जन्माना है। उसके लिए किसी सत्ता से नहीं, बल्कि स्वयं से टकराकर लड़कर उसे पाना है।

गांधी यह सिद्ध करना चाहते थे कि सेगाँव सेवाग्राम में बदलने के लिए तभी आगे बढ़ सकेगा, जब वह स्वयं आगे आएगा। वह कमर स्वयं कसेगा।

एक विकट समस्या। गांधी की हठ। सेगाँव सेवाग्राम बने और सेवाग्राम से सुंदर, स्वावलंबी और चरित्रवान् भारत का हर एक गाँव बने। ऐसे सेवाग्राम को कोई निगल नहीं सकेगा। ऐसे सेवाग्राम के सामने कोई शक्ति टिक नहीं सकेगी। वह सदा आजाद रहेगा हवा-गंध की तरह! सेगाँव ने आँखें मींड़ी। गांधी के रोके उनकी शिष्य मंडली नहीं रुकी। जैसे गांधी वहाँ आ डटे, वैसे ही वहाँ उनकी शिष्य मंडली आ जमने लगी। देखते-ही-देखते वहाँ गारे-मिट्टी से कई कुटियाँ बनकर खड़ी हो गईं। उन पर बाँस के टट्टर छा गए। दिन निकलने की आहट सुनाई पड़ने लगी।

1937 में डॉ. जान माट सेगाँव पहुँचे। उन्हें वहाँ मिली गांधी की छप्परवाली कुटिया।

वहाँ के समाज की कल्पना से ताप चढ़ जाए। वहाँ एक थे प्रोफेसर भंसाली। वे न बोलते थे और न कपड़े पहनकर घूमते थे। नंगे घूमते थे। नीम की पत्तियाँ खाकर पेट भरते थे और मौन पीकर जीते थे।

वहाँ एक दूसरा था मॉरिस फ्राइटमैन। पोलैंडवासी। वह गांधी से मिला। उनको काम करते देखा। उनके साथ काम करने का अंकुर उसके मन में फूटा और वह गांधी का शिष्य हो गया। उसकी कल्पना और स्वप्न में गांधी के अहिंसात्मक समाज की तसवीर सिर उठाने लगी और वह ग्रामीण उद्योग और ग्रामीण शिल्प का दीवाना बन बैठा।

उनमें आ मिला एक जापानी संत। एकदम तपस्वी। दिन रात काम में जुटा रहता। उसे उसी से मिलता था गहरा और दिव्य आत्मसंतोष।

वहाँ थे संस्कृत के एक प्रकांड पंडित। पर वे थे कुष्ठ रोग से पीड़ित। तब कुष्ठ रोग छूत का सबसे भयंकर और कभी न ठीक होनेवाला रोग माना जाता था। कौन करे उनकी सेवा? गांधी आगे आए। उनकी सेवा में लग गए।

बन उठा समाज। घूरे के भी बारह वर्ष बाद दिन बदलते हैं तो सेगाँव के दिन भी बदले। रोशनी की नन्ही सी किरण नजर आने लगी।

कोई कह रहा था। सब कहे हुए को सुन देख रहे थे, "आओ, मेरे पास आओ। हाँ-हाँ भाई वहाँ अँधेरा किए बैठे हो, यहाँ मेरे पास आओ।...हाँ...हाँ भाई, गांधी न सही, लेकिन उनकी अहिंसा की प्रयोगशाला यही है। यहीं ढला था तब सर्वोदयी समाज।"

यह सच था कि जब गांधी सेगाँव आए थे, तब उनके मन में आश्रम की कल्पना

नहीं थी और न सेगाँव को सेवाग्राम बनाने की। तब उनके मन में केवल इतना सा ही विचार था कि सेगाँव की प्रतिकूल, विषम और उजड्ड परिस्थितियों में जन कैसे जी लेता है? उसे कैसे वह सब बरदाश्त है, जिसे कोई अन्य मानव स्वीकार नहीं कर सकता? कैसे उनमें जीने की बलवती इच्छा कूच कर गई? किसने किया है उनके साथ ऐसा वीभत्स मजाक? किसने भरी है उनके दिमाग में जिंदा रहते हुए मरने की श्मशानी राख? इन आग्नेय प्रश्नों के ढेर पर आ बैठे थे गांधी वहाँ।

कैसा दूभर समाज। कोई परस्पर तालमेल नहीं। कोई परस्पर संवाद नहीं। सभी ओर उत्तर दक्षिण के अंतर। जंगली ताप से तपता जीवन। वहाँ के चित्र-विचित्र जन में जन्मी गांधी के प्रति श्रद्धा।

जहाँ श्रद्धा होती है गंगा का उद्गम स्थान वहीं होता है। जहाँ परस्पर प्यार होता है, जलवायु वहीं की तरोताजा होती है। सचमुच विचारों की अलखनंदा को बहता पाकर समय इतना गदगद हो उठता है, इसकी कल्पना का आनंद वही उठा सकता है, जो उसके तट पर आ खड़ा होता हैं और उसकी लहरों के स्पर्श से महकते आँचल की अनुभूति पाता है। यों जन्मती है कविता, साहित्य, कला, शिल्प, नृत्य, संगीत की अंतरंग लहरें और यों हो जाते हैं जीवन के अनसोचे-सोचे, अनदेखे-देखे स्वप्न साकार।

महादेव भाई ने ठीक ही लिखा है कि गांधी अहिंसा को राजनीति का व्यापक हिस्सा बनाने से पूर्व इस प्रकार के प्रयोग कर जाँच परख लेते थे। उनकी सोच थी कि यदि अहिंसा इतने छोटे और विषम स्तर पर कामयाब हो सकी तो उसको राजनीतिक क्षेत्र में भी अवश्य सफलता मिलेगी।

धीरे-धीरे सेगाँव सेवाग्राम में बदलकर एक नया ही रूप रंग और गंध पा सका। वहाँ आश्रम जैसी पाबंदियाँ नहीं थीं। कैसे होतीं, जब गांधी ने उसमें आश्रम की छवि की पूर्व संकल्पना ही नहीं की थी। उनके मन के किसी कोने में यह बात घर किए थी कि वह स्वतंत्रतापूर्वक अपने प्रयोग कर सकें, अतः उन्हें ऐसी ही उन्मुक्त जगह चाहिए थी—एक सर्वथा खुली प्रयोगशाला। सेवाग्राम इसके लिए एकदम उपयुक्त स्थान था। इसीलिए गांधी बारंबार सेवाग्राम लौटने के लिए मन बनाते रहे। और सेवाग्राम ने बहुत जल्दी गांधी के मन में फैल रहे ग्राम कल्याण के विचारों को आकार देना प्रारंभ कर दिया। वह समस्त उन योजनाओं की कार्यस्थली बन सका, जिनसे भारत के गाँव स्वावलंबन की दृष्टि से किसी दूसरे पर निर्भर न रहें। वहाँ सामाजिक, आर्थिक आदि क्षेत्रों में विकास तथा भरपूर उन्नति हो सके। ग्राम स्वयं में एक संपूर्ण संस्कृति, सभ्यता और आदर्श की अनुभूति दे सकें। सेवाग्राम उसको ही अपने में चरितार्थ कर उठा। वहाँ अनेक संस्थाएँ कार्यरत हो उठीं।

सेगाँव जो सेवाग्राम बनकर ग्रामीण मन का तीर्थ बन गया था, वर्धा का वह

एक उपेक्षित गाँव था। वहीं यानी मगनवाड़ी वर्धा में अखिल भारतीय ग्राम उद्योगों का मुख्यालय बना। वहीं एक प्रशिक्षण केंद्र भी खुला, ताकि गाँव के कार्यकर्त्ताओं को प्रशिक्षण दिया जा सके और उनके चित्त में गाँव के संपूर्ण विकास तथा स्वराज्य का चित्र उकेरा जा सके। उन उद्योगों को ही गाँव में स्थान मिले, जो गाँव की सहायता से कम लागत पर चल सकें और ग्रामीण अर्थशास्त्र के पृष्ठ-दर-पृष्ठ लिखने लगें।

वहाँ गाँव अपने में एक देश होकर जी उठा। वहाँ रोजगार की सुविधाएँ मिलीं, परंतु उसके लिए सब्र चाहिए, धैर्य के साथ आत्मविश्वास चाहिए, बलवती इच्छाशक्ति चाहिए, सहयोग करने का मन चाहिए, विवेकपूर्ण श्रम करने का कौशल चाहिए, जो प्राय: गांधी को वहाँ देखने को बहुत कम मिला। ग्रामीण अपने मन की उर्वरा शक्ति का अधिकांश भाग अंधे कुएँ के हवाले कर चुके थे।

सावधान मित्र ये गाँव हैं। वे गाँव, जो घोरतम निराशा की परछाईं बन चुके हैं और अपनी आस्था खो चुके हैं। वहाँ कोई परिवर्तन, किसी किस्म का विकास तत्काल संभव नहीं है। वहाँ चींटी की तरह काम करना है। हारना नहीं है। एक बड़े परिवर्तन के लिए उत्सुकता तथा अथक श्रम करते जाना है बिना परिणाम की चिंता किए। वहाँ ग्रामीण स्वराज्य लाना है। उसके लिए सरकार की ओर से कोई रोक-टोक नहीं है।

गांधी ने ग्राम स्वराज्य का स्वप्न देखा था। गाँव की जरूरत के अनुसार गाँव उठें। गाँव के मन और चरित्र उठें। वे पढ़-लिख भी जाएँ। उनके चित्त से अज्ञान की काल रात्रि का भय जाता रहे। इसलिए गांधी ने वहाँ बुनियादी शिक्षा पद्धति की नींव रखी। शिक्षा वह जो अपने में पूर्ण हो और जो करके सीखी जाए। इस प्रकार ग्रामोदय नए भारत की स्वतंत्र लिपि बने। सेवाग्राम ने वह सब कर दिखलाया। सरदार वल्लभभाई पटेल जिसे आदमियों का चिड़ियाघर कहते थे और गांधी जिसे रोगियों का घर मानते थे, वही गाँव जीवन अब आर्दश पाठशाला के रूप में देश के सामने खड़ा हुआ।

गांधी बराबर इस प्रश्न से जूझ रहे थे और लोगों के सामने उस प्रश्न को देख रहे थे कि जिस स्वराज्य के लिए हम सब अधीर बने हुए हैं, वह है क्या? अंग्रेजों का निकाल बाहर करना चाहिए, यह विचार बहुत के मुँह से सुना जाता है, लेकिन उन्हें क्यों निकालना चाहिए, इस पर किसी ने ठीक से खयाल किया हो, ऐसा नहीं लगता। मान लीजिए कि हम जितना माँगते हैं उतना अंग्रेज हमें दे दें तो फिर भी क्या उन्हें यहाँ से निकालने की जरूरत है?...हम मान लें कि हमारी माँग के मुताबिक अंग्रेज चले गए। उसके बाद आप क्या करेंगे?[1]

गांधी के मन में वे बुनियादी सवाल जन्म ले चुके थे, जिनका उत्तर किसी के पास नहीं था। गांधी कह रहे थे कि अंग्रेज धन बाहर न ले जाएँ, नम्र बन जाएँ, हिंदुस्तानियों को

1. हिंद स्वराज्य, गांधी, पृ.सं. 28-29

उच्च पद दे दें तो?...यदि भारत को भी कनाडा की तरह राजसत्ता मिले तो? बोअरों को भी राजसत्ता मिली थी। वैसी भारत को मिले तो? यदि स्वराज्य से यह अर्थ है कि अंग्रेज जाएँ, भारत का उसकी जगह अपना झंडा फहराए, उसकी अपनी फौज हो और अपनी जाहोजलाली हो तो...तो यही न कि राज्य तो चाहिए, परंतु अंग्रेज शासक नहीं। उसके शासक भारतीय हों, अर्थात् भारत की सत्ता में अंग्रेज नहीं रहें, उनका स्थान भारतीय ले लें। इसका मतलब हुआ कि बाघ का स्वभाव तो हमें चाहिए, लेकिन बाघ नहीं। और जब हिंदुस्तान अंग्रेज बन जाएगा, तब हिंदुस्तान कहाँ रह जाएगा? वह तो फिर सच्चा हिंग्लिस्तान बन जाएगा। यही न कि अंग्रेजों को यहाँ से भगाकर आप हिंदुस्तान को अंग्रेज बनाना चाहते हो।[2]

गांधी का मन इसलिए गाँवों की ओर मुड़ा। सेगाँव को सेवाग्राम बनाकर वह स्वराज्य की ओर ले जाना चाहते थे। वह शहर और महानगरों की इरादों की भाषा पढ़ चुके थे कि उन्हें अंग्रेजों को हिंदुस्तान से बाहर करने की जल्दी क्यों है? उनके मन में अंग्रेजी शासन की जगह अपना शासन उसी तरह स्थापित करना था, जिस तरह से अंग्रेजों ने हिंदुस्तान में किया है।

गांधी ग्राम स्वराज्य की नींव रखना चाहते थे, जिसका विरोध अंग्रेज भी नहीं करते थे। वह स्वावलंबन के केंद्र में स्वराज्य को पनपने देना चाहते थे। सेवाग्राम था उनका स्वराज्य। भारत की आजादी का लक्ष्य। इस ओर कौन ध्यान देना चाहता था? भारत की आजादी का उनकी दृष्टि में यही अर्थ था। वे सदियों से सामंतवाद व राजतंत्रमूलक सत्ता केंद्र में बैठी हुई है। वह उन ताकतों की प्रवृत्तियों को बदलना चाहते थे। उनके कारण अंग्रेज सत्ता, उससे पूर्व की अन्य सत्ताएँ और हिंदुस्तानियों की खुद की छोटी-बड़ी सत्ताएँ आम हिंदुस्तानियों का दोहन करती रही हैं—गाँव सदा से शोषण का केंद्र बने रहे हैं। गाँवों के शोषण से ही केंद्र में बैठी सत्ताएँ अपने स्वप्न साकार करती आ रही हैं। परंतु कौन देता गांधी के सच्चे स्वराज्य की ओर ध्यान? जिन्हें गद्दी छीननी थी, उन्हें ही वह स्वराज्य चाहिए था, जिसमें केंद्र में अंग्रेज न होकर वे बैठ सकें। उनकी दृष्टि में सत्ता परिवर्तन ही स्वराज्य था। उसी का परिणाम है आज का अपना भारत और उसका स्वराज्य।

वह मंत्र कैसे उनके गले में उतारें, जो स्वराज्य के लिए रट लगाए हुए थे कि स्वराज्य छीनकर उनकी गोदी में नहीं लाया जा सकता है और न स्वराज्य की गोदी में आमजन को बैठाया जा सकता। उनकी दृष्टि में स्वराज्य नीचे से ऊपर आएगा, ऊपर से नीचे नहीं।

गांधी का यही सेवाग्रामवाद ही रामराज्य था। यही उनका ग्राम राज्य था। वह नहीं

2. हिंद स्वराज्य, गांधी, पृ.सं. 30-31

जो आज नजर आ रहा है। तत्कालीन ब्रिटिश सरकार को साबरमती आश्रम छीनने का पश्चात्ताप सता रहा था। साबरमती आश्रम नमक सत्याग्रह के कारण सरकार ने छीना था। परंतु अब जब उन्होंने सेगाँव को सेवाग्राम में खड़ा कर दिया था, तब ब्रिटिश सरकार हतप्रभ रह गई थी। सेवाग्राम तो गांधी की समस्त गतिविधियों का केंद्र बनता जा रहा था।

द्वितीय विश्वयुद्ध

इंग्लैंड और फ्रांस ने मिलकर जर्मनी के खिलाफ जंग की घोषणा कर दी थी। ब्रिटिश सरकार चाहती थी कि हिंदुस्तान उनके साथ हो, क्योंकि उस पर उसकी हुकूमत थी। आश्चर्य तो इस बात पर हो रहा था कि ब्रिटिश सरकार ने इस संबंध में उनसे विचार करना भी उचित नहीं समझा। तत्कालीन भारत के वायसरॉय लॉर्ड लिनलिथगो ने भारत को भी युद्धरत राष्ट्र घोषित कर दिया। कांग्रेस में यह बड़ा प्रश्न उठा कि वह युद्ध में क्यों भाग ले? उसकी स्थिति क्या होगी?

कांग्रेस ने अबीसीनिया के हमले का विरोध किया था। उसने चेकोस्लोवाकिया को जीतने पर अपनी आपत्ति जाहिर की थी। वह यह कैसे भूल पाती कि प्रथम विश्वयुद्ध का नारा था कि लोकतंत्र के लिए संसार को सुरक्षित बनाना है। क्या किया फिर उसने? यह कैसा महासमर है, जो देशों की आजादी के नाम पर हो रहा है और हिंदुस्तान को गुलाम बनाए हुए है। यह सब जानते और समझते हुए भी गांधी ने 5 और 9 सितंबर, 1932 के 'हरिजन' में यह सलाह दी थी कि ब्रिटेन एक उचित कारण के लिए युद्ध कर रहा है, अतएव उसे बिना शर्त सहयोग देना चाहिए, वरना ब्रिटेन और फ्रांस का पतन हो गया तो भारत का उद्धार कैसे होगा? वे चाहते थे कि नाजीज्म और फासीज्म जैसी शक्तियों का पतन होना जरूरी है।

19–20 मार्च, 1940 में बिहार के रामगढ़ में संपन्न हुए कांग्रेस अधिवेशन में ये परचे उभरकर सामने आए—न एक पाई, न एक भाई और न कोई माल। उस समय देश में ब्रिटिश विरोधी वातावरण तैयार हो गया था। नेताजी सुभाष उग्र रूप अपनाए हुए ब्रिटिश सरकार का विरोध कर रहे थे।

गांधी ने युद्ध विरोधी सविनय अवज्ञा आंदोलन के स्थान पर व्यक्तिगत सविनय अवज्ञा आंदोलन छेड़ने की शुरुआत की थी। वह सरकार को इस आंदोलन में भाग लेनेवालों की सूचना मय समय और दिनांक के पुलिस के पास भेजते थे और गिरफ्तारियाँ देते व दिलवाते थे। गिरफ्तार होनेवाले सत्याग्रहियों की संख्या बीस हजार की सीमा लाँघ चुकी थी। गांधी की आज्ञा पाकर विनोबा ने 17 अक्तूबर, 1940 को वर्धा से आठ

किलोमीटर की दूरी पर स्थित पवनार गाँव से युद्ध विरोधी सत्याग्रह प्रारंभ किया। वे गिरफ्तार हुए। अन्य कांग्रेस नेता जैसे कांग्रेस अध्यक्ष मौलाना आजाद, राजेंद्र प्रसाद आदि भी गिरफ्तार हुए। कांग्रेस तब नायक विहीन हो गई थी। ऐसी स्थिति में गांधी ने बिना कांग्रेस का सदस्य हुए कांग्रेस का अध्यक्ष पद स्वीकार किया था।

यह विकट समय था। तब जिन्ना पाकिस्तान के लिए जातीय सेना की तैयारी में जुटे हुए थे। फलतः हिंदुओं और मुसलमानों में तनाव ऐंठने लगा था। कहीं-कहीं सांप्रदायिक दंगे भी हो उठ खड़े हुए थे। बिहार शरीफ और ढाका में भयावह सांप्रदायिक दंगे उठ खड़े हुए थे। तब गांधी अकेले एक-एक कदम फूँक-फूँक उठा रहे थे और अपने इस मत का प्रचार कर व करवा रहे थे कि देश को स्वतंत्र किया जाए, शेष समस्याएँ उनके घर की हैं, उन्हें घर के लोग मिल-बैठकर सुलझा लेंगे। उनकी चिंता ब्रिटिश सरकार छोड़े।

उधर जापान भी इस महायुद्ध में कूद पड़ा था और उसने प्रशांत महासागर के अमेरिका और ब्रिटेन के प्रमुख सामरिक अड्डों को जीत लिया था। उसने सिंगापुर तक पहुँचकर सत्तर हजार ब्रिटिश सेना को हथियार डालने के लिए विवश कर दिया था। ब्रिटेन हिल उठा था। 23 मार्च, 1942 को सर स्टैफर्ड क्रिप्स भारत आए। वे गांधी से वर्धा में मिले। उनकी कोशिश थी कि भारतीय ब्रिटिश सरकार के पक्ष में आ सकें, परंतु उनके आने से ब्रिटिश सत्ता को कोई लाभ नहीं मिला। जगह-जगह उनका भारत में विरोध हुआ। क्रिप्स ब्रिटिश युद्ध मंत्रिमंडल के भी सदस्य थे। वे उदारवादी और विनम्र थे, परंतु क्रिप्स भारत को स्वतंत्र कराने के अपने दृष्टिकोण को स्पष्ट करने में सफल नहीं हो सके। कांग्रेस चाहती थी कि जापान के हमले का मुकाबला भारत करे। क्रिप्स नहीं माने।

गांधी पहले ही कह चुके थे कि क्रिप्स कुछ नहीं कर पाएँगे। हालाँकि बहुत जोर डालने पर गांधी वार्त्ता में शामिल हुए थे और वार्त्ता के बाद गांधी ने स्पष्ट कर दिया था कि यह तो ऐसी हुंडी है, जो भविष्य में ही भुन सकती है, चाहे इसे स्वीकार करो अथवा नहीं। कांग्रेस ने गांधी की भावना को ध्यान में रखकर स्पष्ट कर दिया कि वह अपने बल पर स्वाधीनता प्राप्त करेगी। ब्रिटेन को चाहिए कि वह भारत पर से अपना कब्जा हटा ले।

गांधी के जीवन में यह समय बहुत महत्त्वपूर्ण था। प्रायः राजनेता चाहते थे कि गांधी इस समय कोई वक्तव्य नहीं दें, मौन रहें। परंतु गांधी ने स्पष्ट कर दिया, "यदि मैं आपकी बात मान लूँ तो मुझे अपने अंदर की आवाज को दबाना होगा। मेरी अंतरात्मा कहती है कि मुझे अकेले ही लोहा लेना पड़ेगा।"

अबकी यह लड़ाई व्यक्तिगत स्तर पर नहीं, सामूहिक स्तर पर होगी। गांधी के अनुसार ही कांग्रेस ने प्रस्ताव किया कि "यह कमेटी भारत की स्वाधीनता के अटल अधिकार का समर्थन करने के उद्‌देश्य से, अहिंसात्मक पद्धति से और देशव्यापी पैमाने पर विशाल संघर्ष चालू करने की स्वीकृति देने का निश्चय करती है, जिससे देश में गत

बाईस वर्षों के शांतिपूर्ण संग्राम में संचित की गई समस्त अहिंसात्मक शक्ति का उपयोग हो सके। यह संग्राम गांधीजी के नेतृत्व में होगा। यह कमेटी उनसे प्रवाहित कार्रवाइयों में राष्ट्र का नेतृत्व करने की प्रार्थना करती है।"

गांधी ने भारतीय जनता से कहा कि स्वतंत्रता उनका मंत्र होना चाहिए और उनको उसी का जप करना चाहिए। वहीं उन्होंने अंग्रेजों से भी कहा कि उन्हें भारतीयों को सत्ता सौंपकर चले जाना चाहिए। उनका संदेश था, 'अंग्रेजों भारत छोड़ो'। यह समय गांधी के लिए भी संकट का था, क्योंकि उन्हें नजर आ रहा था कि चारों ओर भयावह युद्ध का माहौल है। उसमें अकेला भारत क्या करेगा?

8 अगस्त, 1942 की रात को दस बजे बंबई के ग्वालिया टैंक मैदान से गांधी ने भारतीयों से कहा था, "आजादी प्राप्त करो या मरो।" 9 अगस्त, 1942 की सुबह तक यह संदेश घर-घर पहुँच गया था। उधर सुबह के पाँच बजने से पूर्व ही गांधी को गिरफ्तार कर लिया गया। सारे देश में नेताओं की धरपकड़ शुरू हो गई और देखते-ही-देखते जवाहरलाल नेहरू, मीरा बहन, राजेंद्र प्रसाद, सरोजिनी नायडू, मौलाना आजाद आदि को जेल में डाला जा चुका था।

जून 1942 को अमरीकी पत्रकार लुई फिशर एक सप्ताह गांधी के साथ सेवाग्राम में रहे थे, वे जान चुके थे कि गांधी इंग्लैंड के विरुद्ध भारत छोड़ो आंदोलन का मन बना चुके थे। लुई फिशर ने गांधी का मन जानने के लिए कहा था, "यदि आपकी माँग यह है कि अंग्रेज बोरिया बिस्तर समेटकर हिंदुस्तान से चले जाएँ तो आप गलती कर रहे हैं, ऐसा कभी नहीं होगा।"

गांधी ने कहा, "फिशर, तुम्हारा सोचना ठीक है। मैं जापान की जीत नहीं चाहता। परंतु यह यकीन है कि जब तक भारत आजाद न हो जाए, तब तक इंग्लैंड जीत नहीं सकता। भारत पर शासन करते हुए वह न केवल कमजोर रहेगा, अपितु वह चाहकर भी अपना नैतिक बचाव भी नहीं कर सकेगा।"

"लगता है, यदि लोकतांत्रिक देश भारत को अड्डा बना दें तो···। फिर तो मित्र देश रेलों का अच्छे से अच्छा संगठन भी बनाएँगे।" लुई फिशर ने सोचते हुए कहा।

"क्यों नहीं, फिशर, यह संभव है। परंतु जिन बंदरगाहों पर मित्र राष्ट्र अपना सामान-रसद उतारना चाहेंगे, वहाँ उनको व्यवस्था भी इस तरह की कायम रखनी होगी कि कुछ अन्यथा न हो जाए। मसलन दंगा फसाद, रेल की पटरियाँ उखाड़ना, लूटमार करना, आगजनी आदि। क्या दोनों में तालमेल और विश्वास किए बिना ऐसी व्यवस्था संभव है?"

"तो क्या पारस्परिक संधि पत्र में इन बातों का उल्लेख नहीं हो सकता है?"

"क्यों नहीं, फिशर, अवश्य हो सकता है।"

"फिर आपने इस दिशा में पहल क्यों नहीं की, गांधी?"

"क्योंकि ब्रिटेन वायदे कर सकता है, उन्हें निभा नहीं सकता।...मुझे युद्ध के बाद भारत की स्वाधीनता में कतई रुचि नहीं है, मैं भारत को अभी स्वाधीन होते देखना चाहता हूँ, फिशर।"

यह थी 'भारत छोड़ो आंदोलन' की पृष्ठभूमि और उसका गांधीय चिंतन। रोम्यां रोलां ने गांधी से बातचीत करते हुए उनके मन को व्यक्त होता कुछ इस तरह पाया था—"मैं अपने जीवन के जिन निर्णयों पर पहुँचा हूँ, उन्हें मैंने इतिहास से नहीं पाया है। मेरे विचार-चिंतनों पर इतिहास का प्रभाव अति अल्प है। मेरी कार्य पद्धति की नींव अभिज्ञता पर है। अर्थात् मेरे सभी निष्कर्ष अपनी व्यक्तिगत अभिज्ञता का अंश हैं। इसमें गलती होने की गुंजाइश से मैं इनकार नहीं कर सकता।"

गांधी जानते थे कि देश के हालात बिगड़े हुए हैं। मुसलिम लीग पाकिस्तान चाह रही थी। कांग्रेस की कार्य समिति में राजागोपालाचारी यह प्रस्ताव भी रख चुके थे कि उसे पाकिस्तान दे दिया जाए। पटेल और नेहरू भी इस प्रस्ताव का समर्थन कर रहे थे। तब अकेले अब्दुल गफ्फर खाँ ने गांधी का समर्थन करते हुए कहा था—"कदापि नहीं। उसे पाकिस्तान नहीं दिया जाएगा।"

गांधी का कोई भी काम चिंतन की गहराइयों में डुबकी लगाए और उसकी कार्यान्विति पर ठंडे दिमाग से सोचे बगैर नहीं होता था। तब वायसराय ने जल्दबाजी नहीं की होती और गांधी सहित कांग्रेस के नेताओं को जेल में नहीं डाला जाता तो जो भयावह विप्लव और विध्वंसकारी मंजर सामने आया, उससे बचा जा सकता था। गांधी बगावत की डोर हिंसा को नहीं सौंप रहे थे, बल्कि उनका पक्का आधार था सत्य-अहिंसा।

तब टेलीफोन के तार की लाइनें काटी जा रही थीं, सड़कों के बीच गड्ढे खोदे जा रहे थे। सड़कों पर पेड़ काटकर डाले जा रहे थे, रेलवे गोदाम लूटे जा रहे थे, हथियार छीने जा रहे थे, रेल की पटरियाँ उखाड़ी जा रही थीं, पुल तोड़े जा रहे थे, स्टेशन, डाकघरों, कोर्टों और अन्य सरकारी भवनों पर तिरंगा फहराया जा रहा था आदि-आदि।

दूसरी ओर तत्कालीन सरकार ने हथियारबंद पुलिस सेना को स्थायी आदेश दे दिया था कि देखते ही गोली मारो। जनता को पेड़ों पर उलटा लटकाया जा रहा था, उनकी नाक मिर्च के धुएँ से बेहाल हो रही थी। सरेआम गोलियाँ चल रही थीं। लाशें बिछ रही थीं। औरतों के साथ उनके परिवार के सामने बलात्कार हो रहे थे। तांडव हो रहा था। सारा देश जल रहा था।

प्रधानमंत्री चर्चिल हाउस ऑफ कॉमन्स में चीख रहे थे कि कांग्रेस ने अब अहिंसा की उस नीति को, जिसे गांधी ने सिद्धांत के रूप में अपनाया हुआ था, त्याग दिया है। वह क्रांतिकारी हो रही है।

तब गांधी पूना में आगा खाँ महल में नजरबंद थे। गांधी ने 14 अगस्त, 1942 को तत्कालीन वायसराय को पत्र लिखा था कि यदि आनन-फानन में उन्हें गिरफ्तार नहीं किया गया होता, तुरत-फुरत कांग्रेस के नेताओं को कारागार में न डाला गया होता और जब तक वह जन आंदोलन शुरू न कर देते, तब तक इंतजार कर लिया होता तो…। उन्होंने सार्वजनिक रूप से यह घोषणा की थी कि कोई ठोस कदम उठाने से पूर्व वह उनको पत्र लिखेंगे। लेकिन अब तो तीर हाथ से छूट चुका है। तबाही मच रही है। धैर्य का बाँध टूट चुका है।

सरकार की कूटनीति तब भी तेज थी। इसी वजह से गांधी को कारागार में डालने की अपेक्षा आगा खाँ महल में रखा था और उन पर खूब खर्च किया जा रहा था। क्या जरूरत थी उन्हें विशालकाय महल में नजरबंद करने की? उन्हें भी सबके साथ जेल में रखा जाता।

उन्होंने वायसरॉय लॉर्ड लिनलिथगो को पत्र लिखकर यह स्पष्ट किया कि उन्होंने शांति कूच पर पत्थर फेंककर विप्लव में बदल डाला है। गांधी तो अंतिम दौर तक समझौते का मन बनाकर चलते थे। वह वायसराय की सलाहकार परिषद् से भी पत्र-व्यवहार द्वारा बराबर संबंध बनाए रखते थे। काश, वह अपनी योजना महासभा को समझा पाते तो हिंसा का ऐसा ज्वारभाटा नहीं उठता और मान लो यदि उठता भी तो वह अपने प्राणों की बाजी लगाने में नहीं चूकते। दूसरे, गांधी सरकार को युद्धकाल में संकट में लाने के पक्ष में नहीं थे। अहिंसा के आधार पर आंदोलन में एक आग्रह सक्रिय होता है। उस आग्रह का आधार सत्य होता है।

जब गांधी को लगा कि सरकार के शीर्ष पर बैठे लॉर्ड वायसरॉय, जिनको वे अपना मित्र मानते थे, उन पर संशय कर रहे हैं, तब उनका चित्त विचलित हुआ और उन्होंने 10 फरवरी, 1943 को इक्कीस दिन का उपवास शुरू कर दिया।

वायसरॉय लॉर्ड लिनलिथगो का माथा ठनका, क्योंकि उसे बराबर यह डर घेरे था कि कहीं इस बीच गांधी उपवास शुरू न कर दें। सर्वहित में आत्मशुद्धि के लिए किया गया उपवास ऊपरी प्रभावों, कुचक्रों आदि की माया को निरावृत कर देता था। सारा संसार जान जाता था कि क्या अन्याय-अत्याचार हो रहा है। दुनिया भर से पत्रकार-लेखक उनके पास आ जाते हैं।

परंतु इस बार प्रधानमंत्री चर्चिल के परामर्श पर यह रास्ता अपनाने के लिए लॉर्ड लिनलिथगो को विवश होना पड़ा कि चाहे इस दौरान गांधी के प्राणांत हो भी जाएँ तो भी वे अपनी ओर से कोई पहल नहीं करेंगे।

इससे पूर्व सरकार गांधी के उपवास से घबराकर मध्यम मार्ग अपनाने की पहल करती रही थी। परंतु इस बार सरकार सख्त हो गई। पर उससे क्या हुआ? जो हुआ वह

दुर्भाग्यपूर्ण था। सारे देश में आग लग गई। उथल-पुथल शुरू हो गई। वायसरॉय की कार्यकारी परिषद् से तीनों सदस्यों ने इस्तीफा दे दिया। डॉक्टरी रिपोर्ट आने लगी।

तत्कालीन सरकारी तंत्र ने जी तोड़ देश-विदेश में गांधी के विरुद्ध दुष्प्रचार किया। उन्हें मित्र राष्ट्रों की लड़ाई में बाधक करार दिया। तमाम तोड़-फोड़, आगजनी, हिंसात्मक कार्रवाई आदि के लिए गांधी को जिम्मेदार ठहराया।

असत्य के पाँव नहीं होते। सरकार का यह मिथ्या प्रचार अधिक समय तक नहीं टिक सका। फील्ड मार्शल स्मट्स ने नवंबर, 1942 में, एक प्रेस कॉन्फ्रेंस में यह कहा कि गांधी न केवल महान् हैं, बल्कि वे संसार के महान् व्यक्तियों में से एक महान् हस्ती हैं। उनके विरुद्ध जो भ्रामक प्रचार सरकार कर रही है और करती आ रही है, वे वैसे कतई नहीं हैं।

तब ये सवाल प्रमुखता से उठ रहे थे कि जापान भारत की सीमाओं पर आ खड़ा है। वह कभी भी आक्रमण कर सकता है। युद्ध की लपटों से सारा विश्व जल उठा है। ऐसे कठिन समय को गांधी ने अहिंसात्मक आंदोलन को क्यों चुना?

उधर गांधी के उपवास को सरकार राजनीतिक ब्लैकमेल करार कर चुकी थी।

बाहर से भयावह खतरे और अंदर से फूट पड़ा यह ज्वालामुखी समझ की बखिया उधेड़े जा रहा था।

यदि गांधी के 8 अगस्त, 1942 की रात्रि को दिए भाषण पर तनिक विचार करें तो किसी नतीजे के करीब पहुँचा जा सकता है और उनके संकट को भी समझा जा सकता है, जिसे सरकार हवा देकर हिंदुस्तान को दो भागों में बाँटने की तैयारी कर रही थी। उनके भाषण के मुख्य अंश इस प्रकार थे—

1. एक समय मुसलमान हिंदुस्तान को अपना मुल्क कहते नहीं अघाते थे। पर अब वे पाकिस्तान माँग रहे हैं।
2. मैं दक्षिण अफ्रीका गया। वहाँ लड़ा भी। वहाँ सारे मुसलमान जान गए थे कि मैं उनके अस्तित्व की रक्षार्थ ही अपने को आग की लपटों के हवाले किए हूँ।
3. अब जिन्ना पाकिस्तान पर अड़े हुए हैं, जबकि उन सबने मिलकर आजादी की लड़ाई शुरू की थी और साथ-साथ लड़े भी थे।
4. मेरा सबसे यही कहना कि जो सत्य है, उसे मानें। मुझे नहीं मानें। कुछ मुसलमान भाई मेरे पास आते हैं, कहते हैं कि माना कि पाकिस्तान बुरी चीज है तो हो, परंतु आप उसे दे क्यों नहीं देते?
5. ले लो पर यह सोचकर कि उसके बाद क्या होगा? दुष्परिणाम की चिंता है मुझे।
6. मैं मुसलमानों को दबाकर कुछ नहीं कहता या करता हूँ। अहिंसा एक रास्ता है सत्य तक पहुँचने का, हिंसा नहीं। पंच बनाओ। उनकी बात या निर्णय मानो

परंतु उसके लिए पहले विश्वास का वातावरण बनाओ। अविश्वास के बीज मत डालो। फूट मत पैदा करो। घृणा मत उपजाओ। टुकड़े मत करो। जिंदा चीज को मत मारो।

7. मुहम्मद साहब को मानते हो तो उनकी राह पर चलो। नेक नीयत रखो। तलवार के बल पर चलने का रास्ता मुहम्मद साहब का कभी नहीं था। आज वह कैसे हो जाएगा?
8. पाकिस्तान कहीं बाहर से नहीं आएगा, वह भी इसी विशाल धरती का एक हिस्सा बनेगा। पहले इस धरती को तो आजाद करा लो। फिर जो करना-कराना है, उसे आजादी के बाद मिल-बैठकर तय कर लेंगे। वह आपसी मामला है। इस वक्त हिंदू-मुसलमान एकता की जरूरत है, जिससे देश की आजादी का मामला सुलट सके।
9. चरखा कातो और विचारों पर संयम बरतो, इत्मीनान की जड़ों को सींचो।
10. आजादी के मायने क्या हैं? बहुत सहज-दिल से मानो कि आजाद हो। कोई डर-भय नहीं है। यों सहज ही गुलामी की जंजीरें टूट जाएँगी। आप आजादी का अनुभव कर सकोगे।
11. अब मैं एक ही चीज लेने जा रहा हूँ—आजादी। नहीं देनी तो कत्ल करो। मैं वह गांधी नहीं हूँ, जो बीच में से कुछ लेकर आऊँ।
12. अब सिपाही भी सामने आएँ व अपने दिल की बात कहें। बताएँ कि वे पेट के लिए उनके साथ काम करते हैं, परंतु आदमी वे कांग्रेस के हैं।

वस्तुतया उनका इन बिंदुओं को समेटते हुए यह भाषण सारी स्थिति को स्पष्ट कर देता है और बता देता है कि उनके मन में क्या है? इसी से दुनिया सोचने लगी है कि हाड़ मांस के इस अर्द्ध नग्न फकीर ने केवल ब्रिटिश साम्राज्य की चूलें हिला दीं, बल्कि पराधीन देशों के सामने आजादी पाने का एक प्रोजेक्ट भी पेश कर दिया है।

तभी एक घटना घटी। दिसंबर, 1943 में गांधी की पत्नी कस्तूरबा ऐसी बीमार पड़ीं कि फरवरी 1944 में उन्होंने संसार छोड़ दिया। कस्तूरबा की एक नन्ही सी इच्छा थी कि उनका अंतिम दाह-संस्कार गांधी के द्वारा कते धागे से बनी साड़ी पहनाकर किया जाए। यों बासठ वर्ष का साथ छूट गया। वे अंदर से हिल गए। इस घटना ने उनको झकझोरकर रख दिया।

नए वायसरॉय लॉर्ड वेवेल आ गए थे। उनका शोक संदेश गांधी को मिला। गांधी ने शोक संदेश के उत्तर में उन्हें लिखा कि उन्होंने उनकी मृत्यु को कष्टों से मुक्ति मानकर अपने मन को समझा लिया है, परंतु हकीकत यह थी कि वे आज उनकी कमी उससे ज्यादा अनुभव कर रहे हैं, जितनी वह समझ रहे थे।

गांधी कभी थके-हारे नहीं। सदा नए और तरोताजा बने रहे और सदा नई शक्ति के उदय के साथ सामने आए, परंतु इस बार वे कस्तूरबा के साथ छोड़कर जाने से अंदर से ऐसे हिले कि उनका गिरता स्वास्थ्य चिंता का कारण बनता गया। पहले वे मलेरिया के शिकार हुए, फिर वे गंभीर रूप से बीमार हो गए। ऐसा लगने लगा कि वह भी मृत्यु का इंतजार कर रहे हैं। सरकार उनकी मौत का कारण नहीं बनना चाहती थी, अतः उसने उनको साथियों सहित रिहा कर दिया। महादेव देसाई पहले ही चल बसे थे। कस्तूरबा भी चली गई थीं। अब मुक्त हुए थे गांधी। मीरा बहन, सरोजिनी नायडू और सुशीला नायर कितनी दुःखी थीं, जब गांधी बाहर आए थे। वायसरॉय लिनलिथगो ने क्यों नहीं मन बनाया कि वह गांधी से मिलने को तैयार हो जाता। पहल तो गांधी ने ही की थी। और फिर वह उनका मित्र था, शत्रु नहीं। सत्ता अचानक इतनी दंभी, क्रूर और अहमवादी क्यों हो जाती है? जो हुआ, वह नहीं हो पाता। उससे बचा जा सकता था। पर सत्ता को इससे क्या? जो हुआ, उसमें उसका क्या था? जो था, वह भारत का था। पर नफरत और हिंसा का तांडव क्यों? जन-जन को क्या संदेश गया? माँगी आजादी थी, मिली आग और नफरत।

इतिहास के वे क्रूर पृष्ठ गांधी के मन को विचलित कर रहे थे। सब्र किसे और क्यों? ताकत का मद और अंधा अहंकार हुकूमत के साथ था।

महादेव भाई गांधी का 1917 से बना सहकारी, सचिव, आत्मीय पुत्र अब कहाँ था? उसने वकालत पास की थी बंबई विश्वविद्यालय से। फिर सबकुछ छोड़-छाड़कर हो लिया था उनके साथ। कैसी सुंदर लिखावट? कितना फुर्तीलापन! पगला उनकी हर सुख-सुविधाओं का बराबर ध्यान रखता था। अकेला वह पूरा सचिवालय सँभालता था।

वह तो उनका पुत्र था। सगे पुत्रों से ज्यादा। क्या कोई सचिव उनका बिस्तर लगाता, समेटता, उनके कपड़े धोता? ना बाबा ना! वह अद्‌भुत था, विलक्षण प्रतिभा और प्रेम-भक्ति का पुंज था। यह सोचते हुए गांधी ने आगा खाँ महल से विदा ले ली।

कस्तूरबा के बाद

जब सोच अकेला पड़ जाता है, तब वह अंतरात्मा को धीरे-धीरे कुरेदने लगता है। गांधी के साथ यही हो रहा था। हालाँकि वह 6 मई, 1944 को आगा खाँ महल से, जहाँ वे नजरबंद थे, मुक्त-हुए थे दो प्राणियों को खोकर। उनमें एक थीं कस्तूरबा। एकदम सरल, सहज और निष्ठा-भक्ति की साक्षात मूर्ति। रोज पाँच सौ तार सूत कातती थीं एकदम एकाग्रता से। क्या मजाल कि धागा टूट जाए। एक क्रम और एक लय मानो वे सूत नहीं, पूजा कर रही हों। कभी-कभी किसी गुजराती गीत या लोकगीत भी गुनगुना लेती थीं और

रसमग्न हो जाया करती थीं। गांधी उसी के कते सूत के कपड़े पहनते थे। पर अब ?

गांधी अपने से बतियाते और पूछते कि वे जेल में बीमार क्यों पड़ जाते हैं ? मलेरिया आया और गया भी। परंतु उदर में कृमि और रक्तातिसार की व्यथा थी अभी उनके साथ। वे सदा अपने रोगों का कारण उनकी ईश्वर में विश्वास की कमी हो जाने को मानते थे।

अब वे नजरबंदी से मुक्ति पाकर बंबई के जुहू के सागर तट पर सेहत सुधारने की कोशिश कर रहे थे। सरकार तो यह निर्णय ले चुकी थी कि अब गांधी को कोई बचानेवाला नहीं है। पर क्या बचना या न बचना सरकार या उनके हाथ में है ?

गांधी जान सके कि अब सरकार और कांग्रेस में उनका कद कमजोर हुआ है। परंतु गांधी इस खाई को पाटना चाहते थे, जो सरकार और कांग्रेस के बीच नजर आ रही थी। विश्वास की कमी और बुद्धि का विकार संबंधों में बिगाड़ का नतीजा होता है। एक माह ग्यारह दिन (सन् 1944) बीतने वाले थे कि 17 जून, 1944 को अपनी तरफ से पहल की और वायसरॉय लॉर्ड वेवल को पत्र लिखा। उन्होंने अपने पत्र द्वारा आग्रह किया था कि वे कार्य समिति के सदस्यों से मिलने का इरादा रखते हैं। इस वक्त गांधी पूना के नेचर क्योर क्लिनिक में थे। कार्य समिति के सदस्य अभी जेल में थे। उन्हें कार्य समिति के सदस्यों से मिलने की अनुमति नहीं दी गई। अब वे क्या करें ? वायसरॉय लॉर्ड वेवल पहले ही उनसे मिलने से इनकार कर चुके थे। गांधी ने दूसरा पत्र वेवल को लिखा था। वह पत्र उन्होंने न्यूज क्रॉनिकल के संपादक के माध्यम से वेवल को पहुँचाया था। उनका प्रस्ताव था कि विधान मंडल के लिए निर्वाचित सदस्यों की सलाह से केंद्र में राष्ट्रीय सरकार की स्थापना का प्रयत्न हो।

गांधी शांति, अहिंसा और सत्य के प्रति समर्पित थे। वहीं से वे कोई रास्ता निकाल पाते थे। सत्य ही उनका ईश्वर था, अल्लाह था, ईसा था। हालाँकि वे ईसाई प्रार्थना 'लीड काइंडली लाइट' के स्थान पर 'व्हेन आई सर्वे दि वंडरफुल क्रॉस' के प्रति समर्पित हो गए थे। इसी प्रार्थना को करने की वह माँग करते थे। निरंतर उनके सोच में यह बात घर किए थी कि व्यक्ति सत्य से जान-बूझकर क्यों दूर होता जाता है ? क्यों वह जीने और जीने दो के बीच दीवार खड़ी करने लगता है ?

वे समझ रहे थे कि सत्ता हिंदू और मुसलमानों की दूरियों को और हवा देने की इच्छा से काम कर रही है। वह दोनों के बीच बढ़ रहे अलगाव का पूरा-पूरा लाभ उठाना चाह रही है। गांधी ने इस अंतर को पाटने के लिए यह उचित समझा कि उन्हें मुसलिम नेताओं से बातचीत शुरू करनी चाहिए। वे जिन्ना की ओर मुड़े। इस दृष्टि से 9 सितंबर, 1944 से लेकर 27 सितंबर, 1944 तक गांधी और जिन्ना में सौहार्द्रपूर्ण वातावरण में बातचीत चली। चाहा कि राजनीतिक गतिरोध कम हो। जनता भी चाहती थी कि मुसलिम लीग और कांग्रेस परस्पर तीन और छह के अंक में नहीं, एक होकर रहें। दरअसल वह

भी थक चली थी और ऊब के दौर से गुजर रही थी।

इस समय हिंदू भी गांधी से अलग हो रहे थे। गांधी जिन्ना से उसके घर जाकर मिलते रहे। उनके और जिन्ना के बीच रोजाना की इस निरंतर वार्त्ता ने जिन्ना को मगरूर बना दिया। जो प्रस्ताव उन दोनों की वार्त्ता के आधार पर तैयार किया गया था, उससे जिन्ना ने मनचाही छूट का लाभ लेने में कोई कोताही नहीं बरती, इससे अधिक उसके लिए उस प्रस्ताव का कोई अर्थ नहीं था। 8 अप्रैल, 1944 को राजगोपालाचारी जिन्ना के सामने भारत के विभाजन का प्रस्ताव रख चुके थे, जिसे जिन्ना ने ठुकरा दिया था।

महायुद्ध का निर्णय मित्र राष्ट्रों के पक्ष में अवश्य हुआ था, परंतु उससे इंग्लैंड को कुछ नहीं मिला। यही कारण है कि युद्ध विजेता चर्चिल की पार्टी जुलाई 1945 के चुनाव में पराजित हो गई। मजदूर दल की जीत हुई। इससे भी गांधी को कुछ राहत मिली और उन्हें नए मैत्रीपूर्ण रास्ते की उम्मीद भी हुई।

गांधी ने बदले हुए माहौल के अनुसार आजादी पाने की पेशकश की थी। 16 फरवरी, 1946 को ब्रिटिश प्रधानमंत्री एटली ने यह घोषणा कर दी थी कि कैबिनेट के तीन सदस्य भारत के राजनीतिक प्रभाव का पता करेंगे। वे यह जानेंगे कि यदि भारत को आजादी दी जाए तो उसका स्वरूप कैसा हो? तभी 16 मार्च, 1946 को प्रधानमंत्री एटली ने भारत को पूर्ण आजादी देने की भी घोषणा कर दी। एटली को भारत से यह उम्मीद भी जगी थी कि निकट भविष्य में भारत एशिया का पथ-प्रदर्शक भी बन सकता है।

अब क्या था कि अनेक पार्टियाँ सामने आने लगीं। जिन्ना ने पाकिस्तान के अलावा सिखों के अलग राज्य की बात भी कह डाली। फलतः पिछड़ी जाति, अल्पसंख्यक और अनुसूचित जाति के लिए भी अलग राज्य की बात उठने लगी।

सिखस्तान की बात खड़ी करके जिन्ना ने हिंदुओं में भी दरार डालने का प्रयत्न किया। गांधी किस प्रकार से मिलनेवाली आजादी को खंडित होने से रोकें, ताकि भारत की आजादी का हश्र टुकड़ों में बँटकर सामने न आए। जिन्ना भी ब्रिटिश कूटनीतिज्ञों की तरह हिंदुओं में फूट डलवाने के पक्ष में था, ताकि हिंदू किसी बड़े राज्य के सपने को पूरा नहीं कर सकें।

गांधी अपनी संपूर्ण शक्ति इस बिंदु पर लगा रहे थे कि भारत की एकता खंडित होकर बँट नहीं जाए, वरना आजादी का कोई अर्थ नहीं होगा—एक लुंज-पुंज टूटी-फूटी और संकीर्णता की दीवारों से घिरी होगी वह आजादी। ऐसी आजादी पाने से तो अभी अंग्रेजों के हाथ में ही सत्ता बनी रहे, यही उन्हें उचित लग रहा था। परंतु सब तरफ से आजादी पाने को समर्थन मिल रहा था। फिर वह चाहे किसी कीमत पर मिले और किस स्वरूप में मिले?

जब लॉर्ड वेवल ने कांग्रेस और मुसलिम लीग को किसी समझौते के नजदीक पहुँचता नहीं पाया और अस्थाई सरकार बनाने में वे दोनों असफल रहे, तब उन्होंने एक

सोलह सदस्य वाली काउंसिल की नियुक्ति की घोषणा कर दी। ये सोलह सदस्य भारतीय ही थे।

गांधी को इस बात का दु:ख हुआ कि मुसलिम लीग ने वायसरॉय द्वारा घोषित अंतरिम राष्ट्रीय सरकार में भाग लेने से स्पष्ट मना कर दिया। उसका एक कारण यह रहा था कि मुसलिम लीग को मुसलिम सदस्यों को नामजद करने का अधिकार नहीं था।

मुसलिम लीग पग-पग पर करवट बदल रही थी। अचानक 15 अक्तूबर, 1946 के उसने अंतरिम राष्ट्रीय सरकार में शामिल होने की घोषणा कर दी। यह जानकर गांधी का काम आसान हो गया और उन्हें लगा कि इस तरह परस्पर मतभेद भुलाने में वह कामयाब हो सकेंगे, अत: गांधी को अब सेवाग्राम लौटने की हरी झंडी मिल गई। वे संतुष्ट हुए और आश्वस्त भी। अब वे दिल्ली छोड़ने की तैयारी करने लगे।...और लौट भी गए।

नोआखाली में

गांधी सेवाग्राम पहुँचे ही थे कि 16 अगस्त, 1946 को मुसलिम लीग ने सीधी कार्रवाई दिवस मनाया। उसी दिन कलकत्ता जल उठा। वहाँ भारी मारकाट मच गई। इस नरसंहार में पाँच हजार से अधिक लोग मारे गए और करीब सोलह हजार जन घायल हुए। कलकत्ते में चार दिन तक सरेआम कत्लेआम होता रहा। तब बंगाल में मुसलिम लीग का शासन था। एच.एस. सुहरावर्दी वहाँ के मुख्यमंत्री का पद सँभाले हुए थे। मुसलिम लीग की ओर से कोई रोकथाम नहीं हुई और तत्कालीन सरकार चार दिन तक हाथ-पर-हाथ रखे बैठी रही।

यह तो जाहिर था कि यह सब मुसलिम लीग के अनुसार ही हुआ था। हिंदू पिट गए, परंतु उनके मन में आग जल उठी और उन्होंने मुसलमानों पर धावा बोल दिया। उग्रवादी तथा कट्टरपंथी मुसलमान और हिंदुओं को ऐसे ही मौकों की तलाश रहती है। उनका मन चीता हो रहा था।

यह सब इतने आनन-फानन में हुआ कि गांधी ठीक से तुरंत कुछ तय नहीं कर पाए। वह क्या करें? कैसे यह ज्वालामुखी शांत हो! बरसों से बना हआ भाईचारा अब कैसे पुनर्जीवित हो? आज भी आम जन के दिल में एक-दूसरे के प्रति प्यार सम्मान है। इस समय उन दोनों के मन में भय-आतंक कुंडली मारे बैठा है। घर मुसलमान का हो या हिंदू का। वह बड़ी मुश्किल से बनता है। वही उनका स्वर्ग है। अपने जलते हुए स्वर्ग को देखकर अब उनके मन पर क्या बीत रही होगी? अब कौन बनेगा उनका रक्षक और कैसे?

ऐसी विकट तथा भयावह स्थिति में गांधी को चैन कैसे मिलता! उन्होंने बंगाल जाने का निर्णय सुना दिया। हालाँकि गांधी की जिद्द से सब परिचित थे, तथापि हर तरफ से

उन्हें रोकने का प्रयत्न हुआ, लेकिन वह नहीं माने। वह यह कैसे बरदाश्त कर पाते कि ऐसा भीषण और भयावह नरसंहार हो उठे और वह चुपचाप तमाशा देखते रहें। नोआखाली जाने से पूर्व गांधी ने प्रार्थना सभा में कहा था कि वह जिस यात्रा पर जा रहे हैं, वह लंबी और कठिन यात्रा है, उनका स्वास्थ्य भी अनुकूल नहीं है, परंतु अपना मार्ग सरल बनाने के लिए मनुष्य को ईश्वर में आस्था रखनी होती है और अपने कर्तव्य को निभाना पड़ता है।[3]

गांधी को अनुभव हुआ था कि जब तक अंग्रेज सेना हिंदुस्तान में बनी रहेगी, तब तक हिंदू-मुसलिम उपद्रव-दंगे बंद नहीं हो सकेंगे। वह सदैव तब चेतती है, जब उपद्रव हो चुके होते हैं। माना कि पूर्व बंगाल की सरकार ने व्यवस्था तो की होगी ही, लेकिन भयावह रक्तपात के बाद। आश्चर्य कि हिंदुस्तान में ब्रिटिश सेना उसके हित के लिए नहीं है। वह तो उन ब्रिटिश स्वार्थों की रक्षार्थ है, जो कि बलात् हिंदुस्तान पर लाद दिए गए हैं।

किसके पास है इसका उत्तर कि राजधानी में उपद्रवों का ज्वालामुखी उबाल ले रहा है, निर्दोष और शांतिप्रिय जनता को मारा काटा जा रहा है और प्रशासन उसका प्रत्यक्ष द्रष्टा बनकर ज़ेब में हाथ डाले मूक खड़ा है।

गांधी नोआखाली गए। वहाँ के क्षतिग्रस्त गाँव और गाँव के हर घर पर उन्होंने दस्तक दी। उन्होंने मुर्दानी हकीकत को जाना। लाशों को सड़ता देखा। वह जहाँ भी गए ऊपर से शांति नजर आई, परंतु अंदर से जले हुए आक्रोश और अशांति की बू आई। क्या यह हिंदुस्तान विभाजन की पृष्ठभूमि तैयार करने के लिए किया या कराया गया था। इससे बहुत पहले ऐसा क्यों नहीं हुआ? तब क्या हिंदू-मुसलमान साथ-साथ नहीं रहते थे। तब वे कैसे एक-दूसरे के पर्वों-उत्सवों, त्योहारों और सभाओं में शामिल होते रहे और नाजुक क्षणों में एक-दूसरे की मदद करते हुए अपनी जान की परवाह नहीं की? पर अब क्यों?

जिन्ना का इन उपद्रवों के बाद इस निष्कर्ष पर पहुँचना कि ये हालात इशारा कर रहे हैं कि हिंदुस्तान का विभाजन हो और पाकिस्तान को स्वीकार कर लिया जाए। जिन्ना जले घरों, लावारिश पड़ी लाशों, बेतरह घायल हुए लोगों आदि से कीमत वसूलने की बात कर रहा था। गांधी नोआखाली में पाप का प्रायश्चित्त करने आए थे, घावों पर मरहम लगाने आए थे और आए थे हिंदुस्तान की रिआया को इस त्रासदी के लिए दी गई कीमत पर दिली अफसोस जाहिर करने के लिए तथा उन दोनों कौमों में रिश्तों और इनसानियत की गरमाहट पैदा करने के लिए। वे कह रहे थे कि "यदि एक-एक हिंदू सप्रयास साहस के साथ कट मरा होता तो वह हिंदुत्व तथा भारत की मुक्ति का तथा इस देश में इसलाम की शुद्धि का दिन होता।"

लेकिन मुसलमानों ने गांधी की अंत:पीड़ा को नहीं समझा। उनके लिए गांधी के ऐसे कथन एक ढोंग से ज्यादा कुछ नहीं थे। वे अपनी सामर्थ्य को पहचानते थे कि वे वहाँ

3. दृष्टव्य : महात्मा गांधी द्वितीय भाग : प्यारे लाल पृ.सं. 3

क्या कर पाएँगे और कैसे कर पाएँगे ? कौन सुनेगा-मानेगा उनकी बात! फिर भी, मानवता पर फट पड़े इस ज्वालामुखी से मची तबाही की पीड़ा से जुड़े बिना वह शांति कैसे पाएँगे।

गांधी ने वहाँ अपने आने का मकसद स्पष्ट करते हुए कह दिया था कि वह वहाँ सबूत इकट्ठे करने या किसी समुदाय के बारे में अपना फैसला सुनाने नहीं आए हैं। वे दो कौमों के मन में यह भाव पैदा करने के लिए आए हैं कि वे दोनों जैसे पहले आपसी प्यार और सहिष्णुता से वर्षों से साथ रह रहे थे, उसी तरह से मिलकर तथा एक-दूसरे के दुःखों को बाँटकर रहें और जो कुछ दुखद हादसा घट चुका है, उसे भूलने का यत्न करें। मानवता की लौ पहले की तरह दोनों के दिलों को रोशन करने लगे। ऐसा इस घनघोर पाप के प्रायश्चित्त से ही संभव होगा और वह वहाँ इस पाप का प्रायश्चित करने ही आए हैं।

गांधी घर-घर जाते। पूछते। जानने का प्रयत्न करते। जो घटा है, उसके लिए ईश्वर-अल्लाह से प्रार्थना करते। उनको इस गहरे तथा काले दुःख से बाहर लाने के लिए हौसले से काम लेने की सलाह दे रहे थे। ना माँ तू न रो। स्यापा छोड़। तू बच्चों में नव प्राण फूँक। उन्हें सँभाल। उन्हें अपनी ममता-प्यार की छाया तले ले।

यदाकदा गांधी उस भयावह त्रासदी से गुजरे हुए उन घरों के सामने नत मस्तक हुए मौन खड़े रह जाते। उनके पाँव के नीचे से धरती खिसकने लगती और उन्हें आसमान की रूह काँपती अनुभव होने लगती। कैसे हुआ ये सब ? क्यों हुआ ? रह-रहकर वे अपने ही प्रश्नों के घेरे में आ खड़े होते।

जब वे दिल्ली से नोआखाली के लिए चले थे, तब वह अकेला ही चलना चाहते थे। उनके साथ कोई नहीं चले, परंतु ऐसा कैसे हो सकता था। उनके न चाहने पर भी उनके लिए एक विशेष रेलगाड़ी चली। उसमें उनके साथ उनके निजी सहायक भी था और बंगाल सरकार के एक मंत्री भी। जहाँ-जहाँ से ट्रेन गुजरी, वहाँ-वहाँ स्टेशन पर जबरदस्त भीड़ थी।

वे नोआखाली में घूम रहे थे। पूर्वी बंगाल में भी घूमे थे। वे उन गाँवों में भी गए थे, जहाँ सारे के सारे हिंदुओं को मार डाला था और उनके घरों को राख कर दिया था। उन्होंने उन माताओं को भी देखा, जिनकी लड़कियों की इज्जत उनके सामने लूटी गई थी और उनके पतियों, भाइयों और संतानों को उनके सामने जान से मार दिया गया था।

अब तो रोते-रोते उन माताओं के आँसू भी सूख गए थे। वे हतप्रभ रह गए। ऐसी बर्बरता! ऐसी क्रूरता! हे भगवान्! उनकी रूह भी काँप उठी थी। उनका सारा सोच पथरा जाता था।

गांधी वहाँ डेढ़ माह ठहरे। घर-घर लोगों को समझाते रहे। प्यार से रहो। नफरत छोड़ो। नेकी करो। बदी का बदला नेकी से दो। घृणा का स्वागत प्यार से करो। वहाँ उन्होंने श्रीरामपुर गाँव में डेरा जमाया था। वह उनके इस अभियान का केंद्र था।

गांधी जान रहे थे कि जो कुछ हुआ है और जो हो रहा है, वह¨। उससे आगे वह

ठहर जाते थे। अपने सोच को वहीं कील दिया करते मानो वहाँ तख्ती लगी हुई हो कि आगे रास्ता नहीं है। इतनी लंबी यात्रा करने के बाद गंतव्य के स्थान पर शून्य मिले तो क्या बीतेगी उस मुसाफिर पर जिसने अपना सर्वस्व निछावर कर दिया हो? क्या वह लौट सकेगा? क्या उसमें लौटने भर की शक्ति रह गई होगी? गांधी अपनी डायरी में 26 दिसंबर, 1946 की रात को लिखते हैं कि सबकुछ गड्डमड्ड हो गया प्रतीत होता है। जिधर देखो, उधर झूठ-ही-झूठ नजर आता है। उनकी आस्था पर सीधा प्रहार होता है। एक ओर तो नोआखाली और दूसरी ओर उसके समानांतर जो हो सकता था, वह हो रहा था।

जहाँ डेल्टा क्षेत्र था, वहाँ सड़कें कहाँ! रास्ते कैसे? वहाँ डंडों का पुल बनाया जाता। आगे पहुँचा जाता। पर क्या फायदा! मुसलमानों को गांधी का प्रेम संदेश, उनकी तसल्ली देने की शैली, अल्लाह पर ध्यान देने की चर्चा आदि सबकुछ निराधार लगते थे। गांधी यह सब जानते थे, परंतु वे हार माननेवाले नहीं थे, क्योंकि सत्य पर व्यक्ति को लाना बहुत कठिन है। मुसलमानों के दिलो-दिमाग में उगता हुआ पाकिस्तान रच-पच चुका था। वे अपनी सारी मुसीबतों का एकमात्र हल पाकिस्तान के अस्तित्व को मान बैठे थे। मुसलमान चाहते थे कि गांधी उनके बीच न आएँ। जो सूर मुसलमान थे और पाकिस्तान बनाने के लिए हर प्रकार के हथकंडे तथा घृणित एवं निर्मम रास्ते अपना रहे थे, उनके मन में यह डर था कि सब मुसलमान उन जैसे नहीं हैं। मुसलमानों में भी गांधी से प्रभावित कम लोग नहीं हैं। इस भय से वे गांधी के मार्ग में रोड़े बिछाया करते थे। जिधर से गांधी गुजरनेवाले होते थे, उन रास्तों पर काँच की बोतलें तोड़कर काँच के टुकड़ों को बिखेर दिया करते थे। उधर मल-मूत्र भी डाल दिया करते थे। वे उनको बुहारते हुए आगे बढ़ रहे थे। किसी से कुछ नहीं कह रहे थे।

श्रीरामपुर का शिविर तोड़ दिया गया। नंगे पाँव पद यात्रा और वह भी गिरते स्वास्थ और 77 वर्ष की उम्र में! घटता भोजन, ऊपर से प्रदूषण की मार। चहुँ ओर दुश्मन घात लगाए हुए। अनजाना क्षेत्र—अँधेरे में डूबे गाँव और अजनबी लोग। उनको गंदगी साफ करता देखकर शत्रु की आँखों में व्यंग्य तैरता। किसी में उनके प्रति सहानुभूति नहीं थी। वह जनवरी 1947 की डूबती रात थी, जब गांधी डायरी में मांड रहे थे कि : दो बजे सवेरे से आँख खुली हुई है। मैं ईश्वर की कृपा से जीवित हूँ। मुझे लग रहा था कि मेरे भीतर कहीं कोई भारी दोष है। वही इन सबका कारण है। मैं चहुँ ओर से घटाटोप तिमिर से घिरा हुआ हूँ। पता नहीं कि कब ईश्वर मुझे इस तिमिर से निकालकर अपने प्रकाश में लाएगा।[4] इस समय गांधी अपने को कितना अकेला पा रहे थे। चंडीपुर गाँव पहुँचकर उन्होंने अपनी चप्पलें उतारी थीं। यह सोचकर चप्पलें उतारी थीं कि वे वास्तव में तीर्थयात्री हैं और तीर्थयात्री चप्पलें पहनकर पद यात्रा नहीं करता है।

4. द्रष्टव्य : महात्मा गांधी, दि लास्ट फैज : प्यारे लाल, पृ.सं. 470

क्या ठीक है, क्या नहीं। अभी तक वे इसी खोज में थे। क्या दो संप्रदाय फिर से एक-दूसरे पर विश्वास कर सकेंगे? माना कि उनके और उनके साथियों के अलग-अलग गाँवों में जाने, समझाने, प्रार्थना करने आदि से तनाव शिथिल पड़ रहा था, साहस लौट रहा था और काली आँधी का आतंक छँट रहा था।

एक तरफ तो एक-एक गाँव में आभा, कनु गांधी, प्यारे लाल, सुचेता कृपलानी, सुशीला नैयर आदि निकल जाते थे समझाइस के लिए। दूसरी तरफ गांधी अपने स्टेनोग्राफर और प्रोफेसर निर्मल कुमार बोस जो उनके साथ दुभाषिए का काम कर रहे थे, चल रहे थे। मनु गांधी घर-घर मिल भी रहे थे और साथ-साथ भारी भरकम डाक को भी सँभालते जा रहे थे।

लीगी अखबार गांधी के सद् प्रयत्नों की बखिया उधेड़ रहे थे। उनके इन प्रयत्नों को राजनीतिक चाल बता रहे थे। लीगी वातावरण, मौलवी-मुल्लाओं के बढ़ते दबाव के आगे मुख्यमंत्री सुहरावर्दी भी कुछ नहीं कर पा रहे थे।

गांधी ने अकेले तय किया एक लंबा, भयानक, दुर्गम और शत्रुओं से घिरा सफर। उनके इस आत्म निरीक्षण सफर का और उनके एकांत के क्षणों का अकेला और एक पक्का साथी था रवींद्रनाथ ठाकुर का यह गीत जिसे वे बार-बार दोहराते और सुनते थे :

यदि तोर डाक, शुने केउ ना आसे तपे एकला चलो रे।
एकला चलो, एकला चलो, एकला चलो रे।
यदि केउ कथा ना काय, ओरे ओरे ओ अभागा
यदि सबाई थाके मुख फिराए सबाई करे भयं
तबे पुरान खुले।
ओ तुई मुख फुटे तोर मलेर कथा, एकला बोले रे।।
यदि सबाई फिरे जाय, ओरे ओरे ओ अभागा
यदि गहन पथे जाबार काले केउ फिरे ना जाय
तब पथेर काँटा
ओ, तुई रक्त माखा चरण तले एकला चलो रे।
यदि आलो ना धरे, ओरे ओरे ओ अभागा,
यदि झड़ बादल आंधार राते दुआर देय धरे
तबे व्रजानले
आपन बुकेर पांजर ज्वालिये निये एकला चलो रे।

अर्थात् अगर तुम्हारी पुकार सुनकर कोई नहीं आए तो अकेला चल। बराबर अकेला ही चलता चल। अगर तुझसे कोई बात नहीं करें तो अरे अभागे चिंता नहीं। अगर सब मुँह फेर लें और सभी भय खाएँ, तब साहस से मुँह खोलकर अपने मन की बात अकेले ही कह।

हो सकता है। (अगर सब लौट जाएँ) अरे अभागे और अगर दुर्गम मार्ग पर चढ़ते, कोई भी फिरकर न देखे, तब मार्ग के काँटे रक्तरंजित पद तले तू अकेला ही कुचल।

हो सकता है (अगर दीया जलाने पर नहीं जले) अरे अभागे, अगर ताबड़तोड़ बरसती तिमिर रात्रि में, घर के दरवाजे बंद हों तो व्रजानल से अपनी छाती पंजर प्रज्वलित कर और तू अकेला ही चल।

गांधी इतने दिन वहाँ रहकर इस नतीजे पर पहुँचे कि मुसलिम लीग ने मुसलमानों के मन में पाकिस्तान के स्वप्न बो दिए हैं और हिंदुस्तान को वे हिंदुओं का सिद्ध कर चुके हैं। जहाँ मुसलमानों का हर हालत में शोषण होगा। इस भयांतक को वे उनके मन पर उकेर चुके हैं। मुसलमानों से वे कुछ खास नहीं कह पाए। कैसे कहते, क्योंकि वे सच सुनने के लिए तैयार नहीं थे। उनको सच बताने की जरूरत ही नहीं थी, क्योंकि उससे वे उत्तेजित हो उठते थे।

बिहार में हिंदुओं पर हुए अत्याचार का बदला लेने की कार्रवाई हुई थी। वहाँ के लिए गांधी 2 मार्च, 1947 को चल पड़े थे। वहाँ मुसलमान घर से बेघर हुए थे। वे मारे भी गए थे। वहाँ गांधी ने सब्र से काम लिया। वहाँ गांधी के साथ श्रद्धालुओं की भीड़ उमड़ पड़ी थी। गांधी ने पाया कि वहाँ भी मुसलमान ऐंठ नहीं छोड़ रहे थे और उलटी-सीधी माँगों पर अड़े हुए थे।

जिन्ना बंगाल और बिहार में हुए निर्दोषों का उदाहरण पेश कर यह सिद्ध करना चाह रहा था कि यदि पाकिस्तान नहीं स्वीकार किया गया तो सारा देश सांप्रदायिक दंगों की चपेट में आ जाएगा।

गांधी ने जैसे-तैसे बिहार को शांत किया और उन्होंने यहाँ तक कह दिया कि यदि हिंदू बदले की आग में पागल हो उठे तो सबसे पहले उन्हें ही मारना होगा। गांधी के पास अनशन, अहिंसात्मक आंदोलन और मरने के लिए स्वयं आ खड़े होने की धमकी के अलावा और क्या था! गांधी ने हरचंद यह प्रयास किया और अपनी हद पार करते हुए किया कि वह मुसलमानों का दिल जीत लें। उनकी निगाह में चढ़ जाएँ। परंतु ऐसा कुछ नहीं हुआ। मुसलमानों पर उसका उलटा ही असर हुआ और वे गांधी से पहले से भी अधिक नाखुश होते चले गए। उनके इस भेदभावपूर्ण व्यवहार से हिंदुओं का एक वर्ग उनसे अंदर-ही-अंदर नाराज हो उठा।

विभाजन

लॉर्ड वेवल के स्थान पर अब भारत के वायसरॉय लॉर्ड माउंटबेटन हुए। लॉर्ड वेवल से हिंदुस्तान में आए दिन बदलते हालात पर काबू बनाए रखना संभव नहीं हो रहा था।

एटली ने लॉर्ड वेवल की परेशानी के मद्देनजर ही लॉर्ड माउंटबेटन को वायसरॉय बनाकर भारत भेजा था। एटली समझ चुका था कि अब हिंदुस्तान को अपने कब्जे में रखना संभव नहीं लग रहा है। उसने यह घोषणा कर दी थी कि जून 1948 तक हिंदुस्तान को आजाद कर दिया जाएगा, चाहे तब जैसी भी व्यवस्था बने।

लॉर्ड माउंटबेटन ने वायसरॉय का पद भार सँभालते ही गांधी को विचार-विमर्श के लिए दिल्ली आमंत्रित कर लिया। फिर गांधी को बिहार छोड़कर दिल्ली जाना पड़ा। वायसरॉय ने उनसे सलाह माँगी कि अब क्या किया जाए और कैसे?

गांधी कुछ देर तक सोचते रहे। फिर धीरे से गंभीर स्वर में गांधी ने कहा, "लॉर्ड माउंटबेटन, मुझे यही कहना है कि नेहरू की सरकार को भंग करके जिन्ना को सरकार बनाने के लिए आमंत्रित करें। विश्वास कीजिए, कांग्रेस जिन्ना की राह में कोई अड़चन पैदा नहीं होने देगी।"

"और यदि जिन्ना नहीं माने तो?"

"तो नेहरू…" कुछ रुककर गांधी ने कहा, "कांग्रेस को मौका दिया जाए।"

वायसरॉय माउंटबेटन स्वप्न में भी नहीं सोच सकता था कि गांधी खुले मन से और साहस के साथ ऐसा कह सकेगा। उसके लिए ऐसा कहने में कोई दिक्कत नहीं आएगी। माउंटबेटन की निगाहें अपने परामर्शदाताओं पर गईं, जिन्होंने एक स्वर से कह दिया कि वे गांधी के चक्कर में न पड़े। इसमें उसकी कोई गहरी चाल है।

"क्या चाल है?"

"यह इस वक्त कहना मुश्किल है।"

"इसमें फिर भी कोई उसकी गहरी चाल है।" यह कहकर माउंटबेटन चुप हो गया। गांधी लौट आए। वे समझ रहे थे कि आजादी से भी इस वक्त यह अधिक जरूरी है कि देश को सांप्रदायिक हिंसा के उठ रहे तूफान से बचाया जाए। कांग्रेस में भी अंदर-ही-अंदर खींचातानी चल रही थी। यह समय खतरों से भरा था और आशंकाओं के घटाटोपी मेघों से युक्त था। गांधी कांग्रेस के बड़े नेताओं के मन टटोल रहे थे। वे इस नतीजे को बहुत दुर्भाग्यपूर्ण मान रहे थे कि भारत का विभाजन हो और वह भी हिंदू-मुसलिम धर्म के आधार पर। कौम के आधार पर हुआ विभाजन दोनों को आजीवन शांत नहीं बैठने देगा। उन्हें सदा लपटों से घिरा बनाए रखेगा।

लॉर्ड माउंटबेटन इस सत्य से काँप रहा था कि विभाजन से भी विभाजन होगा। सूबे बँटेंगे। कहीं हाथ होंगे, कहीं पाँव। कहीं धड़ होंगे और कहीं सिर। कितनी भयावह स्थिति होगी। बिना बात का गृहयुद्ध। जिन्ना तो एक ही धुन का मालिक बन बैठा था कि उसको पाकिस्तान के अलावा और चीज नहीं चाहिए। गांधी ने माउंटबेटन को इसीलिए संयुक्त सरकार भंग कर जिन्ना को सरकार बनाने की सलाह दी थी कि ताकि दोनों कौमों में एक-

दूसरे में उठे संशय और अविश्वास को दूर करने में सहायता मिल सके।

कांग्रेस मिली–जुली सरकार के अनुभव से यह निष्कर्ष निकाल रही थी कि दोनों का एक साथ काम करना कठिन ही नहीं, बल्कि असंभव भी है।

गांधी कांग्रेस के बड़े नेताओं को समझा रहे थे कि "विभाजन का फैसला वायसरॉय के हाथ में है। कांग्रेस चाहे तो उसे रोक सकती है। अंग्रेजों से कह दो कि वे चले जाएँ। जो है उसे वैसा ही छोड़कर चले जाएँ। उनके पीछे जो होगा, हम देख लेंगे। भुगत लेंगे। अगर देश में आग लग जाती है तो लग जाने दो। देश इस ताप से तपकर कुंदन की तरह निखरकर सामने आएगा। देश को अखंड बना रहने दो।" पर कौन सुनता उनकी ? वे अपने को इस वक्त असहाय महसूस कर रहे थे।

वह 3 जून, 1947 थी जब बँटवारा सामने आया। ब्रिटेन ने दो उत्तराधिकारी राज्यों को सत्ता सौंपने की घोषणा कर दी। गांधी हैरान रह गए। कार्य समिति ने बहुमत से विभाजन स्वीकार कर लिया। गांधी इन वार्त्ताओं से दूर रहे। फिर वे क्यों विभाजन के सत्य को अनदेखा करने के लिए तैयार हुए ? गांधी का स्वप्न आँधी में टूटे पत्तों की तरह बिखरकर हवा में तैर रहा था। क्यों न तैरता, गांधी बुढ़ा गया था। उनका दिमाग खराब हो गया था। उनका यह कहना समझाना किसी को रास नहीं आ रहा था कि यदि कल अंग्रेजों के शासन की जगह पर भारतीयों का शासन हो जाए और वह शासन भी उन्हीं आधुनिक साधनों पर आधारित हो तो भारत की कतई उन्नति नहीं होगी। यह हो सकता है कि वह अपना कुछ धन बचा ले। वह धन जो इंग्लैंड जाता है, लेकिन तब यूरोप या अमेरिका के देशों से भारत मात्र दूसरे या पाँचवें देश का स्थान पा सकता है।···रेल व्यवस्था, तार, अस्पताल, वकील, डॉक्टर और इस तरह के समग्र साधनों को दफनाना होगा और तथाकथित उच्च वर्ग के व्यक्तियों को यह सीखना होगा कि वे किस तरह संचेतन तरीके से और धार्मिक रूप से कृषकों का जीवन बिताएँ।···तब तक···।

अब वे क्या कर सकते थे। 15 अगस्त, 1947 को भारत आजाद हो जाएगा और 14 अगस्त, 1947 को पाकिस्तान। दो स्वतंत्र तथा लोकतांत्रिक देश खड़े हुए पर···। गांधी में चिंता गहरा उठी। जो होगा, वो तो होकर रहेगा, परंतु जितना और जिस तरह रोका जा सके, रोका जाए। वे मान रहे थे कि आजादी तो मिली, परंतु एकता की बलि चढ़ाकर। चहुँओर आग लग चुकी थी। अधिकांश मुसलमान पाकिस्तान की राह पकड़ रहे थे। हिंदू भी पाकिस्तान से भागकर हिंदुस्तान में आते जा रहे थे। दोनों ओर शरणार्थी। दोनों ओर जमीन जायदाद और रुपया पैसा खोए आदमी।

यह कैसी आजादी मिली ? उसे पाकर किसको खुशी होगी ? जबकि हिंदुस्तान और पाकिस्तान में आजादी का जश्न मनाया जा रहा था। यह कैसा जश्न। गांधी की आत्मा पर पहले से ज्यादा जोर पड़ रहा था।

इस बार गांधी पुनः कलकत्ता गए। फैली हुई घृणा की आँधी को उन्होंने रोकने का भरसक प्रयास किया। उसी का यह फल हुआ कि आँधी पूरी तरह तो नहीं रुकी, परंतु हालात पहले से ज्यादा ठीक हो गए।

गांधी ने वहाँ उपवास किया था। उनके उपवास करने की चर्चाएँ चारों ओर हो रही थीं। गांधी के सिद्धांतों के विरुद्ध चल पड़ी लहर अपने ही ढंग से काम कर रही थी। और देखते–ही–देखते कलकत्ता आग की लपटों से बाहर हो गया। मारकाट थम गई। परंतु गांधी के सोच में पड़ी दरारें उनकी ओर ताकने लगीं। रह–रहकर उनके बोल गूँज रहे थे कि "हो सकता है कि हम इसके पूरे–के–पूरे प्रभाव को तत्काल अनुभव न करें, परंतु साफ नजर आ रहा है कि इस कीमत पर मिली आजादी का आने वाला कल अंधकारमय होगा।"

माउंटबेटन उस रात सो नहीं पाया। उसके सामने बारंबार गांधी का चेहरा घूमता रहा। वह डरता रहा। क्या पता अब गांधी क्या करें? वह भारत का बँटवारा होता नहीं देख सकता। गांधी ने तो मौन व्रत ले लिया था।

माउंटबेटन घबरा रहा था। गांधी ने पुराने लिफाफों के पीछे लिखा हुआ था—"मौन है—साप्ताहिक मौन व्रत का दिवस। वह माउंटबेटन के मन को डूबा हुआ नहीं देखना चाहता था, अतः एक कागज पर लिखा कि क्या उसने उनके विरुद्ध अपने भाषणों में कभी कुछ कहा है?"

माउंटबेटन ने कागजों पर लिखे उन संवादों को उठा लिया, जो उनके मन में गहरे उतर चुके थे। फिर वह उठ गए।

तभी तो गांधी भारत सरकार के लाख चाहने पर दिल्ली न रुककर कलकत्ता चले गए और वहाँ जन–मन में उठे उबाल को शांत करने में जुट गए। अब यही उनका काम रह गया था—एक वृद्ध के मन में बैठी उदासी और क्या कर सकती थी।

भारत सरकार गांधी से स्वतंत्रता दिवस के लिए उनका संदेश चाहती रही। उसने उनके पास संदेशवाहक भी भेजा। अनुग्रह–अनुरोध भी किया। पर गांधी का संदेश यानी आजादी के लिए आशीर्वाद न मिला। और वह भी उसके अपने उन लोगों को जिन्होंने उसके नेतृत्व में आजादी की लड़ाई की हो तो देश और विश्व को क्या संदेश जाएगा? जब उनसे आग्रह–अनुरोध की सीमा निढाल पड़ने लगी तब उन्होंने कहा, "मेरा संदेश न होना उन्हें अच्छा नहीं लग रहा है तो नोट करो, यदि कोई संदेश नहीं तो नहीं। अब यह बुरा होता है तो हो। उन्हें किसी की परवाह नहीं?"

कलकत्ता में लगी आग अब लगभग ठंडी पड़ चुकी थी। पश्चिमी बंगाल का मंत्रिमंडल शपथ लेकर जब गांधी के पास उनका आशीर्वाद लेने पहुँचा, तब उन्होंने कहा, "सत्ता से सावधान रहें। सत्ता बुद्धि भ्रष्ट करती है। अपने को शान–शौकत तथा तड़क–भड़क से बचाइए। ध्यान रहे कि आप गाँव के निर्धनों की सेवा के लिए अपने

पद पर हैं।" अंत में 'ईश्वर आपकी सहायता करे', कहकर उन्होंने अपने आशीर्वाद को विराम दे डाला।

सारा देश आजादी के तांडव से बेचैन हो रहा था। पाकिस्तान से हिंदू जान बचाकर हिंदुस्तान भाग रहे थे और भारत से मुसलमान पाकिस्तान की ओर। नागरिक मर रहे थे। ट्रेनों में जिंदा लोगों से ज्यादा लाशें थीं।

यह कैसी आजादी! यह कैसा एक मुल्क का बँटवारा! खून की नदियों में बाढ़ का सा भयावह मंजर! यह कैसा सांप्रदायिक देशांतर! करोड़ों करोड़ की भीड़ अपने पुश्तैनी मकान को छोड़कर भागे जा रही है। गांधी का अपना देश। उसके अपने देशवासी। वे सब वहशियाना तांडव से घिरे। हर क्षण मरने की दहशत से काँपकर रह जाते। हर आहट उनके लिए एटम बम की प्रतिध्वनि होती।

मुसलमानों को बचाने में गांधी आगे थे। ऐसे माननेवालों ने उन्हें नाम दिया था—मोहनदास गांधी के स्थान पर मुहम्मद गांधी। मौका था 2 अक्तूबर का। उनका 78वाँ जन्मदिन। दुनिया भर से उन्हें बधाई संदेश आने लगे। वे सोच में पड़ गए कि तबाही के लिए बधाई। यह कैसा विद्रूप! ना··ना··ना··। उनका हृदय चीत्कार उठा। वे प्रार्थना कर उठे, "या तो मौजूदा तबाही का खातमा हो अथवा वह मुझे इस दुनिया से उठा ले। मैं क्यों चाहता कि हिंदुस्तान जब जल रहा हो, तब मेरा एक और जन्मदिन आए।"

1948 प्रारंभ हो रहा था। गांधी दिल्ली में थे। बहुत कुछ शांति थी। क्यों न होती पुलिस के पहरे में थी वह शांति। वे अनुभव कर रहे थे ऊपरी शंति के नीचे लावा उबल रहा है। वे अपने सत्य और अहिंसा के व्यवहार में दोष तलाशने में जुटे हुए थे। निस्संदेह वह कमजोर आत्माओं का छलावा था। उनमें भय था। उनमें अहिंसा की ज्योति नहीं, अँधियारे का भयावह स्वप्न था। वह कोई और गांधी होगा, जिसने लोगों से यह कहा था, "कहने वाला महात्मा ही क्यों न हो, किसी बात को ध्रुव सत्य मत जानो।" निस्संदेह लॉर्ड माउंटबेटन ने उनके लिए यह गलत कहा था कि "वह अहिंसा के माध्यम से भारत की आजादी के निर्माता हैं।"

उधर भारत के संघीय मंत्रिमंडल ने यह निर्णय लिया कि पाकिस्तान को 55 करोड़ रुपया तब तक नहीं दिया जाएगा, जब तक कश्मीर की समस्या का समाधान न हो जाएगा। गांधी का मन इस दाँव-पेंच से भारी हो उठा। उससे कश्मीर की समस्या को क्यों जोड़ा गया? माउंटबेटन भी इसे उचित नहीं मान रहे थे। अब गांधी क्या करें? तब कौन सुन रहा था उनकी बात?

आखिर गांधी की बेचैनी 12 जनवरी, 1948 को तब खतम हुई, जब उन्होंने प्रार्थना सभा में यह ऐलान किया कि कल दोपहर से वे व्रत रखने जा रहे हैं। वह व्रत उनकी मृत्यु से समाप्त होगा अथवा तब समाप्त होगा, जब उन्हें यह पक्का भरोसा हो जाएगा कि विभिन्न

घटक बिना किसी दबाव के परस्पर मैत्री भाव की ओर बढ़ने लगे हैं। यह उनके जीवन का अठारहवाँ व्रत था। आखिर मंत्रिमंडल ने बिना कश्मीर की समस्या के हल किए जानेवाली शर्त पर पुनः विचार किया।

गांधी इन व्रतों के माध्यम से सरकार और समाज दोनों का हृदय परिवर्तन कराने की बात सोच रहे थे। उनके मन में यह संशय बराबर उठता रहा था कि क्या उनके व्रत-उपवास से सामूहिक चरित्र उत्थानोन्मुख हो पा रहा है या यह एक मात्र हठधर्मिता का प्रतीक बनकर रह गया है ? उनके पास इसके अलावा दूसरा कोई उपाय भी नहीं था। तब उनके मन में कनफ्यूशियस का यह कथन घूम रहा था कि "सही बात को जानकर भी नहीं करना कायरता है।"

गांधी को कांग्रेस और सरकार में कोई अंतर मालूम नहीं पड़ रहा था। दोनों का ही दायित्व है। वे मान रहे थे कि "सत्य एक है और अखंड है। फलतः इस नियम के दो अर्थ या वर्ग नहीं हो सकते। एक जड़ संसार पर लागू हो और दूसरा चेतन जगत् पर। वह तो दोनों के लिए समान है। उनके लिए कोई भौगोलिक रेखाएँ नहीं थीं और न हिंदू-मुसलमान, ईसाई-पारसी आदि का भेद था। उन्हें चौरी-चौरा में हुई मामूली सी दुर्घटना कुरेद रही थी। जब उन्होंने अपना सफल होता आंदोलन वापस ले लिया था, तब उसके लिए आंदोलनकर्ताओं में उनके प्रति क्रोधावेश था।

गांधी फिर से उपवास पर आ डटे थे। उनकी सेहत उपवास सहन करने लायक नहीं थी। गांधी को बचाने के लिए सरकार कैसे पीछे हटती। वह अपने ऊपर यह कलंक लेने के लिए कदापि तैयार नहीं थी कि उनकी स्वतंत्र सरकार ने उनके प्राणों को हर लिया। पाकिस्तान को रुपया दे दिया गया, परंतु इससे देश का एक वर्ग नाराज हो गया। उनका यह हस्तक्षेप उसे सहन नहीं था। आखिरकार कश्मीर की समस्या का समाधान होना बहुत आवश्यक था, अन्यथा वह समस्या नासूर बनकर भारत को लंबे समय तक प्राणलेवा बनी रहेगी और दोनों देशों के मैत्री भाव तथा सौहार्द्र भाव को निगल जाएगी।

इस प्रकार गांधी भी सरकार के लिए सिरदर्द होते जा रहे थे। उनके कार्यों से लग रहा था कि वह पाकिस्तान का पक्ष लेते जा रहे हैं। शुरू से ही वे मुसलमानों को संतुष्ट करने की नीति पर चले हैं और उसका पालन लगातार करते जा रहे हैं।

गांधी के उपवास खुलवाने के लिए सर्व संप्रदाय के व्यक्ति एकत्र हुए। उन लोगों ने 18 जनवरी, 1948 को गांधी के सामने यह प्रतिज्ञा की कि वे अल्पसंख्यक मुसलमानों की जान-माल के प्रति वचनबद्ध हैं। उस प्रतिज्ञा-पत्र पर सबने हस्ताक्षर किए और गांधी मान गए। उनके इस तरह से मुसलमानों का पक्ष लेने से कट्टरपंथी हिंदू उग्र हो गए। उनका विशेष छुटपुट दुर्घटनाओं में सामने भी आता रहा। बम भी फटे, लेकिन गांधी को कोई नुकसान नहीं हुआ। इस सबसे गांधी यह तो जानने लगे थे कि अब वे उनके और जनता

के काम के आदमी नहीं रहे। वे अपने में यही मंथन करते रहते थे कि वे ऐसा क्या करें, जिससे वे अपने कम होते विश्वास की भरपाई कर सकें।

हे राम

यों 30 जनवरी, 1948 का दिन आ गया। हालाँकि दिन देरी से उठा था, परंतु गांधी का दिन तो समय पर उठना जानता था, अत: वह समय पर ही उठा।

दिनचर्या चलती रही। ठीक दिन के डेढ़ बजे उन्होंने पेट पर मिट्टी की पट्टी रखवाई। उनके चेहरे पर धूप आ रही थी, अत: उन्होंने बाँस की टोपी सिर पर रख ली। वे सोचते रहे कि कैसे नेहरू और पटेल के बीच उठते मतभेदों को दूर किया जाए? नहीं किया गया तो अनहोनी घट सकती है और देश को नुकसान हो सकता है।

जब पेट से मिट्टी उतरवा दी, तब मुलाकातों का दौर शुरू हुआ। उनसे मिलने सीलोन से डी-सिल्वा और उनकी पुत्री आईं। फ्रांसिसी फोटोग्राफर आया। चार बजे मुलाकातें खतम। फिर वे उठे और सरदार को लेकर अपने कमरे में आ गए। लगभग एक घंटे तक उनसे खुलकर बात की और सरदार को आश्वासन भी दिया कि वे आज ही प्रार्थना सभा के बाद जब नेहरू उनसे मिलने आएँगे तब वे ही इस मुद्दे पर उनसे बात करेंगे। पहले उनका विचार बना था कि वे नेहरू और सरदार में से एक को मंत्रिमंडल में हट जाने को कहें, परंतु खूब सोचकर और वर्तमान स्थिति की गंभीरता को ध्यान में रखकर उन्हें लगा कि दोनों का मंत्रिमंडल में बना रहना लाजिमी है। गांधी और सरदार की बातों का ऐसा सिलसिला शुरू हुआ कि गांधी को समय की पाबंदी का खयाल ही नहीं रहा। प्रार्थना सभा का समय हो रहा था। आभा ने घड़ी गांधी के सामने बढ़ा दी। फिर भी वह सिलिसला नहीं टूटा। वह टूटा तब जब सरदार की पुत्री मणिबहन ने उठते हुए उनका ध्यान अपनी ओर खींचा और अपने पिता से कहा, "अब मुझे भाग लेना चाहिए।" सरदार उसका संकेत समझ गए।

सरदार चल दिए। गांधी उठ खड़े हुए। तभी उनको एक सेविका ने बतलाया कि काठियावाड़ के दो कार्यकर्ता उनसे मिलना चाहते हैं। गांधी ने रुककर उस सेविका की ओर देखा और धीरे से कहा, "उनसे कहो कि प्रार्थना सभा के बाद आ जाएँ। मैं जीवित रहा तो उस समय उनसे मिलूँगा।" फिर गांधी आगे बढ़ गए, रुके नहीं और चबूतरे की सीढ़ियाँ चढ़ने लगे। वे दोनों लड़कियों के कंधों पर हाथ रखकर आगे बढ़ रहे थे। भीड़ उन्हें जगह दे चुकी थी।

ये बहुत नाजुक क्षण थे। आभा जानती थी कि अब गांधी भीड़ के अभिवादन के लिए उनके कंधों पर से हाथ हटाएँगे। एक तरफ उनके आभा थी और दूसरी ओर मनु। मनु

उनकी पोती थी और आभा उनकी पोतबहू।

आकाश शांत था। प्रकाश मौन था। पवन सरक रहा था। चहुँ ओर चिर शांति थी। कहीं कोई द्वंद्व नहीं था और न कोई तनाव। जो था, वह अमृतमय निर्मल वातावरण।

गांधी भीड़ के अभिवादन का उत्तर देते कि इससे पहले दाहिनी ओर से भीड़ को चीरता हुआ एक आदमी आगे बढ़ा। मनु गांधी के दाहिनी ओर थी, अतः उसने उस आदमी का हाथ पकड़ा और उसे रोकना चाहा। पर वह कहाँ रुकने वाला था, उसने मनु का हाथ जोर से झटक दिया और श्रद्धाभिभूत होकर वह प्रणाम की मुद्रा बनाता गांधी के सामने झुका ही था कि सबने सुना, उन सब में वे भी थे, जो सुन और समझ नहीं सकते थे कि एक के बाद एक कुल तीन गोलियाँ चलीं। पहली गोली पेट में, दूसरी पसली में और तीसरी फेफड़े में जा धँसी। गांधी वहीं धराशायी हो गए। जमीन पर गिर पड़े। उनके मुख से केवल इतना ही निकला, हे राम! हे राम! यह आदमी नाथूराम गोडसे था। बिड़ला भवन में शोक छा गया। हत्यारे गोडसे को वहाँ के माली ने दूसरों की सहायता से पकड़ लिया।

गांधी का शरीर एकदम राख हो गया था। उनके वस्त्र रक्त से सने थे। उनकी आँखों पर दुबकी ईषद् मुसकान थी और गहरी शांति। तब सिर्फ प्रश्न थे उत्तरकाशी और उत्तर अगले बगले झाँक रहे थे। समूचा विश्व दहल गया। अहिंसा का अंत हिंसा से। यह सोच एक अज्ञात पक्षी अवाक् रह गया।

अब तक गांधी का शव गाड़ी पर रखा जा चुका था। तीनों सेना (थल, जल और वायु) के सैनिक उस गाड़ी को खींच रहे थे। गाड़ी का इंजन बंद था। रामधुन जारी थी।

राजघाट पर अरथी उतारी गई, दाह संस्कार शरू हुआ। 15 मन चंदन, 4 मन घी, 2 मन धूप, 1 मन नारियल और 15 सेर कर्पूर के बीच वैदिक मंत्रों के साथ उनके बड़े भाई रामदास गांधी ने चिता को आग दी।

उस चिर प्रशांति में कभी बिलखने का स्वर, कभी सिसकियों का स्वर और कभी रोने का स्वर उभर आता था। आँसुओं से मिलकर क्रंदन गूँज उठता था।

पवन शांत था। यमुना निश्चल थी। धूप विनम्र मुद्रा में नत मस्तक थी। आकाश गहरा मौन साधे था। दिशाएँ स्तब्ध थीं।

संपूर्ण वातावरण आत्मीय दुखांतिका में डूबा हुआ बेसुध हो रहा था। किसी के पास बोलने के लिए कोई स्वर नहीं था। सब थे अवाक् स्थिर, जड़ीभूत और चित्रलिखित से। यदि वेद मंत्रों के पार से कोई अंतर्ध्वनि ब्रह्मांड को स्तब्ध तथा मंत्रबद्ध कर रही थी तो वह थी एक मात्र—राम! हे राम··। एक सत्य··एक गांधी : एक सत्य और क्या।